KB151579

필사본 조선지지자료 강원도편 연구

신종원·심보경·김도현·정수환
김무림·엄홍용·김만중·이학주 지음

경인문화사

격려사

이번에 세상에 선보이는 『필사본 '조선지지자료' 강원도편 연구』의 출간을 진심으로 축하합니다.

『필사본 '조선지지자료' 강원도편』의 자료편으로는 이미 2007년에 『강원도 땅이름의 참모습 - '조선지지자료' 강원도편』이라는 제목으로 유일 필사본인 이 책을 입력하여 출판함으로써 학계나 지자체 또는 일선 학교에서 쉽게 활용할 수 있게 한 바 있습니다. 입력본 출간 당시 원본을 그대로 사진 찍어 출간한 영인편도 함께 낸 것은 판독의 정확성을 기하고 그 當否를 심판받고자 한 의도였다고 생각됩니다.

그리고 2009년에는 『필사본 '조선지지자료' 강원도편』의 색인집을 냄으로써 연구의 편의를 도모한 바 있어 이처럼 三部作으로 강원도 지명연구 사업이 끝난 줄로 알았습니다. 이번에 출간되는 연구편은 그 네 번 째 사업으로서 비로소 귀중한 자료를 어느 분야에서 어떻게 이 지명집이 이용되는지를 보여주는 지명연구의 시작이라고 하겠습니다. 이러한 연구서는 이미 우리 한국학중앙연구원의 동아시아역사연구소 총서10으로 『필사본 '조선지지자료' 경기도편 연구』가 얼마 전에 나온 바 있습니다.

흔히 말하는 학제적 연구, 간학문적 연구가 절실히 요망되는 즈음에 이번 연구서는 땅이름을 통하여 그러한 공동작업을 잘 보여준 예라 하겠습니다. 이제 『필사본 '조선지지자료' 강원도편 연구』는 강원도의 역사를 연구하는 데 큰 보탬이 될 것이며, 현실적으로는 지명연구를 통해 지명이나 도로이름 정비, 행정구역개편 때의 작명 등 앞으로 요긴하게 쓰일 것을 믿어 의심치 않습니다.

듣기로는 이 사업은 동아시아역사연구소 신종원 소장이 강원대학교 재직시절에 착수하였다고 합니다. 그렇기 때문에 실은 필사본『조선지지자료』연구로는 가장 먼저 시작한 것입니다. 당시는 신 소장의 개인적 관심으로 이 일을 하였지만, 우리 연구원에서는 이 사업의 중요성을 인지하여 약간의 예산을 지원하였고 지역 언론사로부터도 협찬을 받아 학술대회를 연 바 있습니다. 자칫 일회성으로 그칠 이 연구대회의 결실을 한 권의 책으로 엮어 만인이 볼 수 있고 활용하게 한 신 소장의 기획에 박수를 보냅니다.

욕심 같아서는 우리 연구원에서 강원도, 경기도편 뿐만 아니라 조선팔도의 그것도 빠른 시일 안에 연구를 해주었으면 하는 바램입니다. 그것이 한국학중앙연구원의 이름과 기대에 걸맞는 일이기 때문입니다.

유종의 미를 거두게 되길 기원합니다.

2010년 6월
한국학중앙연구원
원장 김 정 배

목 차

격려사

필사본 『朝鮮地誌資料』 解題 ▪ 신종원

  ─강원도를 중심으로─

필사본 『朝鮮地誌資料』의 국어학적 연구 ▪ 심보경

  ─강원도 편 39권~42권을 중심으로─

필사본 『朝鮮地誌資料 ‘강원도편’』에 나타난 민간신앙 관련 地名 분석

                                        ▪ 김도현

보론 ☛ 지명연구의 실제와 문제점

필사본 『朝鮮地誌資料』 解題
-강원도를 중심으로-

신종원

(한국학중앙연구원 교수)

1. 서지사항 및 내용

필사본 『朝鮮地誌資料』(아래 '필사본 『지지자료』'로 줄임)의 서지 사항에 대해서는 잘 정리된 것이 있어 그대로 싣는다.

> 조선지지자료(국립중앙도서관 소장. 도서번호 : 古 2703)
> 펴낸이 미상. 필사본. 펴낸 곳과 날짜 미상.
> 54책. 4주쌍변. 반곽 15.8×21.2㎝. 계선 있음. 반엽 12줄. 각 줄은 조사 항목에 따라 4분 되어 있음. 비고란의 주석은 두 줄로 되어 있음. 판심과 판심제 아래 가로로 두 선이 있음.
> 책의 크기 20.2×28.2. 선장.
> 판심제 : 조선지지자료
> 지질 : 닥종이[1]

기재 순서는 道·郡으로 나눈 뒤 항목을 정하였는데 種別 / 地名 / 諺

---

1) 임용기, 「『조선지지자료』와 부평의 지명」『기전문화연구』24, 1995, 145쪽. 도서번호가 과거에는 「고문서 No. 01672」이었다.

文 / 備考로 되어 있다. 이것은 필사본『지지자료』를 편찬하기 위해 특별히 만든 양식이다. 종별은 조사 항목을 말하는데, 山谷名·野坪名·川溪名·面名·洞里名·渡津名·浦口名·驛名·市場名·酒幕名·池名·洑名·堤堰名·嶺峴名·土産名·巖名·寺刹名·洞名·古碑名·古蹟名所名·院·站名 등 21개 분야다. 이들 종별은 중앙에서 지정하여 내려보낸 것 같다. 四권 평해군을 보면 山谷名에서부터 城堡名까지 21개 항목이 각 행정면마다 일률적으로 적혀 있고, 해당 사항이 없으면 빈칸으로 두었기 때문이다. 하지만 郡에 따라 융통성을 발휘한 것 같다. 예를 들면 야평명이 野名·坪名으로 분리된 郡이 있고, 산곡명도 山名·坪名으로 나누어지는가 하면, 嶺峙峴名도 嶺名·峴名 등 다양한 편이다. 또 市場名도 市名이라 한 경우가 있다. 그리고 洞里名도 원주군에서는 '里洞村名'이라 하였는데, 四권에서는 '洞里村名'이라 하였다.

항목 기재를 보면 춘천군은 원칙 없이 섞여 나온다. 예를 들면 里名과 峴名은 앞뒤 다른 종별 사이에 몇 번이고 나누어 기재되었다. 그런가하면 횡성군의 경우 面別로 나눈 뒤 다시 종별로 기재하였다. 따라서 洞里數를 헤아리기에 매우 편리하다. 제3의 경우가 양양군이다. 여기에서는 아예 면별 구분 없이 郡 전체를 종별로 기재하고 있다.

'지명'은 한자 지명을 말하며, '언문' 칸에는 땅이름을 한글로 써주었다. '지명'과 '언문'은 1:1 대응이지만, 한쪽 칸이 비어 있는 경우도 더러있다. 그것은 해당군 조사자의 성실도와 관계있으며, 또는 아직 한자 지명이 정해지지 않았거나 반대로 한자지명만 먼저 정한 경우에도 해당된다. 심한 경우 철원군에는 언문 칸이 거의 비어 있다. 몇 가지 예를 들어보겠다.

철원군 松內面의 初長足里·二長足里가 있는데, 한글지명이 나와 있지 않아 지명유래를 짐작할 수가 없다. 하지만 이들 마을의 원래 이름은 '진(긴)발'이다.

금학산 형국이 머리쪽, 거기가 절골이야. 머리쪽에서부터 날개를 폈
는데, 학이 날으다보면 뒷다리를 펴요. 어제 올라갔던 데(금학산 마애불
근처 - 채록자 註) 거기가 학의 긴 다리가 펴진 곳이라 해서 '진(긴)봉'
이라고 하고, '두 다리'가 마을 이름 '주다리'가 됐어. 다리가 펴진 곳은
높낮이가 없지요. 그리고 높은 곳은 발이 되는데, 능 있는데, 공병대 쪽
이 학의 '긴발'이 된다고 해서 '진발'이지. 동송읍사무소 있는 데도 능이
있어요(이곳도 진발 - 채록자 첨가). 일정 때 행정구역을 개편할 때 '진
발'이 한자가 있나? 그래서 長足里가 되었는데, 두 장족리를 합쳐 二坪
里가 되었어요.2)

철원군 於雲洞面의 五木里에 대해서도 언문 칸에는 비어 있어 여러
가지 상상이 나올 수 있으나 마음대로 지어낸 이름임을 다음의 증언을
통해 알 수 있다.

원래 오목하다 해서 오목리였어. 양지리에서 보면 거기가 오목해. 학
술조사 때나 일제 때 지명을 쓰려고 하니, 한자에 오목하다는 글자가 없
지. 그래서 오동나무 梧 자에 나무 木 자를 썼는데, 지금은 오리나무골
이라고 불러.3)

---

2) 강원대학교박물관, 『철원군의 역사와 문화유적』, 1995, 395쪽.
   두 지명은 물론, 이들이 속한 行政面도 1912년에 간행된 『舊韓國地方行政區
   域名稱一覽』과 동일하다. 그 뒤 1914년에 나온 『新舊對照 朝鮮全道府郡面里
   洞名稱一覽』 단계에 오면 동송면 이평리가 된다. 두 지명집에 대해서는 다시
   자세히 언급하겠다. 이들 진발·장족에 대해서는 별도의 유래가 있다.
   진발 【마을】 지금의 시가지가 된 마을 (한글학회, 『한국지명총람 2 - 강원
   편 - 』, 1967, 411쪽)
   二長足 【마을】 옛날에 장수가 돌맷 발자국을 디딘 바위가 있는 마을 (위
   와 같음)
3) 강원대학교박물관, 『철원군의 역사와 문화유적』, 395쪽. 한편 철원문화원, 『철
   원의 지명 유래』, 2004, 240쪽을 보면 다음과 같다.
   오목이 [오목동(梧木洞)] 【마을】 양지리, 동막리, 대위리, 흙다리로 가는 대
   로의 사거리에 오목하게 들어 앉아 있는 듯한 마을

마찬가지로 철원군 북면의 楡井里에 대해서도 필사본 『지지자료』에
는 대응되는 한글지명이 없다. 하지만 마을 어른들은 이 지명의 유래에
대해서 잘 기억하고 있다.

> 그 동네 이름은 웃마을·아랫마을·수피마을 그런데, 대궐터께야. 아
> 랫마을 물이 줄면 웃마을 물도 줄어. 같은 물줄기니까. 그리고 물맛도
> 언제나 같애. '늘 같은 물줄기, 늘 같은 물맛'이라고 해서 '늘 그물=늘그
> 물'이라고 하지. 이것을 일제 때 한자로 억지로 쓸려니, '늘' 자를 느릅
> 나무 楡 자로 써서 유정리가 되었어.4)

철원군 갈말면에는 다소 생소한 지명 '內岱里'가 있는데, 역시 언문
은 빈칸으로 되어 있다. 이것 역시 '안터'를 한자로 바꿔놓은 이름에 불
과하다.

> 안터【마을】→ 내대리 (『한국지명총람 2 - 강원편 - 』, 399쪽)

이렇게 전래지명이 있는 경우 그것을 한자로 옮겨놓았지만, 대부분
필사본 『지지자료』에 처음 수록되고 있다. 곧 俗地名에다 임의로 작명한
것이 많다는 말이다.5) 물론 우리말 땅이름이 변화·漢字化하는 과정에서
어떤 경향을 보이는 것도 없지는 않다.

> 骨只里 / 골기   [정선군 임계면]6)
> 屈只 /   / 屈只里   [홍천군 북방면]7)

---

4) 위와 같음. 이러한 예는 필사본 『지지자료』에서도 다음과 같이 찾아진다.
　　楡木嶺 / 늘목영 / [인제군 북면 용두리]
5) 건설교통부 국토지리정보원, 『영남권 일본식 지명의 조사 및 정비 방안 연
　　구』, 2005, 42쪽.
6) 『강원도 땅이름의 참모습 - 조선지지자료 강원도편』, 665쪽.
7) 위책, 281쪽.

한자지명에서 '骨'이나 '屈'은 '가람'이 줄어서 그렇게 된 것이라고 한다.[8]

'비고'에는 새로 편제한 일련번호 식 지명 즉 '○○一里'·'本四里'·'初二里' 등을 적어두거나, 관련 사적이나 설화·금석문 혹은 '수廢'와 같이 현재의 상황을 참고로 써주었다.

현재 함경남·북도의 자료가 전하지 않고, 전라북도 편도 1책만 남아 있는 낙질본이다.

2. 편찬 시기

필사본 『지지자료』 전체 54책 가운데 江原道篇은 제39에서 42책에 걸쳐 있다. 「江原道 一」이라[9] 쓰인 第一册에는 安峽郡·伊川郡·平康郡·楊口郡·平昌郡·橫城郡·春川郡·洪川郡의 8個郡이, 「江原道 二」에는 原州郡·杆城郡·高城郡·麟蹄郡·華川郡의 5個郡이, 「江原道 三」에는 金化郡·淮陽郡·江陵郡·寧越郡·旌善郡의 5개군이, 「江原道 四」에는 平海郡·蔚珍郡·通川郡·三陟郡·金城郡·鐵原郡·襄陽郡의 7개군을 싣고 있어 모두 25개군이 된다. 이 숫자는 1912년 1월 1일 현재의 『舊韓國地方行政區域名稱一覽』(아래 『구한국지명』으로 줄임)과 일치한다.[10]

---

8) 이영택, 『한국의 지명』, 도서출판태평양, 1986, 188쪽.
9) 책 제목뿐 아니라 본문도 모두 편집은 세로로 했다.
10) 이 책자는 조선총독부에서 要覽 형식으로 작성한 것인데, 범례의 맨 처음에 "本書는 明治 45년(1912) 1월 1일 현재에 依하여 朝鮮總督府道,府,郡,面 및 洞里의 명칭을 輯錄한 것임.(日文)"이라 쓰고 있다. 그 949쪽에 '江原道(二十五郡) 春川郡府內面要仙堂里'라는 강원도 전체의 表題를 달아주고 있다. 이 표제의 뒷 부분(밑줄)은 강원도 전체에서 첫 번째 郡, 첫 번째 面, 첫 번째 里를 摘示해주고 있는데 참고 삼아 달아준 형식으로 보인다. 이어서 郡別로 큰 구획을 짓고, 그 바깥(오른쪽)에 다시 '○○郡 (○○面 ○○洞里)'라는 식으로 해당 군에 소속된 면과 동리의 전체 숫자를 적어둔 뒤, 그 아

예를 들면 필사본 『지지자료』의 횡성군은 郡內面·靑龍面·隅川面·井谷面·屯內面·甲川面·晴日面·公根面·古毛谷面의 9個面으로 되어 있는데, 『구한국지명』의 횡성군을 보면 '횡성군(九面百八洞里) 郡內面邑上洞' 題下에 구획을 치고 필사본 『지지자료』와 같은 순서의 面別로 다시 小區劃을 나누어 里名을 적고 있다. 필사본 『지지자료』의 횡성군 청룡면을 보면 '洞里村名'에 楸洞·鳥谷里·生雲里·南山里·立石里·佳潭里·墨溪里·靑龍里·曲橋里·茅坪里·盤谷里·葛豊里의 12個里가 나와 있다. 이것을 『구한국지명』과 비교해보면, 청룡면의 소구획에 꼭 같은 순서로 나와 있고 맨 끝에 '(一二)'라고[11] 적고 있으니 그 숫자까지 꼭 같은 것을 볼 수 있다.[12] 이렇게 보면 필사본 『지지자료』의 작성 시기는 『구한국지명』과 거의 같아 보인다.

그러면 필사본 『지지자료』의 上限은 언제로 보아야 할까? 1896년 8월 4일 13道制가 시행됨에 따라 강원도는 26개군으로 편제되었다.[13] 이것은 필사본 『지지자료』와 비교하면 군의 숫자에서 차이가 있다. 그 뒤 1910년 1월에는 歙谷郡이 통천군에 합병되어 강원도는 25개군(237개면)으로 되었다.[14] 그러므로 그 이후의 어느 시점이 된다.[15] 지금까지 살펴

래에 해당 郡의 첫 번째 面·里를 써주었다. 예를 들면 '春川郡(十八面百九十一洞里) 府內面要仙堂里'라고 쓰고 있다. 그러니까 뒷 부분(밑줄)은 강원도 전체의 표제 때와 마찬가지로 어떠한 내용을 전하는 것은 아니다. 그 다음은 郡別, 다시 面別로 구획이 나온다. 이 책자는 1985년에 태학사에서 飜刻發行하였다. 횡성군, 『둔내면지』, 1998, 66~67쪽에 의하면 이 책은 1910년 10월 1일부로 개편된 지방행정구획을 정리한 것이라 한다. 그러나 뒤의 주12)에서 보듯이 이때는 232개 면이므로 233개 면이 수록된 『구한국지명』은 그 이후라야 맞을 것이다.

11) 『구한국지명』, 954~955쪽.
12) 다만 『지지자료』에서는 '楸洞'이라고 한데 반해 『구한국지명』에서는 '楸洞里'라고 하여 하나만 차이가 난다. 그 이유에 대해서는 나중에 논하겠다.
13) 권상로, 『한국지명연혁고』, 동국문화사, 1961, 401쪽.
14) 河野萬世, 『春川風土記』, 朝鮮日日新聞社江原支社, 1935, 2쪽.

본 바에 의하면 필사본 『지지자료』는 빨라야 1910년 1월 이후 편찬된 것이다. 이러한 추정은 다른 指標로도 확인이 된다.

佳里川洑 / 가리닉보 / 明治四十三年三月二朴秉俊起コス [횡성군 정곡 면][16]

명치 43년은 1910년이며 그 3월의 사적이 실려 있다.

이 책에는 춘천군 北山外面과 史内面, 삼척군 上長面, 영월군 左邊面에 '憲兵分遣所'가 있다. 그리고 울진군 遠北面에 '駐在所'가 눈에 뜨인다.[17] 헌병경찰제도는 1910년 9월 10일 칙령 343호 '朝鮮駐箚憲兵條令' 및 같은 해 9월 30일 '統監府 警察官署 官制' 중 改正案에 의거하여 설치되었으니[18] 필사본 『지지자료』를 편찬한 시점은 더 좁혀져 1910년 10월 이후가 된다.[19]

---

15) 다른 통계에 의하면 1910년 2월부터 面内의 洞里村을 통폐합하여 강원도는 242개면이라 하였다(이영택, 『한국의 지명』, 태평양, 1986, 502쪽). 평창군, 『평창지』 상, 2002, 183쪽에서는 1910년 10월 1일 현재 232개면이라 하였다. 그 뒤 1개면의 변동이 있었는지 『구한국지명』에는 233개면으로 나온다. 面數를 괄호 안에 표시하면 다음과 같다. 춘천(18), 홍천(9), 횡성(9), 원주(14), 평창(7), 영월(10), 정선(8), 평해(8), 울진(7), 삼척(12), 강릉(15), 양양(12), 간성(8), 고성(7), 통천(12), 회양(8), 금성(9), 평강(8), 이천(11), 안협(3), 철원(8), 김화(7), 화천(6), 양구(9), 인제(8). 이 行政面數는 필사본 『지지자료』와 차이가 없으나 필사본 『지지자료』에는 삼척군에 蘆谷面과 芦谷面이 같은 면이면서도 별도로 나오고 있는데 반해 『구한국지명』에는 芦谷面 대신 所達面이 나온다. 이에 대해서는 나중에 다시 언급하겠다.
경기도·황해도 일부 面의 出入을 계산하여 1919年刊 『朝鮮地誌資料』(뒤에 나옴) 78쪽에서는 236개 면이라 하였다.
16) 책 이름을 밝히지 않은 것은 모두 필사본 『地誌資料』를 말한다.
17) 이 이전의 정확한 연월이 나오는 예로는 횡성군 정곡면의 '龍沼坪洑 / 용쇼쓸보 / 光武十年二月崔文植起コス' 즉 1906년의 것이 보인다.
18) 山邊健太郎, 『日本統治下の朝鮮』(岩波新書 776), 1971, 14~17쪽.
김운태, 『(개정판) 일본제국주의의 한국통치』, 박영사, 1998, 188~189쪽.

下限에 대하여 보도록 하자. '朝鮮總督府令 第111號 / 道의 位置管轄 區域 및 府郡의 位置管轄區域은 左와 같이 定함 / 大正二年十二月二十九日 朝鮮總督府 伯爵 寺內正毅(日文)'라고 한 1913년 告示의 행정구역 要覽 『新舊對照 朝鮮全道府郡面里洞名稱一覽』(아래 『신구명칭일람』으로 줄임)을[20] 보면 금성군은 김화군에, 안협군은 이천군에, 평해군은 울진군에, 고성군은 간성군에 각각 병합되어 강원도는 21개 군이 되었다.[21] 필사본 『지지자료』의 편찬은 물론 이 이후일 수는 없다.

이것은 面 단위로 볼 때도 마찬가지다. 필사본 『지지자료』의 춘천군에는 府內面 / 南府內面 / 東內面 / 東山外一作面 / 東山外二作面 / 南內一作面 / 南內二作面 / 南山外一作面 / 南山外二作面 / 西下一作面 / 西下二作面 / 西上面 / 北內 一作面/ 北內二作面 / 北中面 / 北山外面 / 史外面 / 史內面의 18個面이 나온다. 이것이 1914년 군·면 폐합에 따라 북중·북내일작면을 병합하여 新北面으로, 북내이작면·사외면을 병합하여 史北面으로, 서하일작면·서하이작면을 합하여 서하면 등으로 개칭하여 면 숫자가 줄어든다. 병합 이전의 면 이름이 보이는 필사본 『지지자료』는 1914년 이전 것이다.

『신구명칭일람』의 양양군 道川面은 이전의 道門面과 所川面을 합쳐

---

19) 헌병 관련 법규가 반포되자 강원도에도 곧바로 설치되었음은 다음 사실로도 확인된다. 大正 2년(1913) 12월에 '春川憲兵隊本部編纂'의 500여 쪽에 달하는 방대한 『江原道狀況梗槪』가 출판되었는데, 그 편찬기간을 고려해보면 춘천헌병대는 헌병·경찰법령 반포에 따라 곧 설치되었다고 보아야 한다.

20) 책자 출간은 大正 6년(1917)에 되었다. 『구한국지명』과의 차이로는 面 아래의 단위가 예외없이 里며, 강릉군 郡內面의 경우 大和町·大正町·本町·錦町·旭町·龍岡町·林町·玉川町 등의 일본식 지명이 보인다.

21) 『신구명칭일람』, 885~954쪽에 걸쳐 있음. 885쪽을 보면 施行月日은 대정 3년 4월 1일이다. 이것은 권상로의 『한국지명연혁고』 부록 「隆熙紀元後癸丑(1913) 改編 행정구역」에서도 확인된다. 다만 계산을 잘못하여 '22군'이라 하였다 (403쪽).

서 만든 면이다. 필사본 『지지자료』에는 도문·소천 두 면이 따로 기록되어 있다. 이를 근거로 필사본 『지지자료』의 편찬연대를 1912년으로 보기도 한다.[22]

　화천의 경우를 보아도 마찬가지다.[23] 1914년에 看尺面과 東面을 통합하여 看東面이라 개칭하였다. 이때 춘천군의 사내면도 화천군에 편입되었다. 필사본 『지지자료』에는 간척면·동면이 나오며, 앞에서 보았듯이 사내면은 춘천군에 들어가 있다.

　필사본 『지지자료』와 『구한국지명』을 비교해보겠다. 필사본 『지지자료』 춘천군 부내면의 里를 모두 뽑아보면 17개로서 다음과 같다. 괄호 안은 종별이 里名이 아닌 경우를 적어 두었는데, 洞名도 물론 있으나 市場名·谷名도 있어 行政里가 되기 어려운 조건에 있다 하겠다.

　　要仙堂里(洞名) / 衙洞里 / 許文里 / 司倉里 / 大板里 / 佳淵里 / 下場街里(市場名) / 獄街里(谷名) / 水洞里(洞名) / 前坪里 / 竹田里 / 藥司院里 / 孝子門街里(洞名) / 保安里 / 後坪里 / 渭川里(洞名) / 東田里(洞名)

　한편 『구한국지명』의 부내면을 보면 다음과 같이 里數가 '(一二)'다.

　　요선당리 / 허문리 / 아동리 / 사창리 / 가연리 / 대관리 / 약사원리 / 보안리 / 후평리 / 수동리 / 전평리 / 죽전리

　그렇다면 위 필사본 『지지자료』의 괄호 붙은 里 중에서 밑줄 친 것만 行政里로 편입시킨 것이다. 이렇게 보면 필사본 『지지자료』는 『구한국지명』의 바로 앞 시기 것임을 알 수 있다.

　동내면의 경우 필사본 『지지자료』에는 18개리가 나오는데 『구한국지명』에는 12개리다. 그것은 필사본 『지지자료』에서 西巨論里·太白堂里·甕器店

---

22) 속초문화원, 『속초의 옛 땅이름』, 2002, 24쪽.
23) 화천군, 『화천의 역사와 문화유적』, 1996, 381쪽에서 지적된 바 있다.

里·葛其里·場巨里·德巨里·中魚巨里의 7개리가 빠지고 대신 고은동리가 들어간 것이다. 사실 行政里名에서 빠진 것들은 洞里라기보다는 '(길)거리'의 뜻을 지니는 등 里名으로는 부적합하다. '고은동'은 동내면의 맨 처음에 나오는 洞名인데 그 자체로서 이름素[고은]와 形態素[동]가 갖추어진 완결형이다. 이것이 『구한국지명』 단계에 오면 일률적인 行政里를 부과하기 위하여 다시 '里'가 덧붙여진 것이다. 조선초기 이래 面里制가 실시되었지만 사정에 따라 村·洞·坪 등의 전통지명은 여전히 병존하였다. 이들 전통지명은 한자표기가 그러하였을 뿐 실은 언문란에 나와 있듯이 마을(말) / 고을(골) / 벌 / 들(두루) 등이었다. 이러한 古來의 땅이름은 식민통치자가 이해하기도 어려웠고, 행정능률면에서도 하나의 걸림돌이 될 수밖에 없었다. 이것이 '○○洞里' 식으로 겹말[同語反覆]의 지역단위가 생겨나게 된 배경이다. 필사본 『지지자료』의 '고은동'에서 '고은동리'로 발전한 것을 보면 역시 필사본 『지지자료』가 『구한국지명』보다 시기적으로 앞선다.

정선군의 洞里村名을 비교하여 보겠다. 필사본 『지지자료』에는 32곳이 기재되어 있는데 『구한국지명』에는 14곳만 올라 있다. 거의 반 이상이 제외된 지명들은 대개 '里'字가 붙지 않은 마을이다. 이들 마을은 ○○里에 편입시켜 놓았는데 그 내역이 필사본 『지지자료』에 고스란히 적혀 있다. 즉 편입되는 마을은 소속 里를 비고란에 적어두었다. 예를 들면

柳門洞 / 굴억이 / 泥林里字
納乭 / 납돌앗 / 泥林里字

의 경우 굴억이와 납돌앗은 니림리에 소속시킨 것이다. 이때 '字'는 '字小' 즉 적은 것을 '거느리다'·'아우르다'의 뜻이다. 이렇게 볼 때 필사본 『지지자료』는 『구한국지명』의 기초가 되었음을 알 수 있다.

필사본 『지지자료』의 횡성군 面別 里數는 『구한국지명』과 같으나 두 개의 예외가 있다. 공근면은 필사본 『지지자료』에 18개리였는데 이 가운

데 入坪里가 빠져서 『구한국지명』에는 '(一七)'이라고 적었다.

횡성군 고모곡면은 필사본 『지지자료』에 31개리였으나 비고란에 一里 / 分一里 / 二里 / 分二里 / 三里 / 四里 / 五里 / 六里라 하여 숫자로 일련의 行政里를 매겼다. 『구한국지명』에는 이 숫자型 행정리만 있으니 필사본 『지지자료』를 기초로 하여 『구한국지명』을 만들었음을 알 수 있다. 다시 말하면 필사본 『지지자료』에서 행정리 소속의 지명을 명시해두어 행정구역 명칭을 개정할 당시나 뒷날의 참고로 작업해두었을 것이다. 예상된 일이겠지만 『신구명칭일람』에서도 一~六里, 分一·二里의 8개리 그대로 편제되어 있다.[24]

이들 두 책자의 선후 관계는 횡성군 군내면의 里名을 보아도 자명하다. 필사본 『지지자료』의 玉洞(옥골)·北川(흐뒨닉)이 『구한국지명』에서는 옥동리·북천리로 바뀌고 있다. 이러한 洞 → 里로의 변화는 하루아침에 바뀌기는 어려운 것이므로 다음 기회에도 계속 이루어지고 있는 것을 볼 수 있다. 예를 들면 필사본 『지지자료』·『구한국지명』 횡성군 군내면의 磨玉洞[가느골]·읍상동·읍하동이 1914년의 『신구명칭일람』 단계에 오면 마옥리·읍상리·읍하리로 바뀌어졌다.

하지만 상반되는 경우도 보인다. 필사본 『지지자료』 삼척군 道上面 三和里 / 道下面 上坪里는 『구한국지명』 단계에 오면 모두 三和洞·上坪洞으로 바뀌었다. 행정 동리로 편제해가는 과정에서[25] 삼척군은 ○○洞을 선호한 것 같다. 그러다가 『신구명칭일람』 단계에 오면 다시 里로 바뀌니 행정구역 명칭개편의 큰 흐름은 일치한다.

원주군도 면으로 나누고 다시 종별로 기재하였는데 종별의 순서는 일정하지 않다. 예를 들면 好梅谷面의 맨 처음은 山谷名이나, 楮田洞面에서는 里洞村名이 제일 먼저 나온다. 원주군의 모든 里·洞·村名은 비

---

24) 『신구명칭일람』, 914쪽.
25) 면에 소속된 동·리를 괄호치고 숫자로 확정한 것을 말한다. 예를 들면 '도상면(9)' 식이다.

고란에 숫자형 일련번호를 매겼다. 예측된 바이지만 『구한국지명』의 원주군을 보면 오로지 숫자형 里밖에 없다. 그러다가 무슨 이유에서인지 『신구명칭일람』에 이르면 다시 고유명사형 里名으로 바뀌었다.

필사본 『지지자료』의 평해군 南下里面에는 上南山里·中南山里·下南山里가 있는데 『구한국지명』에서는 상·하남산리 밖에 없다.[26) 두 지명집의 선후관계를 반대로 생각해볼 수도 있겠으나 『신구명칭일람』 단계에 오더라도 역시 중남산리는 보이지 않는다.

필사본 『지지자료』 →	『구한국지명』 →	『신구명칭일람』
상남산리·중남산리·하남산리	상남산리·하남산리	상남산리·하남산리
평해군 남하리면	평해군 남하리면	울진군 평해면 直山里

필사본 『지지자료』의 평해군 원북면 西蠶山里·東蠶山里가[27) 『구한국지명』에서는 잠산리만 나온다.[28) 그것이 『신구명칭일람』 단계에 오면 울진군 箕城面 三山里 소속의 잠산리가 된다.[29)

필사본 『지지자료』 →	『구한국지명』·『신구명칭일람』
서잠산리·동잠산리	잠산리

그런가 하면 새로 생기는 洞名도 있다. 울진군 上郡面에 종래 없던 것이 『구한국지명』에 外溫洞·內溫洞·上洋洞·牙山洞이라는 마을이름이

---

26) 『구한국지명』, 964쪽.
27) 四-35쪽. (한자 숫자는 필사본 『지지자료』 강원도편의 卷數다. 341쪽 下右)
28) 『구한국지명』, 965쪽.
29) 『신구명칭일람』, 902쪽.

등장한다.30) 이들 마을은 『신구명칭일람』에서는 울진군 三和面의 明道
里·溫洋里 소속으로 존속된다.31)

앞에서 필사본 『지지자료』의 작성 하한을 『신구명칭일람』이 출간된
1913년 12월로 잠정적으로 추정하였고, 다시 필사본 『지지자료』와 1912년
1월의 『구한국지명』을 비교하여 전자가 앞서는 것으로 보았다. 여기에
다 헌병·경찰제도 설립시기 이후를 아울러 생각하면 필사본 『지지자료』
의 편찬시기는 1910년 10월이 지난 어느 시점부터 1911년 12월 사이가
된다.32) 그 기간은 길어야 1년 남짓 되는 단기간이다. 이러한 결론은 이
책의 방대한 분량으로 보아 일견 의아스럽기까지 하다. 하지만 작업의
방식과 의도에서 몇 가지 생각해보지 않으면 안 된다.

첫째, 필사본 『지지자료』는 各郡이 동시다발적으로 착수하였다. 따라
서 기재 방식이나 순서가 통일되어 있지 않다. 이 자료가 아무리 방대한
분량이라 하더라도 작성 기간은 한 군의 그것과 같을 수 밖에 없다. 둘
째, 필사본 『지지자료』는 자연지명도 섞인 洞里 즉 미완성의 里制가 통

30) 『구한국지명』, 966쪽.
31) 『신구명칭일람』, 901쪽. 다만 上洋洞이 上洋亭洞이 되었다.
32) 임용기는 다음과 같이 적고 있다. "『조선지지자료』에 나오는 행정구역 명칭
들은 1896년에 개편된 것들을 반영하고 있다. 따라서 『조선지지자료』는 적
어도 1914년 이전에 간행된 것으로 추정된다. 그밖에 1900년에 개통된 경
인철도의 역 이름 … 따위도 『조선지지자료』의 간행 시기를 추정하는 데
참고자료가 된다."(앞 글, 156~157쪽). "필사본(1910년경) 54책은 … "(158
쪽). "1910년경에 편찬된 것으로 보이는데"(206쪽). 그가 필사본 『조선지지
자료』 강원도편을 보지 않은 상황에서 1910년 지명개편 이후의 사정이 반
영된 것을 알기는 어려웠을 것이다. 그리고 필사본 『지지자료』의 편찬 시
기를 가늠하는 또 하나의 指標로서 『구한국지명』을 참작했더라면 추정 기
간은 훨씬 좁혀졌을 것이다.
'조선지지자료'를 인터넷에서 검색하면 洞名과 관련하여 몇 항목이 올라
있다. 이들 자료에서는 필사본 『지지자료』의 편찬연대를 '조선시대 말'(소
무의도 항목)·'조선조 말'(下道面 항목), '1911년'(노리실 항목)이라고 쓴 예
가 있으나 '1910'년이라고 한 경우가 가장 많다.

일된 行政里로 편제되어 가는 과정 중에 나온 것이다. 셋째. 지역에 따라서는 1912년에 편찬된 것으로 보이는 것도 없지 않다.[33]

3. 잘못된 편집 및 오류

필사본 『지지자료』는 시간을 가지고 완결된 모습으로 만들어진 것이 아니라는 증거는 다른 데서도 찾아진다. 책을 엮을 때 제 위치에 넣지 못한 실수 즉 錯簡이 몇 군데 발견된다. 그 하나는 회양군의 上初北面에 강릉군 資可曲面·邱井面이 4쪽 들어갔다. 이것은 다시 강릉군 자가곡면 뒤에 넣으면 바로잡아진다. 둘째는 원서 四－44쪽의 '울진군 상군면'으로 써야할 것을 '평해군'으로 썼다. 셋째, 원서 四－160쪽 삼척군 상장면에는 무슨 이유에서인지 도하면의 일부를 덧붙여놓았다.[34] 넷째, 四권 189~192쪽은 삼척군 도하면 내용인데 이것이 근덕면 사이에 끼어 있다. 다섯째, 四권 179~186쪽은 삼척군 근덕면 내용인데 '도상면'으로 되어 있다. 더욱 심한 경우는 한개면 전체가 빠지고 글자 또한 틀린 곳

---

33) 금성군 고적명소 「妓女潭」의 비고란에 "去今 364년 전에 현령 丁玉精이 이 곳에 있을 때 …

詩를 石壁에 새겼는데 … " 라는 구절이 있다. 이에 대해서는 남구만의 『藥泉集』 권1을 보면 "만고가 지나가는 곳에 산천이 몇 번이나 이름을 바꾸었나. 지금부터 많은 세월이 흘러가니 누가 이 금성을 기억하랴. 가정 무신년 가을 현령 정옥정(萬古經過地 山川幾換名 從今多歲月 誰記此金城 嘉靖戊申秋 縣令丁玉精)이라고 나오는데 무신년은 1548년이다. 그 364년 뒤는 1912년이 된다. 아마도 계산의 착오거나, 필사본 『조선지지자료』의 출간연도(이듬해?)를 가정하여 말한 것, 또는 금성군은 다른 군보다 늦게 해를 넘겨 제출한 것이 아닌지 모르겠다. 『사마방목』에 의하면 정옥정은 1544年 卒한 것으로 되어 있어 혼란이 있어 보인다. 필사본 『조선지지자료』가 1911년에 작성된 것임은 이 책의 경기도편(『경기 땅이름의 참모습－조선지지자료 경기도편』, 경인문화사, 2008)을 보아도 재확인된다.

34) 반쪽만 별도로 써서 풀로 붙여놓았다.

도 있다. 삼척군 노곡면은 처음 한 장은 '魯谷'으로 쓰고, 다음 두 장은
'芦谷'으로 썼다. 芦는 蘆의 약자이므로 문제가 되지 않지만 '魯谷'은 분
명히 잘못 쓴 것이다. 그리고 所達面 전체가 빠졌다. 필사본 『지지자료』
의 경기도 부평군을 참고삼아 보면 15개면 가운데 지명조사가 안 된 곳
이 21%나 되어, 필사본 『지지자료』는 많은 문제점을 지닌 불완전한 자
료라고도 하였다.[35]

三권의 마지막은 정선군이다. 하지만 맨끝 한 장은 울진군 서면 항목으
로 되어 있다. 물론 이 부분은 울진군 지명에도 이중으로 들어가 있다.[36]

삼척군은 面別順이지만 面 안에서는 다시 洞里別로 종별을 두었다.
그런데 行政面이 섞여들어간 경우가 두 군데 있다. 近德面이 도하면과
末谷面 사이에 한 쪽 끼어 있으며,[37] 원덕면 내용인데 면 이름이 '노곡
면'으로 되어 있다.[38] 같은 행정면 안에서도 里가 나누어 실린 예가 도
상면의 삼화리로서 道田里와[39] 新興洞 사이에 두 번째로 삼화리가 나온
다.[40] 평강군에서는 면별·종별 순서로 기재했지만 동리를 빠뜨려 모든
동리명은 맨 뒤에 몰아서 붙였는데 전혀 다른 사람의 글씨로 씌어 있다.

춘천군 南內一作面의 종별에는 峴名이 빠졌다. 따라서 石峴 / 돌고기
이하 16개의 고개이름이 溪名에 들어가 있다.

비고 칸의 설명이 잘못 들어간 예가 있다. 춘천군 남내이작면의 浦名
을 보겠다.

鶴岩浦 / 학바우구미 / 貊國末에 王이出走라가脫衣於岩上故로云.

---

35) 임용기, 앞 글, 183쪽.
36) 四-67~69쪽(영인책, 350쪽 下右·左, 351쪽 上右).
37) 四-193~194쪽(영인책, 385쪽 下右·下左).
38) 四-212~213쪽(영인책, 390쪽 上左·下右).
39) 같은 171쪽에서도 처음에는 '도전동'이라 썼다가 두번째는 '도전리'라고 썼다.
40) 四-172쪽(영인책, 380쪽 上左).

그러나 이것은 두 지명 앞선 '衣岩 / 옷바우'에 해당되는 기사다.

글씨가 틀린 곳도 있다. 통천군 鶴三面의 '能津里'는 한글지명이 '고무날우'이다. 그러나 '고무'는 '곰'일 것이므로 '能'이 아니라 '熊津里'가 되어야 한다. 과연 『구한국지명』에는 '熊津里'로 나와 있다.41) 아마도 '곰=熊'을 의식해서 고친 듯하나 '能'에는 '곰 능[似熊]'의 뜻도 있어 오히려 둘 다 가능해 보인다. 춘천군 동산외일작면의 '富昌津 / 부차나무'는 '부차나루'라야 맞다.

양양군의 市場名에 '東門外市 / 읍강'이 있다.42) 동문외시 앞뒤의 '沕淄市 / 물치장', '洞山市 / 동산장'을 보면 분명히 '읍강'은 '읍장'을 잘못 쓴 것이다.

양양군의 面名 가운데 아래를 보자.

部(內)南面 / 부남면 / 部內面   [四 - 323쪽](424쪽 下右)

지명 칸에서는 잘못 쓴 '內' 자를 지우고 '南'으로 고쳤지만 비고 칸에서는 그대로 두었다. 양양군에 부내면이 있은 적은 한번도 없다.43)

이천군 方丈面의 고개이름 '領名'에는 於領·柤領·風岐領 세 곳이 나오는데 모두 '嶺'자를 잘못 썼다. 고개 이름을 잘못 쓴 곳도 있다.

城佛嶺 / 성불고기 / 유촌리에 在홈   [화천군 간척면]

마땅히 '成佛嶺'이 되어야 한다.44)

---

41) 『구한국지명』, 980쪽.
42) 四 - 341쪽(424쪽 下右).
43) 『구한국지명』, 974쪽. 『신구명칭일람』, 933쪽, 『한국지명총람 2 - 강원편 - 』, 205쪽 참조.
44) 신종원, 「옛 절터 조사」 『박물관지』 창간호, 강원대학교박물관, 1994 : 강원대학교박물관, 「화천군의 불교유적」 『화천의 역사와 문화유적』, 1996 : 강원지역문화연구회, 『화천 成佛寺址 지표조사보고서』, 1998.

소리만 따서 한자로 적은 글자는 당연히 본래의 뜻을 짐작하기 어렵다. 춘천군 동내면의 '古隱洞 / 곰실'이 그러한 예가 될 것이다. 곰=古隱[45] / 실 =洞 / 과 같이 前者는 소리를, 後者는 뜻을 빌어 漢字化한 것이다. 의역하여 '熊谷'이란 땅이름도 있었지만 이미 필사본 『지지자료』 단계부터 기재되지 못한 탓에 잊혀진 지명이 되었다. 이곳에 대한 설명을 좀더 보도록 하자.

□고은리[곰실·웅곡·고은동] : 본래 춘천군 동내면의 지역으로서 곰 실 또는 고은동이라 하였는데, 1914년 행정구역 폐합에 따라 고은리라 하여 부내면(춘천읍)에 편입되었다가, 1939년 신동면에 편입됨(『한국지 명총람 2 - 강원편 - 』, 460쪽).

里名 자체를 틀리게 쓴 예를 들겠다. 필사본 『지지자료』 양양군 서면의 '龍泉里 / 곰밧'은 지금도 행정 里名과 속지명이 다 쓰인다. 하지만 한글학회 의 1960년대 조사에서는 아래에서 보듯이 이 토박이 땅이름을 놓치고 말았다.

□용천리(龍泉里) : 본래 양양군 서면의 지역인데 1916년 행정구역 폐합에 따라 뒷골, 버덩말, 웃곰밭을 병합하여 마을 앞에 있는 용소의 이름을 따서 용천리라 함.

가둔지-보 / 건짐-산 / 과수-산지 / 구탄봉 / 섬버덩[島坪] / 뒷골 / 띠끼-소 / 문서릿-보 / 문숫-골 / 버덩-말 / 벼룽-소 / 본-마을 / 시랑-터 / 아랫-말 / 앞-개울 / 앞-버덩 / 양지-말 / 웃-말 / 은벼룽-산 / 은벼룽-소 / 작은 문숫골 / 큰-문숫골 / 한-구렁 / 화체-바우 (『한국지명총람 2 - 강원편 - 』, 220쪽)

용천리 洞里名 어디에도 '곰밭'은 보이지 않으며 '용천리'의 지명 유 래가 되었다는 '용소'는 정작 보이지 않는다. 위의 땅이름 풀이는 다음과 같은 근거에서 명백한 잘못이다. 『구한국지명』의 양양군 서면에는 龍沼

---

45) 비슷한 땅이름을 소개해 둔다.
　　古音洞 / 곰바리 [정선군 북면]
　　熊洞 / 고무골 [정선군 남면]

洞이 별도로 있으며 그 다음에 內峴里가 나오고 이어서 용천리가 나온다. 그러므로 용소가 있는 용소동과 용천리와는 적어도 인접한 지역이 아님을 알 수 있다. 이것이『신구명칭일람』단계에 오면 '용소리'와 '용천리'가 내현리를 사이에 두고 나오는데, 용소리는 '옛 용소동'이었다고 적은 글씨로 쓰여 있다. 그 뒤 1940年刊『江原道誌』3,46) 邑面町里條 양양군 서면을 보면 '용천리'는 물론 '용소리'도 별도로 나온다.

마을에서는 왜 '곰밭'이 '龍泉里'가 되었는지 모르겠다고 당연히 의문을 제기한다.47) 하지만 18세기 중엽에 편찬된『여지도서』襄陽府의 西面 里名을 보면 熊田里가 보이는데 곧 '곰밭'이다.48) 1899년에 작성된『襄陽郡邑誌』49) 坊里條를 보아도 여전히 '熊田'이다. 그런데『구한국지명』을 보면 '龍泉里'로 나온다. 앞에서 필사본『지지자료』와『구한국지명』의 선후 관계를 따져보았는데, 熊田里가 龍泉里로 바뀐 계기도 필사본『지지자료』에서 비롯되었을 것이다. 필사본『지지자료』를 작성하는 과정에서 '熊'을 '龍'으로 바꿔 쓸 수 있다는50) 識見을 상정할 수도 있으나, 전혀 관계가 없는 田 → 泉의 변화는 아무리 보아도 '웅전'을 잘못 들었거나 不注意했던 것으로 보인다. 어쨌든 이 잘못된 지명이 지금껏 쓰이고 있다. 아래 지명은 한자·한글 모두 틀렸다.

目里案 / 리이실   [원주군 소초면]

사실은 '일(이)리실'으로서 한자로는 '日里實'이라 쓴다.51)

---

46) 이 책자에 대해서는 김철오,「1940年刊『江原道誌』에 관한 기초적 연구」『강원사학』11, 1995 참조.
47) 이 지역 출신인 정선군 사북여자중학교 박순원 교사의 말.
48) 정선군 임계면 봉정리에도 같은 이름이 있다.
    곰밭[熊田]【마을】옛골 서쪽에 있는 마을(『한국지명총람 2 - 강원편 - 』, 388쪽.
49) 규장각 장서「奎 10956」이다.
50) 신종원,『삼국유사 새로 읽기』, 일지사, 2005, 32쪽.
51)『한국지명총람 2 - 강원편 - 』, 298쪽.

4. 필사본 『지지자료』 앞뒤에 나온 지명집·地誌類

우리나라 지명집으로서 가장 앞선 것은 1880년 일본 요코하마에서 출간된 『한불ㅈ뎐 韓佛字典 / DICTIONNAIRE CORÉEN -FRANÇAIS』의 부록으로 실린 「DICTIONNAIRE GEOGRAPHIQUE DE LA CORÉE」이다. 프랑스어로 우리나라 지명을 서술하고 위도와 경도를 적어두었다. 뒤이어 로마글자로 낸 우리나라 지명집으로는 小藤文次郎·金澤庄三郎 共編, 『羅馬字索引 朝鮮地名字彙 / A Catalogue of the Romanized Geographical Names of Korea』로서 1903년 동경제국대학 발행이다.[52]

1894년(明治27)에는 三橋僊史 著 『朝鮮地名案內』가 東京 學農社에서 나온 바 있으며, 『朝鮮地誌』라는 이름으로 맨 처음 나온 것은 1895년의 그것이 아닌가 한다. 갑오개혁 이듬해 전국을 23府로 나누었는데, 그 개혁의 당위성 및 새로운 행정구역을 인식시킬 목적으로 편찬된 것이다. 표지는 '朝鮮地誌 全'이라는 題簽이 있고, 내용 글씨는 學部 印書體 목활자로서 전체 54쪽 1冊 국한문 혼용으로 되어 있다. 各府의 소항목은 1. 소속 官員과 郡名, 2. 전답, 3. 人戶, 4. 명승, 5. 토산, 6. 인물로 되어 있다.[53]

다음으로는 '朝鮮京城 日韓書房'에서 명치 43년(1912)에 펴낸 『最新朝鮮地誌』가 있다. 524쪽에 달하는 분량으로서 제1편은 자연지리, 제2편은 인문지리, 제3편은 各道地理로 나누었다. 특기할 사항은 제3편의 제3장은 '內地人集團地'로서 1. 京城에서 시작하여 11. 元山, 12. '其他의 集團地' 순서로 戶口·기후·交通便否·경제상황·최근정황 등의 소항목을 정하여 일본인이 살기 시작한 때로부터 현재 및 미래 생활터전으로서의

---

52) 이 책에 대한 국어학적 연구는 송기중, 「近代 地名에 남은 訓讀 表記」 『지명학』 6, 2001이 있다.
53) 장서각 등록번호 K2-4187 B15AB4.

정보를 소상히 적어놓았다.[54]

『신구명칭일람』다음으로 우리나라 행정구역 명칭 전체를 집대성한 것은 260여 쪽에 달하는『朝鮮道府郡面町洞里改正區域表』다. 大正 6년 (1917) 8월에 발간된 것으로서 지금까지 이루어진 지명개편의 방향을 결론적으로 말해주고 있다. 즉『신구명칭일람』의 面里制를 답습하되 책 제목에서 보듯이 面 다음의 단위로 町을 공식적으로 내세운 것이다. 町이 붙은 지명은 강릉군 밖에 없지만 큰 변화라고 할 만하다. 그리고 횡성 고모곡면의 숫자형 里名은 그대로 두었지만, 원주의 그것은 모두 고유명 사형으로 되돌려놓았다.

地誌類나 지명집은 아니지만 20세기 초반의 한국 지명을 아는 데 필요불가결한 것이 1/50,000『조선지형도』다. 조선총독부가 제작하여 新鉛 活字版으로 펴낸 것인데 축적이 축적이니만큼 지명이 자세하고 많을 것임은 충분히 예상할 수 있다. 따라서『조선지형도』는 필사본『지지자료』의 지명과 거의 1:1로 대조할 수 있는 유일한 자료며 지명이 더 늘어났다.[55] 다만 대정 6년(1917)에 발행된 것이라 군·면 체계가 필사본『지지자료』와 맞지 않는 점이 있다.

이밖에도 朝鮮及滿洲社가『最新朝鮮地誌』라는 이름으로 1918년에 상· 중·하 세 권으로 펴낸 것이 있다. 상권은 우리나라 전체에 대한 地誌 사항을 제1편 자연지리와 제2편 인문지리로 나누어 380여 쪽에 걸쳐 개관하였다. 중·하권은 各道誌로 할당하였다. 강원도는 그 중권에 들어 있는데 총론에 연혁 / 위치 / … / 도읍을 적고, 府郡篇에서는 21개 군을 차례로 郡마다 연혁 / 위치지세 / 교통 / 구별(各面을 나열함) / 호구 / 郡邑 / 명승고적의 순서로 기술하였다.

---

54) 1989년 경인문화사에서 영인한 바 있다.
55) 필사본『지지자료』와『조선지형도』의 울릉도 지명을 대조·통계낸 연구, 건설교통부 국토지리정보원,『영남권 일본식 지명의 조사 및 정비 방안 연구』, 2005에 의거하였다.

조선총독부에서는 『朝鮮地誌資料』라는 꼭 같은 이름으로 大正 8년 (1919)에 1권의 책을 출간하였다. 이 책은 1989년에 경인문화사에서 영인하였는데, 1967년에 나온 한글학회의『한국지명총람 2 - 강원편 - 』에 참고문헌으로 올라 있으니 세간에 일찍 알려진 셈이다.

필사본『지지자료』의 편찬연대 및 그 내용을 대조하는 데 참고가 되는 또 하나의 지명집은 『諺文朝鮮地名簿』다. '京城鐵道郵便局 編'으로서 본문 41쪽, 부록 12쪽에 달하는 1권짜리 책이다. 가나다 순서로 郡을 나열하였으며 각 군에는 소속 面만 실어두었는데 京城府만 洞·町·丁目까지 나온다. 모두 한자와 한글을 나란히 적어놓았다. 이 책이 언제 출간되었는지에 대해 한국학중앙연구원 한국학전자도서관 싸이트를 찾아보면 1910년으로 나오고 있으나 믿을 수 없다. 이러한 착오가 생긴 까닭은 이 책이『(增補訂正)最近朝鮮要覽』과 合冊하여 영인한 데서 비롯되었다. 즉 영인할 때 두 책의 刊記는 합책의 맨나중에 하나만 실어놓았는데, 이것은 『(증보정정)최근조선요람』의 간기일 뿐『언문조선지명부』와는 아무런 관계가 없다. 이 책의 원본이 소장된 국립중앙도서관의 서지정보를 보면 '大正不詳'으로 되어 있다. 대정 연호는 1912년부터 1925년에 걸쳐 사용되었는데 오히려 정확을 기한 정보라 하겠다. 책 출간연도의 기준이 되는 面의 명칭과 숫자를 대조해보겠다. 춘천군을 예로 들면 春川面을 필두로 南山面까지 13개 면이 실려 있다. 그런데 '府內面'을 '春川面' 등으로 고친 해는 1917년이다.[56] 그러므로 1917년이 그 상한이 된다. 이

---

56) 『한국지명총람 2 - 강원편 - 』, 425쪽. 이 해에 남산외일·이작면을 합하여 南面으로, 동산외일작면을 東面으로, 동산외이작면을 東山面으로, 북산외면을 北面으로 고쳤다. 한편 『언문조선지명부』의 춘천군조에는 『신구명칭일람』·『조선도부군면정동리개정구역표』(1917)에 보이지 않던 東內面이 다시 편제되어 13개면이 되었다. 이밖에도 『조선도부군면정동리개정구역표』에 府內面(삼척)·本部面(원주)·郡內面(강릉·철원·양양·간성·화천 등), 邑內面(이천) 등의 군청 所在面이 『언문조선지명부』에서는 모두 固有 郡名으로 나온다. 즉 춘천면·원주면(1917), 강릉면(1916)·이천면 식이다(괄호 속은 개

책의 제1쪽에는 편찬 방침이 적혀 있다. 그 두 번째에 "本書의 字句는
대개 조선총독부 편찬의 朝鮮語辭典에 因하여 … "라고 나온다. 『조선
어사전』은 1920년 3월 30일에 간행되었으니 『언문조선지명부』의 상한
은 다시 1920년 이후가 된다.57) 한편 경성철도우편국이 신설된 것은
1921년 4월 16일이고, 1923년 5월 30일에는 총독부우편국으로 전환되었
다. 그러면 1921년부터 1923년 사이가 되니 大正年間이라 한 것은 타당
하다고 하겠으나 별도의 기준이나 자료가 있는지 자세한 내막은 알 수
없다.58)

　이렇게 몇 차례의 구역개편과 지명개정을 거쳐 조선총독부는 그 완
결편을 기획한 것 같다. 소화 13년(1938)에 조선총독부중추원에서 발간
한 『朝鮮舊慣制度調査事業概要』를 보면 그 제14절 「조선역사지리조사」
의 제2항 「조선지지의 편찬」에 그 경위가 자세히 나온다. 대강을 소개하
면 다음과 같다.

　옛 지리지와 現時와는 서로 다른 바가 자못 많고, 더구나 수많은 기
록 및 고적유물은 인멸·황폐할 우려가 있으므로, "本院에서 그 조사를
개시하되 『동국여지승람』을 기본으로 하고 거기에 현시의 자료를 더하
여 新式地誌를 速成編纂하기로 하고, 전체 2개년에 완성할 계획으로 대
정 12년(1923)에 처음 조사항목을 편성하였다."라 쓰고 있다. 그 항목은
제1장 산천으로부터 연혁 / 행정구획 / 관제·交通及通信 / 經濟及産業 /
官署 / 學校及書堂 / 종교 / 성씨인물 / 고적 / 名勝及天然物의 순서로
다시 적은 항목을 정해놓았다. 이 사업은 직원의 이동 및 인원수 半減에

정 연도). 역시 1917년 이후가 됨을 알 수 있다.
57) '춘천면'이 다시 '춘천읍'으로 승격되는 것은 1939년 10월 1일이다(『한국지
　명총람 2 - 강원편 - 』, 425쪽). 그러나 1935년 출간된 『춘천풍토기』에 이미
　'춘천읍'이 보이고 있어 어느 쪽이 정확한지 모르겠다.
58) 이 책에서는 '金化郡·김화군'으로 되어 있으나 『한국지명총람 2 - 강원편 - 』
　에서는 '금화'라 하였다.

다 그 편찬 범위가 廣汎·多岐하여 자료수집의 어려움 때문에 단기간에 완성을 보기는 도저히 불가능하였다.

이듬해(1924) 최초 계획했던 郡別地誌는 일시에 그만두고, 다시 一般地誌 및 道別地誌를 편찬하기로 하였다. 이것도 여의치 않자 1925년에 조사항목을 개편하였다. 그 특징은 일반천연지리와 일반인문지리를 두고, 그 다음에는 도별로 地誌 사항을 적는 것이었다. 하지만 이 체제 또한 실용성이 없다는 의견이 있자 다시 근본적으로 편찬방침을 고쳤다. 그것은 민간일반의 수요 및 중등 정도의 교과 참고서를 목적으로 편찬에 착수하는 것이었다. 그리하여 소화 3년(1928)의 편찬상황은 위치·山系·평야 / 水系 / 해안선·도서 / 기상 / 해류 / 지질 / 鑛物及鑛泉을 완성하고, 집필중인 것으로는 인문지리로서 沿革及大要·民族及宗敎와 地方誌 가운데 황해·전남 2도였다.

1930년에 이르러 조선에는 아직 高低圖가 없기 때문에 地誌書의 완성에 큰 장애가 되어 매우 수고가 들지만 이런 곤란을 무릅쓰고 작성에 착수하여 1932년에 원고는 거의 완성되었다. 하지만 인쇄비가 없어 출판까지는 이르지 못하고 이듬해에 이 사업을 그만두었다.

이렇게 우여곡절 끝에 완성된 원고도 빛을 보지 못하고 朝鮮地誌의 완결편은 막을 내렸다. 그런데 마지막으로 아래의 기사가 나온다.

이보다 먼저 명치 44년(1911)에 宇佐美 내무부장관은 各道 장관에 의뢰하여 朝鮮地名辭書資料를 수집하게 하고, 이 자료를 엮어서 朝鮮地名辭書資料라는 제목으로 소화 5년(1930)에 인쇄할 것을 계획하였다. 그 내용은 各郡의 里洞名은 물론, 산천·제언·역·계곡·주막·명승·고적을 상세히 조사하는 것으로서 이 자료는 28책 10378매에 이르렀다. 이들 자료는 일찍이 조선어사전 편찬의 자료로서 사용되었는데, 소화 7년에 이르러 종래의 지지편찬 계획을 다시 변경하여 朝鮮地名辭書를 편찬하기로 하고, 그 내용은 연혁 / 지형 / 고적 / 명승 등 일체를 수록하려고 예정했지만 예산 및 그 밖의 관계에 따라 決定에 이르지는 못하였다.[59]

『조선지명사서자료』의 자료 수집이 1911년의 어느 月日에 시작되었는지가 적혀 있지 않아 유감이다. 또 원고가 완성된 시기도 적혀 있지 않지만 총독부 간행의 『조선어사전』 草本이 완성된 것이 1917년이므로 그 이전에 끝난 것으로 보기도 한다.[60]

『조선지명사서자료』의 행방을 알 수 없는 현재로서는 이 자료에 대한 어떠한 판단도 조심스럽지만, 임용기는 『조선지명사서자료』와 필사본 『지지자료』의 관계에 대하여 다음과 같이 추정하였다.

첫째, 두 「○○○자료」는 조사 항목이 거의 일치한다. 둘째, 필사본 『지지자료』의 현재 매수가 8100매쯤 되는데 여기에 함경남·북도 / 전라북도의 나머지 부분 / 경기도 편의 一·二 등 빠진 부분을 더한다면 거의 10378매와 가깝게 된다고 보았다. 결론적으로 필사본 『지지자료』는 『朝鮮地名辭書』 편찬을 위한 기초자료이거나, 아니면 『조선지지』 편찬을 위한 기초자료로 만들어진 것임을 알 수 있다고 하였다.[61]

필자가 보기에도 필사본 『지지자료』와 『조선지명사서자료』가 조사항목이 같고 원고 맷수가 같다면 결국 동일한 책자를 두고 제목만 달리 적은 것 같다. 이렇게 볼 때 필사본 『지지자료』는 1911년 한 해 안에 시작·완성된 것이다. 이 동일설을 뒷받침하는 것은 필사본 『지지자료』가 이름만 '地誌資料'일 뿐 그에 걸맞는 인문·자연지리의 서술형 地誌를 기술한 것이 아니라 지명집에 가깝다는 것이다.

『조선지명사서자료』는 그 자체로써 1930년에 인쇄할 계획이었다. 워낙 방대한 작업이니만치 그 草稿 작성과 보완·수정 등에 걸리는 기간을 고려하여 적당하게 잡은 것 같다. 그런데 앞에서 본 것처럼 1차 成稿 후

---

59) 中樞院 篇, 『朝鮮舊慣制度調査事業概要』, 1938, 170쪽. 임용기는 명치 44년을 1910년으로 잘못 보았다(앞 글, 150쪽).
60) 임용기, 앞 글, 151쪽.
61) 임용기, 앞 글, 157쪽. 다만 문제가 되는 것은 필사본 『지지자료』가 54册+α인데 반해서(3쪽에 인용했음), 『조선지명사서자료』는 28책이라는 차이이다.

의 수정·보완 작업은 없었고 다만 붉은 색으로 긋고 글자를 새로 쓰거나
덧붙인 것은 있다. 만약 그것이 1912년 이전에 最終成稿되었다면 이렇
게 늦게 인쇄 계획을 잡았을 리가 없다.

〈강원도의 郡數 增減과 각종 地誌·地名集 發刊表〉

연·월	강원도의 郡數	지지·지명집·기타
1880		『한불ᄌ뎐 韓佛字典』부록
1894		『朝鮮地名案內』
1895	22	『朝鮮地誌 全』
1896.08	26	
1903		『羅馬字索引 朝鮮地名字彙』
1910.01	25	
.10		(헌병·경찰 설립)
1911		**필사본 『조선지지자료』**
1912.01		『舊韓國地方行政區域名稱一覽』
		『最新 朝鮮地誌』(日韓書房)
1914.01	21	『新舊對照 朝鮮全道府郡面里洞名稱一覽』
1917		『朝鮮道府郡面町洞里改正區域表』
		『俗稱地名一覽』
1912~1919		『朝鮮地形圖』
1918		『最新朝鮮地誌』(朝鮮及滿洲社)
1919		『朝鮮地誌資料』(臨時土地調査局編)
1920.03		(『朝鮮語辭典』)
1921~1923 사이		『諺文朝鮮地名簿』

필사본 『지지자료』가 일단 완성되자 그것은 행정구획 개편용으로
적절히 쓰였을 것이니, 이를 기초로 『구한국지명』이 만들어진 것은 확
실하다. 하지만 1914년에 다시금 행정구역 개편이 전면적으로 이루어
지자 각 지방의 행정구역 등을 보여줄 수 있는 자료로서 필사본 『지지

자료』는 無用之物이 되고 말았다. 아마도 필사본 『지지자료』가 출간되지 않은 가장 큰 이유가 여기에 있지 않았나 한다. 그리고 필사본 『지지자료』의 조선어 자료로서의 가치는 1920년에 간행된 『조선어사전』에 충분히 활용되었다고 하면 필사본 『지지자료』에 들인 공력은 어느 정도 보상받은 셈이다. 여기에 '新式地誌'로서의 朝鮮地誌를 '速成編纂'할 필요와 당위성이 제기되어 1923년에 계획을 수립하여 1932년에 거의 마무리되었으나 인쇄비 문제로 출판이 좌절되었던 그 동안의 사정을 알게 된다. 지금까지 우리를 혼란에 빠뜨린 것은 『조선지명사서자료』와 필사본 『조선지지자료』의 表題가 서로 다르기 때문일 것이며, 그 후속편이자 자매편이라 할 수 있는 『조선지명사서』나 『朝鮮地誌』가 출간이 안 되었을 뿐만 아니라 이들 원고의 행방도 모르는 데 있다고 하겠다.

이제 『조선지명사서자료』를 필사본 『지지자료』와 동일한 사업으로 볼 때 그 편찬 시기는 당해년인 1911년에 한정된다는 결론에 이른다.

잇달아 출간된 지지·지명집을 보면 일본이 조선을 알고 통치하기 위해 얼마나 치밀하였던가를 알 수 있다. 그 다음 단계는 자기들이 알기 힘든 고유지명을 한자로 옮기는 작업으로서, 그것은 대다수 주민을 無知한 局外者로 몰아 소외시키는 정책이기도 하다.

5. 필사본 『지지자료』의 값어치

1) 소개 또는 연구된 사례

필사본 『지지자료』는 편집상의 착오나 몇 가지 오류가 없지 않지만 지금까지 간행된 어떤 지명 사전이나 자료집보다 그 내용이 자세하고 풍부하다.[62] 아울러 1900년대 초기 전국을 대상으로 실시한 지명조사

자료는 필사본 『지지자료』밖에 없다는 사실 면에서도 이 책은 한편으로
조선시대에 편찬된 지리지의 맥을 계승하면서, 다른 한편으로는 광복 이
후에 간행된 지명 자료집으로 이어주는 교량적 역할을 할 수 있는 귀중
한 자료다.[63] 이러한 값어치에 비해 비록 세상에 늦게 알려졌지만 갈수
록 주목을 받고 있다. 책 자체가 워낙 방대하고 자세하여 일정지역에 한
정해서 조금씩 소개·연구되고 있는 것은 어쩔 수 없는 실정이다.

  필사본 『지지자료』에 대한 최초의 본격적인 연구는 임용기의 「『조선
지지자료』와 부평의 지명」이다. 이후 필사본 『지지자료』 중에서 한 郡 전
체를 입력하여 실어준 『화천의 역사와 문화유적』이 있다.[64] 그뒤 『속초의
옛 땅이름』에서[65] 해당 부분을 영인하여 부록으로 붙였으며, 『부산지역
연구』 10-1에서도[66] 마찬가지 방식으로 소개하였다. 2007년에는 울산지
역을 영인한 『필사본 朝鮮地誌資料 속 蔚山의 옛 땅이름』이 나왔다.

  지명과 관련하여 필사본 『지지자료』를 면밀히 검토한 연구로는 임용
기의 작업에 이어 『영남권 일본식 지명의 조사 및 정비 방안 연구』가[67]
있다. 중요한 결론을 한둘 옮겨본다.

  『조선지지자료』는 우리나라의 전통 지명을 일본식 한자 지명으로 바
  꾸기 위해 조사한 결과를 수록한 자료임을 보여 준다. 해방 이후 지명
  정비 사업이 활발하게 진행되지 못하였던 이유는 이들 자료에 수록된
  지명들이 아직 정리되지 못하였음에 기인한다(89쪽).
  우리나라의 지명에는 순 한글 지명이 많았으나, 조선시대의 고지도
  와 지리지에는 한자 지명만을 사용하였다. 일제강점기 자료인 『조선지

---

62) 참고로 강 이름 하나를 들어본다. 東江 / 巨山里로부터三玉里을經ᄒ야本郡
    錦障江에至홈 [영월군 川上面]
63) 임용기, 앞 글, 207쪽.
64) 강원대학교박물관, 1996.
65) 속초문화원, 2002.
66) 부산대학교, 2004.
67) 건설교통부 국토지리정보원, 2005.

지자료』의 일부 지명에서 한자 지명과 함께 한글 지명이 병기된 이유도
이 때문이었다. 일본은 지도를 제작하면서 이들 한글 지명을 모두 한자
지명으로 바꾸었다. … 지명은 국가의 역사이며 얼굴로서 지명을 잃은
것은 주권을 잃은 것이나 다름없다(94쪽).

최근의 연구로는 「조선 - 일제 강점기 울릉도 지명의 생성과 변화」
가[68] 있다. 특기할만한 부분을 인용해본다.

> 1910년 우리나라를 강점한 일본은 조선총독부에 조선임시토지조사
> 국을 설치하여 우리나라 측지 및 지도 제작 사업을 하였다. 지도에 수록
> 될 지명의 정비가 필요하게 되면서 지명을 조사하였고 동시에 한자 지
> 명으로 바꾸었다. 지도 제작 사업에 앞서 시행된 지명 조사 결과를 수록
> 한 자료가 『조선지지자료』이다.[69]

2) 역사 자료로서

(1) 사회경제사

보통 지리지와는 달리 필사본 『지지자료』에는 洑나 酒幕이 빠짐없이
실려 있다. 이들 자료가치에 대해서는 이미 『화천의 역사와 문화유적』에
서 다음과 같이 언급된 바 있다.

> 보·주막 등의 자료는 전근대 사회의 사회·경제사 연구에 활용할 만
> 하므로, 앞으로 연구의 관심과 시각에 따라 현지답사 및 탐문을 할 필요
> 가 있다.[70]

필사본 『지지자료』에는 郡에 따라 보의 축조 연도를 적어두기도 하
였다. 평창군을 예로 들어보겠다.

---

68) 김기혁·윤용출, 『문화역사지리』 18-1(통권 28호), 2006.
69) 위 글, 54쪽.
70) 화천군·강원대학교박물관, 『화천의 역사와 문화유적』, 1996, 381쪽.

　　　坊內洑 / (빈칸) / 邑上里에在ᄒᆞᆫ 디 開國四百八十五年에築洑ᄒ야至今ᄱ지 完全홈 [군내면]
　　　後坪洑 / 뒤뜰보 / 後坪里에在ᄒᆞᆫ 디 距今二十八年에開洑함 [북면]
　　　上安味洑 / (빈칸) / 光武六年에開洑하얏ᄂᆞᆫ 디 每年春에各作人이共同修築홈 [대화면]

횡성군의 洑는 다음과 같은 두어 가지 형식으로 축조연대를 적고 있다.

　　　楸洞洑 / 가래울보 / 己酉年建築ス [청룡면]
　　　花夢洑 / 꼿꿈보 / 甲辰建築ス [청룡면]
　　　龍沼坪洑 / 용쇼뜰보 / 光武十年二月二崔文植起コス [정곡면]
　　　佳里川洑 / 가리니보 / 明治四十三年三月二朴秉俊起コス [정곡면]

(2) 금석문

古碑名 항목에 洑碑 내용을 실어준 예도 있다.

　　　新洞洑碑 / (빈칸) / 上梨木里에 있다. 年月日 모름. 新洞洑(現今 廢洑) 창설 때 순찰사 李施遠의 施惠碑 (日文) [통천군 학일면]

다음은 종별 古碑名의 몇 가지 예다.

　　　法興寺事蹟碑 / 법흥절사적비 / 獅子里 [영월군 좌변면]71)
　　　白巖碑 / (빈칸) / 고려말년 충신 金濟의 詩를 조각함. 그 시는 다음과 같다. (생략) [평해군 근북면]
　　　賑恤碑 / 비석 / 部南面에在ᄒᆞᆫ 디 金鳳鳴이가火戶를 賑恤ᄒᆞᆫ 故로面內人民이立ᄒᆞᆫ碑 [양양군 부남면]

(3) 역사고고학

胎封에 관한 자료도 빠짐없이 기록하였다.

---

71) 현재 법흥사 경내에 있는 '홍녕사징효대사보인탑비'를 말한다.

正陽胎封 / 朝鮮正宗大王胎封홈 [영월군 하동면]

胎峯 / (빈칸) 上里西 上達里로부터 약 5町 距離에 있다. 신라시대에 왕자의 胎를 封하여 그 때문에 태봉이라고 山名을 불러왔다고 마을 할 아버지의 이야기가 있다.(日文) [평해군 상리면]

영월군에는 종별에 城堡名이 별도로 있으나 일반적으로 고적명소조에 성곽이 소개되고 있다.

翁城 / 할익비성 / 在於月云川里 事蹟年久未詳 [이천군 청룡면]

성의 유래에 대해서는 할미[老姑]형과 남매형이 대표적인데, 위와 같이 할애비성은 드물다.

貊國城壚 / 믹국터 / 古呑上里所在 [춘천군 북내이작면]

다음은 당간지주에 대한 기술이다.

石柱 / (빈칸) / 立於大昌里前 古蹟云 掛佛石云 今双柱突立
                                        [강릉군 北一里面]

현재 강릉시 옥천동에 있는 보물 82호를 말한다.

 (4) 임업사

黃腸木은 왕실의 널을 만들거나 궁궐 등을 지을 때 소용되는 질 좋은 소나무를 말한다. 지금은 '赤松'이라는 일본말이 널리 쓰이고 있는데, 이 나무를 나라에서 관리하고 보호하는 산이 黃腸封山이다.[72] 이 소나무로 말미암아 붙여진 지명이 적지 않다.

---

72) 신종원, 「강원도의 禁標·封標」『박물관지』2, 강원대학교박물관, 1995 ; 『숲과 문화』 6-2(통권 32), 1997 참조.

國有封山	/ (빈칸)	/ 倉里에在홈	[평창군 미탄면]
黃膓山	/ (빈칸)	/ 속실리	[횡성군 청일면]
黃膓洞	/ (빈칸)	/ 어론리	[홍천군 서석면]
黃膓洞	/ (빈칸)	/ 束沙洞里·順甲里	[회양군 長揚面]
黃膓峙	/ (빈칸)	/ 어론리	[홍천군 서석면]
黃膓谷	/ (빈칸)	/ 어론리	[홍천군 서석면]

글자를 틀리게 썼거나 아니면 이미 그렇게 굳어진 황장산도 있다.

黃場山	/ (빈칸)	/ 禁山里	[이천군 방장면]

비고 칸의 '금산(리)'를 보더라도 이 산에 함부로 들어가는 것이 금지된 封禁 지역임을 알 수 있다. 따라서 黃膓禁山인데 '膓'자를 잘못 썼다.

'황장'이 변히여 '황정'이 된 곳도 있다.[73]

黃亭谷	/ (빈칸)	/ 배향산리	[영월군 우변면]

앞서 소개한 횡성군 청일면의 그것도 점차 이와 같이 변하고 있다.

> 황장골 [골] 애기소 위에 있는 골짜기로, 황장목으로 쓰는 나무가 이 골에서 나갔다고 하여 붙여진 이름이다. '황정골'이라고도 한다(『횡성의

---

73) 같은 예로는 충북 단양군 대강면에 있는 黃庭山이 그러한데 황장봉산(1077m)에서 발음이 바뀐 것이다. 화천군에도 황장산이 있다. "황장갓(黃膓)-[산] 다목리에 있는 산. 이조 때 나라에서 梓宮으로 쓰는 황장목을 금양하였음."(『한국지명총람 2 - 강원편 -』, 579쪽)
'갓'에 대해서는 다음과 같은 해설이 있다. "'갓'은 집을 짓거나 연장을 만들거나 보를 막을 적에 쓰려고 일부러 가꾸는 '뫼'다. '갓'은 나무를 써야할 때가 아니면 아무도 손을 못 대도록 오가면서 늘 지킨다. 멀리 떨어져있으면 일부러 '갓지기'를 세워 지키도록 한다. 도회 사람들은 '갓'을 자주보지 못하니까 머리에 쓰는 '갓'과 헷갈려서 '묏갓'이라 하다가 '멧갓'으로사전에 올랐다."(김수업, 「말 뜻 말 맛」 『한겨레신문』, 2006년 10월 17일자)

지명유래』, 348쪽).74)

(5) 선사고고학

고분이 있어서 생긴 지명.

고적명소 / 馬墳 / 말무덤이 / 竹田里所在 [춘천군 부내면]

고인돌이 있어서 생긴 지명.

支石谷　　 / 굄돌　　　　　　　[양구군 상동면]
支石市場　 / 굄돌장　　　　　　[이천군 낙양면]

춘천시 사농동, 철원군 갈말읍 문혜리의 땅이름 '굄돌'도 마찬가지다.

굄돌[지석리]【마을】굄돌이 있는 마을(『한국지명총람 2 – 강원편 – 』,
474쪽)

굄돌은 '고인돌'의 준말이다. 이렇게 익히 불러오던 고유어가 있는데
도 이를 문서화·공식화·학술용어로 쓰면 한자말 '지석묘'를 빌어쓰는 것
이 우리 사회의 현실이다.
그런가 하면 '선돌'도 있다.

立石 / 션돌 / 진동리　　　　　　[영월군 군내면]

3) 민속 자료로서

(1) 대왕신앙

우리 역사나 민속에서 神을 일컫는 말 가운데 하나가 '大王'이다. 즉 '대

---

74) 이영식, 『횡성의 지명유래』, 횡성문화원, 2001.

왕'은 어느 역사상의 왕이 아니라 일반명사라는 뜻이다. 때문에 마을神을 '大王(님)'이라 부르고, 지방에 따라서는 서낭당 현판을 '大王堂'이라고 써 붙인 곳이 더러 있다.[75] 그런데 '神'의 우리 古語가 감·금·곰 등이라 함은 익히 알려져 있다. 이 神=대왕=감(가마)의 관계가 필사본 『지지자료』에 잘 남아 있다.[76] 그 예가 원주시 태장동 가매기 마을의 서낭당이다. 이곳은 옛 원주군 본부면으로서 필사본 『지지자료』의 기사를 보도록 하겠다.

지명	언문	비고
大王堂谷	딩딩이골	三里 加馬只

즉 '대왕당(골)'이[77] 지금의 '댕댕이(골)'로 변한 것이며, 그 토박이말 이 '가마(지[78])'임을 한 눈에 알 수 있다. 하지만 지금은 대왕당이 있었 던 것도, 가마(매)기의 뜻도 까마득히 잊어버리고 소리만 옮겨 적은 한문 지명에 대하여 그 유래를 다음과 같이 임의로 쓰고 있다.

□[유래] 옛날에 강원 감영에 올 때, 이곳에서부터 가마에서 내려 말 을 갈아탔다고 하는데, 그때마다 말의 수효가 늘었다 줄었다 해서 加馬

75) 이에 대해서는 신종원의 「강원도 인제군 남면 일대의 석탑」『고문화』42· 43, 1993 : 「문무왕과 대왕암 - 고려시대의 무속신앙과 관련하여 -」『한국 중세사회의 제문제』, 2001 ;『삼국유사 새로 읽기』, 2005 ;『한국 대왕신앙 의 역사와 현장』, 일지사, 2008 참조.
76) 신종원, 「단군신화에 보이는 곰[熊]의 실체」『한국사연구』118, 2002, 20~21쪽 ; 『삼국유사 새로 읽기』, 36~37쪽에서 자세히 논하였다.
77) '대왕당'은 횡성읍 가담리에도 있다. "대왕당(大王堂) [마을] 개늪과 수류암 사이에 있는 마을." (『한국지명총람 2 - 강원편 -』, 624쪽)
78) '지'는 '둔지=坪'의 뜻인 듯하다. 평창군 대화면에 '加之洞 / 가둔지', 화천 군 상서면 노동리에 '可屯洑 / 가둔지보', 원주 지방의 신림리에도 '가둔지' 가 있다. 홍천군 화촌면에 '뒷둔지뜰', '귀식둔지뜰'이 있다. 板尾坪 / 놀미 둔지 [춘천군 서상면]가 참고가 될 것이다.

只, 가매기라 불렀다고 한다.

　□[풀이] 가매기는 '가+매기'로 '가'는 가(邊)이고 '매기'는 막이(障)가 역행동화한 것으로 '가장자리의 막힌 곳'이란 뜻이다. 가+막이 → 가막이 → 가마기 → 가매기가 되었다.[79]

하지만 다음 지명에서 보듯이 '가마'는 토박이말로 보아야 한다.

| 釜谷 / 가마골 | [영월군 북면, 춘천군 동산외일작면] |
| 加馬山 / (빈칸) | [양구군 남면 상수내리] |

'댕댕이골'은 춘천시 보안동에도 있는데,[80] 필사본 『지지자료』 춘천군 府內面 고적명소조를 보면 '大皇堂'으로 쓰여 있다. 물론 이곳에는 수십년 전까지 당집이 있었다. 아래 지명도 원래 神堂의 이름이 '성황'이 아닐 수 있으므로 '대왕당'에서 유래하였을 만하다.

| 城隍峙 / 덩당이 / 上道里 | [인제군 군내면] |

　(2) 솟대

다음은 마을에 솟대 등이 있어서 생긴 지명이다.

孝竹里 / (빈칸) / 魯川里	[홍천군 詠歸美面]
孝竹村酒幕 / 쇼씨비기쥬막 / 古時里	[횡성군 갑천면]
孝竹垈 / 솔씨빅이 / 新豊里	[화천군 상서면]

위의 지명유래는 다음과 같다.

　□효죽대(孝竹垈) 【마을】 신풍리에서 가장 큰 마을. 예전에 솟대를

---

79) 원주시, 『원주시의 지명유래』, 1999, 125쪽.
80) 한글학회, 앞의 책, 478쪽에는 "댕댕이[골] 보안마을에 있는 골짜기"라고 나온다.

세웠던 터가 있음(『한국지명총람 2 - 강원편 - 』, 581쪽).

솟대를 '孝竹'이라 쓰는 경우는 과거급제를 기념하여 세웠을 때다.[81] 그 명칭의 유래는 '登科의 榮華를 表衿'[82]하는 것이 부모에게 효도가 되는 것이라 그런 것인지, 아니면 '華柱' 또는 '솟'·'소'의 소리에서 발전한 명칭인지 좀더 자료를 기다릴 수밖에 없다. 어떻든 전국에 효죽·효죽리·효죽촌은 20 여 곳이 된다.[83]

        (빈칸) / 솟찌빅이골 / 장평리   [홍천군 화촌면]
        솟디꼴 / 束沙洞里   [회양군 장양면]
        卜臺坪 / 짐디빅기들 / 外城山洞   [울진군 근남면]

'짐대'란 솟대의 다른 말로서 울진에서는 이렇게 불렀던 것을 알 수 있다. 솟대는 일명 '수살대'라고도 부른다. 다음 지명도 주목된다.

        后洞口酒幕 / 슈살막이쥬막   [화천군 간척면]

(3) 국수신앙

국사·국수 신앙과 관련하여 아래 지명을 보자.

        國祀堂 / 국술당이   [이천군 九皐面]
        國祀堂酒幕 / 국수당이거리   [이천군 九皐面]
        (빈칸) / 국슈봉   [이천군 樂壤面]

---

81) 이필영, 『솟대』, 대원사, 1990, 35쪽.
82) 손진태, 「蘇塗考」『조선민족문화의 연구』, 을유문화사, 1948 ; 『한국민족문화의 연구』, 태학사, 1981, 234쪽.
83) 한글학회, 『한국땅이름 큰사전』, 1991, 6175~6176쪽에 걸쳐 있다. 대표적인 지명유래 하나만 소개한다.
   효2죽-리[솟대배기, 효대배기, 효죽]【리】충남 - 논산 - 노성 - 본래 공주군 곡화천면의 지역으로서, 신씨가 등과하여 솟대가 박혀 있으므로, 솟대배기, 효대배기, 또는 효죽이라 하였는데 …

國仕峰山 / 구슈봉산   [춘천군 남부내면]
國士峰 / 국사봉   [춘천군 남내일작면]
國師峰 / (빈칸)   [영월군 수주면]
國師山 / 국사산   [원주군 沙堤面]
菊秀峰嶺 / (빈칸)   [고성군 남면]
菊樹峰 / 국슈봉   [화천군 상서면]
菊秀峰 / (빈칸)   [영월군 우변면]

이와 같이 국사는 국술·국수·국슈·구슈·국시 등 여러 발음이 있고, 그것을 한자로 옮겨 國祀·國仕·國師·局司·國士·菊秀·菊樹 등의 표기가 있다. 그 대상이 산봉우리면 '국사봉'이 되며, 건물이면 '국사단'·'국사당'이 된다. 따라서 국수신앙에서 이런 이름이 유래되었다는 지적은[84] 달리 의심의 여지가 없다.[85] 지명유래는 기왕이면 의미있는 것으로 발전하기 마련이니 절 주변에서는 고승과의 인연을 거론하기도 하고, 우국지사가 비분강개한 터 또는 충신이 지조를 지킨 자리로 점차 탈바꿈한다.[86] 어떤 경우에는 전혀 이치에 닿지 않는 해설을 붙이기도 한다.[87]

---

84) 김태곤, 「국사당신앙연구」 『백산학보』 8, 1970 ; 『한국민간신앙연구』, 집문당, 1983.
85) 경남 거제시 동부면 학동리 수산마을 이장(오완기. 78세)과의 대담 가운데 洞祭의 祭場을 '국시터'라고 말하였다.(2006년 7월 14일 조사)
86) 춘천의 국사봉에 대하여 다음과 같은 해설을 예로 들 수 있다. "1919년 초에 고종의 국상을 당하였으나 마음놓고 哀哭조차 할 수 없었던 이 고장 사람들은 일제경찰의 눈을 피하여 이곳 국사봉 정상에 태극단을 모으고 수백 명의 人士들이 여기 모여 西天을 바라보며 고종의 승하를 애도하는 望祭를 올리고 나라 잃은 슬픔과 울분을 토로했던 곳이 바로 이 國士峰이다."(김영기, 『춘천의 지명유래』, 춘천문화원, 1993, 156~157쪽). 金泳河가 1954년에 지은 순한문 手稿本 춘천지리지 『수춘지』에 처음 실린 내용이다. 이 책 53~61쪽에 그 유래와 당시 인사들의 시문이 실려 있다. 위의 내용과 시문을 1993년에 돌에 새겨 국사봉망제탑제막식이 있었다. 같은 내용은 춘천시·춘천군, 『춘주지』, 1984, 106~108쪽에도 실렸다.
다음은 경기도 성남시와 의왕시 경계에 있는 청계산 국사봉의 表石 내용이

(4) 기타

아래 지명은 기우제를 지냈던 곳으로 보인다.

祈雨山 / 물비리산 / 漁川里   [정선군 군내면][88]
　　物비산 / 骨只里   [정선군 臨溪面]

神堂 가운데 祭神名을 분명히 밝힌 예가 있다.

勵祭堂 / 여제당   [춘천군 부내면 (고적명소)]

4) 국어자료로서

① 필사본 『지지자료』는 나름대로의 맞춤법 원칙이 있다. 'ㆍ'의 표기는 원말이 'ㆍ'를 가지고 있지 않는데도 'ㆍ'를 쓴 경우가 많다. '고개'를 '고기'로, '재(峴)'를 '지'로, '내(川)'를 '닉'로, '개(浦口)'를 '기'로, '새(新)'를 '싀'로 적은 경우가 그러하다.[89] 첫소리법칙에 어긋나는 표기도 여러 군데 나타난다.[90]

다. "國思峰(540m) / 고려가 멸망하고 조선이 세워지자 청계산에 은거하던 고려의 충신 趙胤이 멸망한 나라를 생각하던 곳이라 하여 붙여진 이름이다. / (의왕의 전통과 문화 중에서)" 하지만 1917년의 『조선지형도』에는 '國主峰'이라고 나와 있으니 역시 우리말을('主'의 일본어 발음은 '슈') 여러 가지로 표기한 것에 지나지 않는다.

87) "국사봉은 높이가 462미터로 두 개의 봉우리가 있다. 이는 국사봉의 형태가 우리나라 국토와 같이 생겼고, 장가들기 위한 상관의 관례를 하고 사모를 쓴 신랑이 북쪽 서울의 국왕전하에게 국궁을 하고 절을 할려는 형상이라 하여 國士峯이라 불리우고 있다." 거제문화원, 『거제향토문화사』, 1997, 396쪽.

88) 『輿地圖書』第14册, 정선군에도 '祈雨山'으로 나오는 것을 보면 더 일찍부터 그렇게 써왔으나 실제 부르기는 '물비리산'이라고 했던 것 같다. 『旌善郡邑誌』(규장각 10966-1)에는 "在郡南十里 山勢高峻 上有祈雨壇 旱則致祭 得雨"라고 씌어 있다.

89) 임용기, 앞 글, 207쪽.

柳茂坪洑 / 류무평보   [춘천군 남부내면]
鑢店里 / 롯졈   [춘천군 북내일작면]

② 아래 지명을 보도록 하자.

堪臥里 / 가와리 / 下玄岩里所在[춘천군 西下一作面]

현암리의 한글지명은 '지슈울', 지금의 '지시울'이다.[91] 지슈울과 현암리 사이의 국어학적 관계는 알 수 없다. 이들 땅이름에 대해서는 『속칭지명일람』을[92] 보면 비로소 이해가 간다.

俗稱	公稱
堪臥里	玄岩里

/   [춘천군 서하면]

이들 지명을 다른 책에서 찾아보겠다.

현암리 [가마리, 감와리, 현암] (『한국지명총람 2 - 강원편 - 』, 459쪽)

즉 '가마'를 소리만 따서 적은 것이 堪臥이므로 '가와리'는 재차 변한 형태로 보인다. 그 뜻을 한자로 옮겨 玄岩里가 되었음을 알 것이다.[93]

③ 고을을 뜻하는 '실'을 소리만 따서 '實'로 적었다.

檀茂實 / 단무실 / 本四里 介田里   [원주군 호매곡면]

---

90) 위와 같음.
91) 『한국지명총람 2 - 강원편 - 』, 459쪽.
92) 조선총독부체신국, 1917.
93) 『속칭지명일람』에 '서하면'으로 나오는 것을 보면 서하일작면·서하이작면이 나오는 필사본 『지지자료』는 1917년 이전의 상황임을 재삼 확인시켜준다.

梨實 / 배나무골 /   [원주군 호매곡면]
粟實 / (빈칸) /   [횡성군 청일면]

‘室’자로 쓰는 경우도 있다.

外斗虛室   [회양군 상초북면]

그런가 하면 그 뜻을 살려 漢譯한 예도 있다.

林谷里 / 숲실이   [강릉군 자가곡면]

고을을 ‘실’이라고 부른 것은 신라시대까지 거슬러 올라간다. 『삼국
유사』 기이편, 「효소왕대 죽지랑」조를 보면 ‘得烏谷’이라는 사람이 나오
는데 같은 條에서 그는 ‘得烏失’로도 쓰였다.
이밖에도 ‘谷’은 우리말의 ‘울’을 옮긴 한자이기도 하다.

佳佐谷 / 가지울   [횡성군 정곡면]
自浦谷 / 잘피울   [횡성군 둔내면]

물론 ‘울’은 ‘洞’으로도 옮겨졌다.

求是洞 / 구시울   [원주군 富興寺面]

④ 다음은 양양군 浦口名에 나오는 津=쇠의 관계를 보겠다.

地名	諺文	備考
束 津	속쇠	所川面束草里
瓮 津	독쇠	道門面大浦里
水山津	수쇠	東面水山里

이렇게 보면 '시'는 '津'과 대응되지만 '속새'를 풀이름으로 해석하기
도 한다.[94] '새'는 '띠'의 뜻 즉 '草'의 訓이기도 하다. 또한 채소를 일컫
는 '남새'라는 말도 참고가 될 듯하다. 다음 경우를 보자.

草峴里 / 시오개	[횡성군 청일면]
草院 / 시원	[횡성군 공근면]
草坪洞 / 시들리	[울진군 근북면]

아래 지명도 유의할 필요가 있다.

(빈칸) / 소니골 / 束草里	[홍천군 영귀미면]
(빈칸) / 사나골 / 束草里	[홍천군 영귀미면]
後山 / 속시목고기 / 泥坪里	[인제군 군내면]
俗事峴 / 속시고개 / 德山基里	**[정선군 군내면]**

한편 '草'는 땅이름의 形態素[接尾語]에 해당되는 것으로서 '바다 가
운데서 모래가 퇴적해서 물이 얕은 곳이 草[풀]'[95]며, 북한의 고장말에

---

94) 『속초의 옛 땅이름』, 13~15쪽. 다음 지명도 참고할 만하다. 속초동 [속새,
속초, 속사곡리] 【리】경북-경산-진량-. 본래 자인군 중북면의 지역으
로서 속새가 많았다 하여 속새 또는 속사곡리·속초라 하였는데, 1914년 행
정구역 폐합에 따라 속초동이라 하여 경산군 진량면에 편입됨(한글학회, 『한
국땅이름큰사전』 중, 1991, 3389쪽). 다음은 '속새'의 용례다. "새옹에 밥을
지어 올리는 행위는 속새풀을 뜯어서 젓가락을 만들어 올리는 관습적인 행
위이다" 이기태, 「토착신앙에 나타난 역사적 인문의 상징성」 『인류학연구』
7, 97쪽, 영남대, 1994. 속초리는 일찍부터 써오던 땅이름임은 다음 기록을
보아도 알 수 있다. "四方禁標 東束草長嶝爲寺標 西 …"(李大蓮, 『乾鳳寺及
乾鳳寺末寺史蹟』, 1928, 193쪽).
95) 水中沙堆處 方言謂之草(『東國文獻備考』권22, 餘地考17, 關防7, 海路5, 漕
路). 金正浩의 『대동지지』에도 같은 구절이 있다. 황윤석의 『全國地理誌編
纂凡例』(1775년)에는 '海中島嶼洲渚可漁處 草 方言 蒲兒'라 '蒲兒'는 '풀'
을 音寫한 것이다. 이건식, 「황윤석의 1775년 全國地理誌編纂凡例의 특징
분석」 『地名學』 14, 136쪽에서 재인용.

'풀'이 남아 있는데, '바다나 호수의 밑이 주변보다 두드러지게 올라온 부분'에 해당된다.[96] 동해안의 '속초(시)'나 섬이름[島名] '～草'를 견주어보면 비로소 이해된다.

'草'의 용례로 하나 더 들어야 할 것은 기와제작에 이 글자를 쓴다. 춘천시 봉의산의 봉의사에서 수습한 기와에 '(南)面官草'[97]가 그것이다. '草'에 대한 언급으로는 익산 미륵사의 '彌勒藪 龍泉房凡草'의 뒷부분을 '무릇 기초를 한다.'라고[98] 해석하여 기초·시작의 뜻으로 보았다. 하지만, '○○○作草'··'○○官草'의 예로 볼 때, '草'는 곧 기와라는 뜻으로 해석된다고 한다.[99]

아울러 '싀오개'의 '오개'는 '고개'가 변한 것 같다.[100] 지명유래를 보도록 하자.

> □초현리(草峴里)[새우개, 오포][리] 본래 횡성군 청일면의 지역으로서, 지형이 새우처럼 생기었으므로, 새우개, 또는 오포(鰲浦)라 하였는데, 1914년 행정구역 폐합에 따라, 수나지를 병합하여 초현리라 함(『한국지명총람 2 - 강원편 - 』, 623~624쪽).

'오개'를 '鰲浦'라 쓴 것은 다분히 인위적이다. '鰲'는 새우가 아니라 가재이기도 하지만 '새우개'는 『한국지명총람 2 - 강원편 - 』을 제외하면

---

96) 이건식, 「한국고유한자 차용표기의 발달 - 지명의 개념요소 표기를 중심으로 - 」『구결학회 제37회 전국학술대회 발표논문집』, 2008년 8월 19일~20일.

97) 신종원, 「봉의사의 명문기와」『춘주문화』 4, 1989, 12~14쪽.

98) 문화재관리국, 『彌勒寺』Ⅱ, 1996, 236쪽.

99) 김병희, 「안성 봉업사지 출토 고려전기 명문기와 연구」, 단국대학교석사학위논문, 2001, 91쪽.

100) 서울 마포구 '애오개'의 예를 들어보겠다. 원래 '아이고개' 즉 兒峴이 阿耳峴 → 阿峴으로 발전하였고, 속지명 갈래는 → 애고개 → 애오개·애우개로 변하였다고 한다. 서울특별시사편찬위원회, 『洞名沿革攷(Ⅳ)』, 1979, 27~29쪽. 김화군 군내면의 '梨峴 / 빗오기 / 上里', 철원군 갈말읍 내대리의 개오개=開峴(『한국지명총람 2 - 강원편 - 』, 399쪽)의 예가 있다.

어디에도 보이지 않는 땅이름이다.[101] 아래 지명도 참고할 필요가 있다.

    鳥五介嶺 / 시오깃영   [회양군 장양면]

  어떻든 '시'와 '우개(오개·고개)'는 원래 별개의 意味素다. 현재 속초 지역의 지명유래와 관련하여 참고가 되는 것이 영월군 북면 恭基里에 '所也川'·'쇽사리골'이다.

  ⑤ 춘천군 동산외이작면의 '新店酒幕 / 시술막'은 '시술막'을 잘못 쓴 것이다. 지명유래는 다음과 같다.

    새술막[신점리] 새로 생긴 술막이 있던 마을(『한국지명총람 2 - 강원 편 -』, 441쪽)

    '新酒幕 / 시술막'은 삼척군 도상면 등에도 있다.

  ⑥ 숫자형 지명

    五十卜谷 / 쉰짐골   [원주군 귀래면]
    五十谷 / 쉰동골   [춘천군 동산외이작면]
    五十川 / (빈칸)   [삼척군 말곡면]

오십천에 관한 지명유래는 다음과 같다.

    □오십천[오시내] 도계읍 구사리 백병산에서 발원하여 … 삼척읍 중 심부를 뚫고 정상리에서 동해로 들어가는데 다리가 50, 굽이가 50 곳이

---

101) 이영식,『횡성의 지명유래』, 361쪽에도 '새우개'가 나오지만『한국지명총 람 2 - 강원편 -』을 답습한 듯하다. 원주군 호매곡면에 '大峴 / 음우기'가 있다. 오늘날의 '우무개'다.『한국지명총람 2 - 강원편 -』, 319쪽. 원주군 저전동면에도 '奄峴 / 으무기'가 있다.

된다 함(『한국지명총람 2 - 강원편 - 』, 110쪽).

가까이에는 '쉰음산'도 있다.

　　□오십정산[쉰음달] 미로면 내미로리와 북산면 삼화리 경계에 있는
산. 높이 639m. 바위에 우물처럼 된 곳이 50 개가 있으며, 치성을 드리면
효험이 있다함.102)(『한국지명총람 2 - 강원편 - 』, 110쪽)

　오십천의 예에서 보듯이 지명에서 이미 '쉰'이란 말은 사라졌다. 한편
'쉰'은 원래 '오십'의 뜻이 아니라 '싯' 즉 '골짜기'의 옛말인데 '골짜기
사이의 내' 곧 '싯내'가 '쉰내'로 되었다가 그것을 한자로 고쳐 쓴 것이
라는 주장도 있다.103)

　다음은 스무[시무]=이십 관련 지명을 보겠다.

　　卅日里 / 시무나리 / 分二里　　　　　　　[횡성군 고모곡면]

지명유래는 다음과 같다.

　　□스무나리 [마을] a. 예전에 스무나리 고개에 도적이 많아서 20명이
모여야 고개를 넘을 수 있다고 하여 붙여진 이름이다. b. 스무나리 고개에
좋은 묘터가 있는데, 산이 험하고 숲이 우거져서 이 묘자리를 찾으려면 20
명이 20일을 찾아야 한다고 하여 붙여진 이름이다. 이십일리라고도 한다.

　　□이십일리(二十一里)[마을] → 스무나리 (『횡성의 지명유래』, 235~236쪽)

　'二十一里'는 위에서 보았듯이 '卅日里'의 잘못이다. 그 유래를 보나
아래의 비슷한 지명을 보더라도 이 점은 분명하다.

---

102) 특히 산의 옛말 '달'이 잘 남아 있다. 앞에서 본 '황장갓'의 '갓'도 산을 이
　　르는 말이므로 주목된다.
103) 한국땅이름학회 회장, 배우리 님 견해 : 『수원지명총람』 - 수원시·수원문
　　화원, 1999.

卄里 / 시무니	[원주군 미내면]
卄里坪 / 시무니들	[원주군 미내면]
二十谷 / 시무골	[정선군 북면]

| 二十木亭 / 스무나무정이[104] | [춘천군 북산외면] |
| 二十木亭酒幕 / 스무나무정이주막 | [춘천군 북산외면] |

마을 유래는 다음과 같다.

□수무나무-정[이십목정]【마을】물의구 남동쪽 소양강 가에 있는 마을. 스무나무 정자가 있었음(『한국지명총람 2 - 강원도 - 』, 448쪽).

⑦ 고성군에 있는 禾岩寺는 경내 남쪽에 있는 '수바위'에서 이름을 딴 것이다. 수바위가 곧 禾岩임은 아래 지명을 보아도 알 것이다.

| 禾岩里 / 수바위 | [이천군 下邑面] |

수바위란 집채만한 큰 바위를 가리키는데, 그것을 한자로 '禾岩'이라고 쓴 까닭은 『훈몽자회』에서 禾를 '쉬 화'라 하였으며, 황윤석의 『이재난고』 권15에 '禾方言如搜故也' 등의 전거가 있다. 이밖에도 이규경의 『오주연문장전산고』 東國土俗字辨證說에

禾。【音水。俗訓馬齒數。見郵驛馬籍。】

라고 한 예가 있다. 하지만 '화'로 읽어 '禾岩'에서 절 이름 '華嚴寺'로 발전하였다는 것은 쉽게 짐작이 갈 것이다. 현재 수바위에 대한 설명은 노적가리를 쌓아놓은 모양, 轉하여 '穗岩'이라고 이해한 듯하며[105] '水

---

104) 스무정은 철원군 서면 청양리에도 있다(『한국지명총람 2 - 강원편 - 』, 415쪽). '樹茂亭'이라고도 쓰지만 소리나는대로 적은 것에 지나지 않는다.
105) "禾岩者 南有一塊雲根 大如萬斛露積故也"(한용운, 『乾鳳寺及乾鳳寺末寺

岩'으로도 풀이한다.[106] 하지만 수바위에는 쌀이 나왔다는 이야기도 있는데 벼[禾]의 글자를 보고 그렇게 지어냈다고도 생각된다. 어떻든 이른바 '米穴전설'이[107] 있는 증거물로서 특히 쌀바위로 인해 創寺緣起까지 이어진 예는 충남 부여군 내산면 저동리의 米岩寺와[108] 흡사하다.

⑧ 다음은 한글·한자를 달리 표기한 경우다.

柏木洞 / 잣나무골	[춘천군 동내면]
柏子谷 / 잔나무골	[춘천군 동산외이작면]

담배에 대해서는 한자로 두 가지를 쓴다.

南草 / 담비	[평창군 미탄면], [양구군 水入面]
煙草 / 담비	[평창군 남면], [평창군 北面]

⑨ 기타

鰈 / 가잠이	[통천군 順達面]
全魚 / 즌어	[통천군 순달면]
鹽 / 소곰	[통천군 학일면] [통천군 순달면]
鰯 / 멸치	[통천군 학일면] [통천군 임도면]
鰯 / 메리치	[통천군 순달면]
(빈칸) / 용에멈덜	[김화군 遠北面 野名]

史蹟』, 1928, 乾鳳寺, 153쪽).
106) 고성군, 『향로봉의 맥』, 1982, 47~49쪽.
107) 최상수, 「米穴 傳說」 『한국 민족 전설의 연구』, 성문각, 1988, 62~69쪽.
    최철배(최운식 외), 「米岩傳說의 구조와 의미」 『전설과 지역문화』, 민속원, 2002.
108) 장장식, 「미암전설과 米巖寺의 상보성」 『전설과 지역문화』, 민속원, 2002.

모두 경상도 고장말과 통한다.

'龍'의 우리말이 '미르'임을 다음 지명이 잘 보여주고 있다.

　　　龍項里 / 미르목　　　　　　　　[평창군 북면]

5) 借字表記 및 國字

① 철원군 갈말면의 渡津名에 다음과 같은 지명이 있다.

　　　檢屹串津 / (빈칸) / 松湖洞

이곳을 『한국지명총람 2 ─ 강원편 ─ 』에서 찾아보면 다음과 같다.

　　　□거멀고지[험흘관] 【나루】동송면으로 가는 한탄강 가에 있는 나루. 지형이 곶으로 되었는데, 물살이 매우 셈.

　　　□험흘관(險屹串) → 거멀고지 (400~401쪽)

한글지명 '거멀'을 옮긴 것이 '檢屹'일 것이므로 '險' 자는 '檢'을 잘 못 쓴 것으로 보인다.

② 고개는 '峴'으로 한역되는 것이 일반적이다.

　　　長峴 / 진고개　　　　　　　[강릉군 연곡면]
　　　松峴 / 솔고기　　　　　　　[평해군 원북면]
　　　香峴 / 산고기 / 本里　　　　[양구군 북면]
　　　涸洞峴 / 늡골고기　　　　　[통천군 학삼면]
　　　三峙峴 / 세고기, 豚蹄峴 / 돗넘이고기, 鴈峴 / 기럭고기, 間峴 / 샛고기, 長峴 / 진고기,
　　　江洞峴 / 강골고기, 晩項峴 / 느지목이고기, 泥峙峴 / 흑고기 이상 [통천군 학일면]

하지만 소리나는대로 적은 경우도 많다.

石高介 / 돌고기	[양구군 방산면]
方古介峴 / 방고지(기)	[춘천군 동내면]
小古介里 / (빈칸)	[금성군 東面]
灰古介里 / (빈칸)	[금성군 동면]
河古介里 / (빈칸)	[금성군 동면]
方古介 / (빈칸)	[금성군 任南面]
驛古介峙 / 역고기	[양양군 강선면]
館古介峙 / 관고기	[양양군 현북면]

'고개현'·'고개치' 같은 겹말이 보이는 것은 '현'·'치'라고 했을 때 그 뜻이 들어오지 않기 때문에 생긴 것으로 보아야 한다. '古介'는 조선시대에도 사용한 표기로서 평안도 寧邊都護府의 '栗古介(烽燧)'[109] 등이 있다. 금석문으로도 정선군 북면과 강릉시 왕산면 고단리 경계에 있는 황장봉산 표지석에 '北距蟹古介'라고 새겨져 있다.[110]

③ 다음 경우도 절묘한 선택이라 하겠다.

泉夜味坪 / 쉼비미뜰	[김화군 원북면]	
一夜味坪 / 흔비미뜰	[양구군 상동면]	
夜味 / 비미 / 於蘿田字	[정선군 북면]	

논[畓]의 구역을 말하는 '배미'의 뱀[밤]은 뜻을 따라서 '夜'를, '미'는 소리를 따라 만든 것이다.[111]

---

109) 『신증동국여지승람』, 권54.
110) http://www.jeongseon.kr/0001/표지석.htm. 서울의 珍古介=泥峴은 '本町通'을 거쳐 지금은 '충무로'가 되었다.
111) 경기도 군포시에도 '大夜味洞'이 있다. 큰 논배미가 있어 '큰배미'·'한배미'로도 불린 것을 音·意譯으로 조합한 땅이름이다. 현재 지하철 4호선 역

上水白里 / 물히   [횡성군 공근면]
下水白里 / (빈칸)   [횡성군 공근면]

물[水]+히[희, 白]란 곳을 인위적으로 나누었기 때문에 하수백리의 한
글지명은 상수백리에 빼앗기고 말았다. 행정지명으로 보자면 이미 필사
본 『지지자료』 단계, 그리고 『구한국지명』에112) 상·하수백리가 편제되
어 있는데 다음과 같이 오해가 있는 것 같다.

　　□수백리 : 예로부터 무리, 물이라고 불려 왔는데, 높은 산 위에서 보
　　면 낮에는 물이 희게 보이고, 밤에는 모래가 희게 보인다 하여 수백(水
　　白)이라 하였다. 1914년 행정구역 폐합에 따라 검은들, 대성, 버덩말, 영
　　당을 병합하여 상수백리와 하수백리로 하였다가, 그 후에 합하여 '수백
　　리'로 하였다(『횡성의 지명유래』, 348쪽).

④ 원래의 마을이름과는 전혀 다른 한자지명을 보겠다.

　　獨可洞 / 독마꼴 / 上芳洞所在   [춘천군 서하일작면]

『한국지명총람 2 - 강원편 - 』에는 다음과 같이 나온다.

　　□독가-동(獨柯洞) 【마을】 → 독가맛골
　　□독가맛-골[독가동] 【마을】 옛날에 독점이 있었다 함 (456쪽)

이와 같이 '독'을 그 뜻과 관계없이 '獨'으로 쓴 저명한 예가 獨島다.
전래지명 '돌섬'이 한때 '石島'로 표기된 적이 있었고, '돌'의 경상도 및
전라도 고장말이 '독'이므로 '獨島'라고 音借된 것이다.

─────────────

　　이름으로 쓰이고 있다. 한편 '긴배미(들)'도 전국에 많다. 경기도 이천에는
　　'긴배미길'이라는 표지판이 세워져 있다. 정선군 북평면 '배미'에 대한 땅
　　이름풀이도 필자의 설명과 같다. 『정선 북평면 지명유래』 151쪽, 2007.
112) 『구한국지명』, 956쪽.

⑤ 제대로 의역한 경우도 없는 것은 아니다.

　　金出峙 / 소늬기지 / 陵洞里　　[영월군 군내면]

지명유래는 다음과 같다.

　　□쇠내기-재【고개】영흥리에서 제천군으로 넘어가는 재. 예전에 이
곳에서 쇠가 나왔다 함(『한국지명총람 2 - 강원편 -』, 270쪽).

과연 쇠가 나왔는지는 좀더 조사해봐야 알겠지만, 인위적인 한자지명
은 쓰이지 않게 된 모양이다. 그런데 점차 새로운 형태의 땅이름 풀이가
보인다.

　　□소나기재 : 능말에서 방절리 선돌과 북면 삼거리(문성개)로 넘어가
는 고개이다. 옛날부터 이 고개는 푸른 소나무로 가득한 고개였으므로
소나무 안에 있는 고개 즉, '솔안이재 → 소라니재 → 소나기재'가 되었
다. 일설에는 단종이 유배지인 청령포로 가면서 이 재를 넘었는데 하늘
도 서러워서 많은 소나기를 내렸다는 전설이 있으며, 또 다른 주장은 새
로 생긴 고개이므로 '새내기재'라 불렀다는 이야기도 있다(『영월 땅이름
의 뿌리를 찾아서』, 25~26쪽).[113]

하지만 이 고개는 푸른 소나무로 가득한 고개였으므로 소나무 안에
있는 고개 즉 '솔안이재 → 소라니재 → 소나기재'가 된 것이 '정확한 이
야기'라고 한다.[114]

⑥ 지명의 글자가 바뀌고 거기에 맞추어 새로운 유래를 만들어내는
경우를 보도록 하겠다.

---

113) 엄흥용, 1995.
114) 엄흥용, 「지명유래의 異說 및 와전사례 - 영월지방을 중심으로」 『바람직한
　　 지명유래집과 지명집 만들기』, 24쪽, 2009년 11월 21일 세미나발표문.

白日峙 / (빈칸) / 北上里   [영월군 서면]

한글지명이 비어 있는 것을 보면 이미 한자지명만 남아 있었던 모양이다. 그런데 참고가 되는 지명이 있다.

白日洞 / 빗골   [평창군 대화면]
白日洞 / 비일꼴 / 草堂里   [강릉군 北一里面]

□배치-고개【고개】→ 백치령
□백치-령(白峙嶺)[배치고개]【고개】흰 자갈이 많다 함(『한국지명총람 2 - 강원편 -』, 258쪽).

즉 白日은 '배' 혹은 '뱃'으로서 그 뜻이 무엇인지는 정확히 알 수 없다. 그런데 이것이 어느 사이엔가 절 '拜'자로 바뀌어 단종대왕 사적이 되었다. 이렇게 영월 지방의 서낭당이나 지명은 점차 단종과 관련지어 설명되고 있다.[115]

□배일치(拜日峙)【마을】여촌 동쪽에 있는 마을. 단종이 영월로 귀양 가던 도중 이 곳에서 흐렸던 날이 개임으로 하늘을 보고 절을 하였다 함.
□배일치(拜日峙)【고개】뱃말에서 영월읍으로 넘어가는 고개.
□뱃말[주촌]【마을】배거리산 아래에 있는 마을. 지형이 배의 형국이라 하여 우물을 파지 않고 강물을 식수로 씀(『한국지명총람 2 - 강원편 -』, 258쪽).

이들 땅이름에 대한 최근의 지명유래를 보면 다음과 같다.

□배일치(拜日峙) : 서면 광전리와 남면 북쌍리 사이에 있는 고개이다. 단종대왕이 청령포로 귀양을 오면서 이곳 고개마루에서 서산에 지는 해를 바라보며 앞날의 운명을 기원하며 절을 했으므로 '배일치'라는

---

115) 신종원, 「대왕신앙으로 본 단종 숭배의 민속」 『영월지방 민속신앙과 서낭당조사』, 영월문화원, 2002.

지명이 붙었다(『영월 땅이름의 뿌리를 찾아서』, 168쪽).

　　□배일치(拜日峙) : 광전리 중심 마을인 여촌 동남쪽에 있다. 단종이 영월로 귀양 올 때 서산에 기우는 해를 보고 절을 했다고 하여 '배일치'라 하였다. 이때 단종은 배일치를 넘고 북쌍리의 점말과 분뇨처리장이 있는 갈골, 옥녀봉, 선돌을 지나 유배지인 청령포로 갔다. 배일치재를 중심으로 남면 배일치와 서면 배일치 마을이 있는데, 원래의 배일치재는 표지석이 서 있는 지금의 위치에서 좌측으로 약간 떨어진 곳으로 점말의 북골로 질러가는 길이었다(『영월 땅이름의 뿌리를 찾아서』, 340쪽).

　　□뱃말(舟村, 뱃마을) : 골말(고은마을) 앞에 있는 마을로 순조 임금 때는 광운리(廣雲里)라 불렀다. 402번 지방도가 개통되기 전에는 영월에서 신천, 주천으로 가는 모든 사람들이 뱃마을의 나룻배를 이용하여 건너 다녔다. 즉, 배를 건너는 나루터기가 있었던 마을이므로 '뱃마을 → 뱃말'이라 한다(『영월 땅이름의 뿌리를 찾아서』, 343쪽).

⑦ '돌'·'널'·'갈'은 한자로 어떻게 쓰는지 보자.

　　納乭 / 납돌앗 / 泥林里字　　　　　　　[정선군 新東面]

'乭'은 나중에 상용한자로 바뀌어 갔다.

　　□납도-리(納道里)【마을】→ 납돌

　　□납-돌[납도리]【마을】장터 동북쪽에 있는 마을(『한국지명총람 2
－강원편－』, 384쪽).

또 하나의 경우를 보자.

　　納雲乭 / (빈칸)　　　　　　　　　　　[정선군 新東面]

위 지명이 『구한국지명』에 오면 '納雲石'이라고 의역되어 있다. 그

뒤 이러한 동네이름이 생소했던지 『신구명칭일람』단계에 오면 雲峙里
에 소속된다. 하지만 아래에서 보듯이 현재도 여전히 쓰이는 지명이니,
인위적인 땅이름 '납운석'은 탁상·행정용으로 잠시 존재하였다.

> □납운-돌(納雲乭) 【마을】 돈니치 서북쪽에 있는 마을(『한국지명총
> 람 2－강원편－』, 384쪽).

땅이름의 '널'은 '乭'字로 썼다.

> 乭目里 / 널목리   [원주군 부흥사면]

'갈'의 경우를 보겠다.

> 上乫云里 / (빈칸)   [철원군 於云洞面]
> 下乫五里 / (빈칸)   [철원군 於云洞面]
> 中乫云里 / (빈칸)   [철원군 於云洞面]

때로는 '갈운'이라 쓰고 때로는 堤堰洑名의 '乫五坪'과 같이 '갈오'라
고도 썼다. 즉 '乫'은 '땅이름 갈'이라고 訓讀하지만 편의에 따라 만들어
낸 한국식 한자다. 이것이 『구한국지명』단계에 오면 받침이 빠져서 '上
加里'·'下加里'가 되고, 『신구명칭일람』에서는 원래의 音價를 찾아서
'下葛里'가 된다. 이 표기가 굳어져 『조선도부군면정동리개정구역표』에
도 '下葛里'라고 썼다.[116]
  이밖에도 정선군 북면의 '乫金伊'가 있다.

---

116) 어운동면은 현재의 동송읍 지역이다. 이들 지명변경에 관한 향토지를 인용
  해 본다.
    "정조 2년(1778)에 乫吾里가 葛五里로 … 그 후 칙령 제98호(1895.5.26)에
    의거 부제 개편 및 조정에 따라 漁隱洞面이 於雲面으로 개명되고, 갈오리
    가 下葛里로 … 개명되었다."(철원문화원,『철원의 지명 유래』, 2004, 232쪽).

⑧ '머'·'멋'은 어떻게 한자화했는지 궁금하다.

　　　藻之里 / 머지니　　　　　　　　[횡성군 군내면]

때로는 '먼·멀다'의 뜻을 취하여 의역한 경우도 있다.

　　　遠川谷 / 머닉골　　　　　　　　[화천군 간척면]

『한국지명총람 2 - 강원편 - 』에는 다음과 같이 나온다.

　　　□머내 - 골 【골】 유촌 남쪽에 있는 산골짜기
　　　□머냇 - 골[원천] 【마을】 유촌 서남쪽에 있는 마을

다음 경우는 한자가 잘못되었는 듯싶다.

　　　奈屯峴 / 멋둔고개　　　　　　　[화천군 상서면]

奈는 '나'·'내'의 발음밖에 없기 때문이다.

⑨ 화천읍 대이리의 '딴산'[117), 양양읍 조산리의 '딴섬'[118), 속초시 척산리의 '딴봉'이[119) 있다. 필사본 『지지자료』에도 두 곳이 보이는데 먼저 하나를 소개하겠다.

　　　(빈칸) / 짠봉산 / 橋下里　　　　[간성군 海上面]

---

117) 강원대학교박물관, 『화천의 역사와 문화유적』, 298~299쪽.
118) 2005년 10월 15일 현지조사. 양양읍 조산리 박부승 씨 제보. 보고서는 近刊 예정.
119) 김만중, 「지명조사의 중요성 - 속초·양양지역을 중심으로」 『바람직한 지명유래집과 지명집 만들기』, 36쪽, 2009년 11월 21일 세미나발표문.

대개 浮來 유형의120) 지명유래를 가지고 있다. 아래 지명은 그 유래에 상당히 근접한 의역이라 할 수 있다.

獨高峰 / 딴봉 / 本四里 昆矣洞   [원주군 호매곡면]

6) 지명 및 지명유래의 기준점으로서

① 인제군 남면 김부리는 신라의 마지막 임금 敬順王의 이름 '金傅'와 발음이 같은 데서 갖가지 역사적 상상력이 동원되어 확대재생산 되고 있는 지역이다. 그가 금강산으로 가다가 가마를 잠시 내렸다는 전설도121) 아래의 '가미봉'에서 비롯되었을 것이다. 또 군사들이 항복했다 하여 '항병골[降兵谷]'이 되었다는 지명도 실은 '행병골'로 나와 있다.

轎子峰 / 가미봉 / 金富里   [인제군 남면]
行兵谷 / 힝병골 / 金富洞   [인제군 남면]
金富洞 / 짐부왕   [인제군 남면]

경순왕(나중에는 마의태자, 다시 경순왕의 어느 왕자로 발전됨)의 가마가 넘었다는 수레넘이고개는 수레가 다닐 정도의 비교적 넓은 고개로서 『용비어천가』권5 34장의 細註에 '德山洞 院在咸興府之北咸關 車踰 술위나미'에 이미 보이며 전국 곳곳에 있는 지명이다.122)

---

120) 수려한 산이나 섬이 원래 자기 고장 것이 아니라 떠내려 온 것이라는 이야기 형식을 말한다. 김의숙, 「강원도 부래설화의 구조와 의미」『강원도민속문화론』, 집문당, 1995 참조. 다음 지명도 참고가 된다. 딴봉재[산]경상북도-울진군-평해면-금음리 : 머구밭골 북쪽에 외따로 솟아 있는 산(한국땅이름전자사전).

121) "金富里 在南面 昔日金傅大王留輦處云" (『江原道誌』 3, 고적명소, 1940)

122) 이영택, 『한국의 地名』, 태평양, 1986, 151쪽. 신종원, 「강원도 인제군 남면 일대의 석탑」『古文化』 42·43, 한국대학박물관협회, 1993 ; 『정비·보수를 위한 인제 갑둔리 일대 석탑 조사보고서』, 강원대학교박물관, 1996 참조.

車峴 / 수루너미 / 上芳洞所在　　　　[춘천군 서하일작면]
車踰峙 / 슈리네밋지 / 車踰里　　　　[영월군 수주면][123]
車輪山 / 술구레미 / 浦項里　　　　　[고성군 一北面]
車轉峴 / 술구럼미고기 / 養珍里　　　[고성군 二北面]
述口山 / 술구늬미산　　　　　　　　[경상북도 경주군 川北面]

　김부리는 아래 '진부대'에서 보듯이 화천군 간동면에도 있으며, '김부령'도 참고가 된다.

　　□진부대(陳富垈)[김부대, 김부리] 진(陳) 혹은 김(金)이라는 부자가 살았다는 마을(『한국지명총람 2 - 강원편 - 』, 574쪽)

　　□金富嶺 / 짐분영　　　　　　　　[인제군 북면 용두리]

　② 명문화되어 있지 않은 지명은 무지·편의 또는 過慾에 따라 그 가변성을 예측할 수가 없다. 아래의 지명을 예로 들어본다.

江川溪澗名 / 泥林溪 / (빈칸) / 泥林里　　[정선군 신동면]
洞里村名 / 泥林里 / (빈칸)　　　　　　　[정선군 신동면]

　이 니림리(이림리)가 『구한국지명』·『조선지형도』에 '義林吉里'로 나온 이래 두 가지 지명유래가 보인다.

　　□예미리(禮美里)[의림길]【리】본래 평창군 동면의 지역으로서, 아름다운 숲이 많이 있으므로, 의림길(義林吉)이라 하였는데, 고종 32년(1895)에 정선군에 편입되고, 1914년 행정구역 폐합에 따라 노일리(魯日

─────────────

123) 1963년 1월 1일부터 횡성군 안흥면 강림리로 이관되었다. 조선 태종과 그의 스승 원천석의 사적을 새긴 '太宗臺' 명문과 전설의 현장이다. 태종이 가마를 타고 넘었다 하여 '수레 넘어 고개 / 수리내미 고개'라 불렸다고 한다. 신종원·정민화, 「횡성군내 절터 조사」 『강원문화연구』 3, 1983 ; 최상수, 「태종대 전설」 『한국 민족 전설의 연구』, 성문각, 1988, 97~99쪽 참조.

里), 납도리, 유문동을 병합하여 여미산의 이름을 따서 예미리(禮美里)라 하여 신동면(新東面)에 편입됨(『한국지명총람 2 – 강원편 – 』, 384쪽).

아마도 이림 → 의림으로 발전한 것 같은데, '아름다운 숲'이 새 요소 로 등장하여 땅이름 풀이를 하고 있으나 쉽게 수긍되지 않는 설명이다. 그래서인지 또 다른 시도가 보인다.

> □義林吉 : 읍의 중심 마을이다. 옛날 관터와 倉이 있던 곳인데, 주민 들이 예의 바르고 의리있다 하여 의리의(義)자와 유명한 숲이란 수풀림 (林)자를 따서 지은 이름이라고 한다. (정선문화원,『정선의 옛지명』, 1997, 148쪽)

다음은 제3의 설이다.

> □「의림길」 예전 읍사무소가 있는 곳을 중심으로 집단 부락이 있었 던 곳으로 지금의 예미 농협 위에서부터 납돌다리가 있는 곳까지를 말 한다. 의림길의 유래는 통일신라시대로 거슬러 올라간다. 옛날 영월 엄 씨의 시조가 되는 林義라는 사람이 중국 당나라에서 派樂使라는 사신으 로 신라에 왔다. 일을 마칠 무렵 자기 나라가 외적의 침입으로 망하게 되자 림의는 돌아가지 못하고 전국을 떠돌아 다녔다. 중국에서 림의를 체포해 호송해 줄 것을 요청했고 쫓겨 다니던 그는 지금의 의림길에서 잠시 머물다가 떠났다. 마을에는 당시까지만 해도 그리 많은 사람들이 살지 않았는데, 그를 맞고서 사정을 들었던 마을 사람들은 훗날 그곳에 머물다 떠난 사신을 떠올리며 義林이라 부른 것이 지금까지 굳어져 내 려왔다. 林義의 묘는 지금 영월읍 영흥리 금강정 뒤에 있다(신동읍지편 찬위원회,『신동읍지』, 2003, 321~322쪽).

③ '南大川'은 함경도 안변에서부터 울진에 이르기까지 여러 고장에 보이는 지명으로서 일반명사같이 쓰였는데, 본래는 아래와 같이 고유한 이름이 있었을 것이다.

南大川 / 역말기울   [김화군 군내면]

　'南'의 본래 訓이 '앞'이므로[124] 고을의 앞을 흐르는 내 즉 '앞내'가 '南川'이 되고, '큰내'의 의미가 덧붙여지면 '南大川'이 된다. 예를 들면 다음과 같다.

　　　앞내[남계천] 서울 - 용산 - 한남
　　　한내[한천, 큰내, 고교천, 포천천, 남대천] 경기 - 포천

　정선아리랑의 노랫말에 '<u>앞남산</u>의 딱따구리는 생구멍도 뚫는데'의 '앞남산'은 그러니까 겹말이며, 이밖에도 '앞남산'을 『땅이름큰사전』에서 찾으면 아래의 지역에 보인다.

　　　경기 - 용인 - 남사 - 전궁 / 경기 - 강화 - 서도 - 불음도
　　　전북 - 김제 - 입석 / 경북 - 문경 - 산양 - 신전

　④ '길'을 뜻하는 '거리'의 표기를 보겠다.

　　　四方坪 / 사방거리   [화천군 군내면]
　　　四方巨里 / 사방거리   [화천군 상서면]
　　　后巨里 / 뒷거리   [화천군 상서면]
　　　場巨里 / 장거리   [춘천군 동내면]
　　　隴巨里峙 / 농거리지   [양양군 현북면]
　　　獄街里 / 옥거리   [춘천군 부내면]
　　　下場街里 / 아리장거리   [춘천군 부내면]
　　　孝子門街里 / 효지(자?)문거리   [춘천군 부내면]
　　　市場街酒幕 / 장거리쥬말   [인제군 군내면]
　　　四方街酒幕 / 사방거리쥬말   [인제군 군내면]

---

124) 『광주천자문』(1575)에 '앒 남', 『어제천자문』(1583, 1691)에도 '앒 남'이라 되어 있고, 1576년의 『신증유합』(단국대학교출판부, 17쪽, 1972)에 '앒 남 / 남녁 남'·'븍녁 븍 / 뒤 븍'이라 하였다.

우리말 '거리'를 巨里·街里·坪·街 등으로 쓰고 있으나 무리한 글자다. 그래서인지 한자표기는 아예 없어졌다.

> □사방거리【마을】산양리에서 가장 큰 마을. 길이 사방으로 나있음(『한국지명총람 2 - 강원편 - 』, 580쪽).

'세거리'도 마찬가지다.

三街里 / 셰거리 / 北上里			[영월군 서면]
三街里 / 삼거리 / 照呑里			[춘천군 북산외면]
三街洞 / 셰거리 / 益壽洞			[이천군 고미탄면]
三巨里 / (빈칸) /			[이천군 九皐面]
三巨里 / (빈칸) /			[이천군 山內面]
三巨里 / 셰거리			[횡성군 청일면]
三巨里 / (빈칸) / 東幕里			[홍천군 감물악면]
三巨里酒幕 / 삼거리쥬막 / 鎭東里文峴			[인제군 기린면]
三巨伊 / 시거리 / 順甲里			[회양군 장양면]
細居里 / 셰거리 / 新日里			[통천군 碧山面]

그 뒤 쓰이는 용례를 보겠다.

> □삼거리【마을】세 갈래의 길이 있음(철원군 갈말읍,『한국지명총람 2 - 강원편 - 』, 400쪽).

위 책에서 한자를 쓰지 않은 것을 보면 어느 것이나 맞지 않기 때문이다. 하지만 글로 쓰거나 공식 자리에서는 굳이 한자를 찾아 억지로 끼워 맞추는 관행을 보게 된다. '네거리'의 경우도 마찬가지다.

⑤ 한글·한자지명 並存의 例

日山 / 희산   [화천군 군내면]

日山 / 히산   [화천군 동면]

현재 주민들은 '해산'이라 부르고 있으나 지도에는 '일산'으로 나와 있다. 지금은 두 이름이 공존하지만 문자화된 지명의 위력은 상상 외로 크다. 머지않은 시기에 '해산'도 사라질 운명에 있다. 이러한 현상은 전국의 '매봉'·'수리봉'이 '鷹峰'과 공존하다가 '응봉'으로 굳어져가는 것과 같다.

⑥ 양양군 서면의 '檀木嶺'은 백두대간의 고개다. 이 이름은 근래 생긴 것으로서 원래는 '박달령'만이었는데 언제부턴가 漢譯한 지명이 생겼다.

朴達峯 / 박달영 / 西面 五色里   [양양군 峯峙峴名]

□단목령(檀木嶺) 【고개】 → 박달재 (『한국지명총람 2 - 강원편 - 』, 218쪽)

□박달-재[단목령] 【고개】 마산리에서 인제군 기린면으로 가는 큰 재. 고려 제23대 고종 4년(1217) 김취려 장군이 글안병을 원주, 제천에서부터 쫓아 이곳에 이르러 섬멸하였음(위 책, 219쪽).

⑦ 한계령은 1970년대에 지금의 44번 국도가 개설되면서 인제군 북면 한계리의 마을이름을 따서 붙여진 고개이름이라는 설이 있다.[125] 하지만 필사본 『지지자료』에 이미 보이는 지명이며, 1960년대에도 여전히 쓰였던 이름이다.

寒溪峯 / 한계영 / 西面 五色里   [양양군 峯峙峴名]

□한계령(寒溪嶺)[오색령] 【고개】 금표바위 서쪽에 있는 큰 고개. 한

---

125) 국사편찬위원회, 『역사의 窓』 1, 2006, 26~27쪽.

계산 남쪽 곧 오색리 서쪽이 되는데, 양양에서 인제를 거쳐 서울로 통함 (『한국지명총람 2-강원편-』, 220쪽).

⑧ 의심스런 漢譯 지명

　　　石花村 / 골고지　　　　　　　　　[횡성군 고모곡면]

　'골'은 물론 '돌'의 잘못이다. 문제는 '고지'로서 '꽃'으로 비정하여 '花'라고 쓴 것 같다. 하지만 당시 '꽃'을 '곳, 고지'로 발음하거나 쓰지 않았다는 것은 아래 지명을 보면 분명하다.

　　　花夢洑 / 꽂꿈보　　　　　　　　　[횡성군 청룡면]
　　　石串 / 돌쏘지　　　　　　　　　　[원주군 귀래면]

　어떻든 이렇게 한자로 굳어진 뒤에는 거기에 맞추어 지명유래는 나오게 마련이다.

　　　□석화리(石花里) [돌곳이, 석화]【리】본래 원주군 고모곡(서원)면의 지역으로서 돌꽃바우가 있으므로, 돌곳이, 또는 석화라고 하였는데 … (『한국지명총람 2-강원편-』, 608쪽)

　　　□돌곳이 [마을] 석화 2리 2, 3반에 속하는 마을로, 칭칭나무가 바위를 감고 있는 것이 마치 꽃이 핀 것 같아서 붙여진 이름이다. 바위 세 개가 있는데, 가운데 바위는 마구할멈이 똥을 누어서 생긴 것이라고 한다(이영식, 『횡성의 지명유래』, 236쪽).

　물론 약간의 유보를 해둠직도 한데 다음과 같은 증거물이 거론될 수도 있기 때문이다.

　　　□돌꽃-바우【바우】돌곳이 앞 개울 가에 있는 바위. 높이 6m, 둘레 10m 되는데, 꽃같이 묘하게 생겼음.

그러나 전국의 석화리가 대부분 그러하듯 '곶이, 고지'는 돌출부분을 가리키는 '串'이 와전되어 '꽃 花'로 바뀐 것이다.126) 또 하나의 '곶'을 가리키는 한자로는 '藪'가 있다. 이를 '高地'라 읽고 제주도말로 곶[花]=숲을 가리킨다고 한다.127) '곶'의 다른말로는 '삐중다리'가 있다.128)

미시령(彌矢嶺)은 지금도 이 지역에서는 '미실령'으로 발음하는데 필사본 『지지자료』에도 다음과 같이 나온다.

彌矢嶺 / 미실영   [인제군 북면 용두리]

아마도 後者의 발음을 적당히 한자로 옮긴 것 같다.

삼척 원덕면의 月川里는 규장각에 소장되어 있는 1872년의 「三陟府地圖」 등에는 '月乃津'이며, 필사본 『지지자료』에는 '月川洞'으로 나온다. 이어 『구한국지명』에도 '月川洞'이다. 이것이 『신구명칭일람』에서는 '月門里'로, 『朝鮮道府郡面町洞里改正區域表』에는 '月川里'로 나온다. 1963년의 『眞珠誌』에는 '舊稱 月來津'이라 했다 하니 종래 00洞·00津으로 俗稱되다가 ○○里로 되어 面里制의 체제에 맞춰간 것을 알 수 있다. 지명유래를 보면 다음과 같다.

---

126) 예를 들면 다음과 같다.
　　석화-리[돌꼬지, 석화] 【리】 경기-안성-양성 - 본래 양성군 읍내면의 지역으로서 돌로 된 곳이 되므로 돌꼬지 또는 석화라 하였는데, … (한글학회, 『한국땅이름 큰사전』, 1991, 3201쪽)
　　석화-리[돌꼬지, 石串, 石花] 【리】 충북-청원-강내 본래 충주군 서강내 이하면의 지역으로서 지형이 돌로 곶을 이루었으므로 돌꼬지, 석관 또는 석화라 … (위와 같음). 이미 『朝鮮地形圖』(183면)에 '石花里'라고 나온다.
　　석화-리[돌꼬지, 石花] 【리】 충북-청원-북이 - 본래 청주군 산외이면의 지역으로서 지형이 돌로 곶이를 이루었으므로 돌꼬지 또는 석화라 … (『한국지명총람 3-충북편-』, 1970, 580쪽)
127) 오창명, 「『東興備攷』의 濟州 지명 연구」 『한민족어문학』 50, 27쪽, 2007.
128) 『지명조사사업보고서』 49, 80쪽.

□월천-리(月川里) [다래]【리】본래 삼척군 원덕면의 지역으로서, 다래가 많으므로 다래, 또는 월내(月乃)라 하였는데, 1914년 행정구역 폐합에 따라 고포, 새장터, 소농골을 병합하여 월천리라 함(『한국지명총람2 -강원편-』, 151쪽).

川·乃·來가 모두 '내·래'였음을 알 수 있고다. 그런데 현지에 가보면 이곳은 바닷가로서 달래가 나지 않는다. 그러므로 마을이름은 원래 '달래· 달내'였으며, 멀리는 『삼국사기』지리지의 月奈岳(月出山. 영암군)으로부터 근대의 흔한 지명 달내[고개]에까지 해당되는 땅이름임을 알게 된다. 하지만 한번 문자화된 지명유래는 이후의 지명집에 그대로 답습되고 있다.

7) 僻 字

상용자	벽 자	용 례	
爐	鑪	香鑪山	[춘천군 부내면]
器	罞	軍罞坪	[홍천군 군내면]
		沙罞村	[원주군 귀래면]
		土罞店	[화천군 하서면, 영월군 서면]
		沙罞幕里	[철원군 북면, 어운동면]
		砂罞店村	[홍천군 금물산면]
實	宩	嶋宩垈坪(島)	[홍천군 서석면]
		檀茂宩	[원주군 호매곡면]
		利宩	[원주군 호매곡면]
秋	秖	秖頭[129]	[원주군 저전동면]
琴	琹	琹田峙	[강릉군 옥계면]
		琹頭峙	[영월군 수주면]
椚	樐	樐田峙	[강릉군 옥계면]
桑	枽	枽陰里	[통천군 학삼면]
淵	涸	涸洞里	[통천군 학삼면]

卯	邜	鉢邜谷	[홍천군 화촌면]
峽	峽	加峽里	[춘천군 북산외면]
棗	枣	大枣木谷	[춘천군 동내면]
		枣木谷	[화천군 간척면]
國	旺	旺祀堂酒幕	[이천군 九皐面]
	壬	壬島里	[평강군 고삽면]
嶺	峇		[양양군 峇峙峴名]
甕	瓮	瓮器店里	[춘천군 동내면]
得	淂	淂神針	[삼척군 원덕면 古碑名]
牧丹	莜芛	莜芛峰 / 모란봉	[춘천군 남내이작면]
鼎	昇	昇足里 / 소쌀리	[춘천군 남내일작면]
桃	桄	生桄谷	[강릉군 德方面]
軸	軕	軕洞里	[안협군 서면]

6. 맺음말

　　필사본 『조선지지자료』는 1911년에 조선총독부에서 전국의 지명과 地誌 사항을 동시다발적으로 조사하여 작성한 草稿다. 짧은 기간에 방대한 양을 대상으로 한 까닭에 착오나 결락이 없지 않다. 하지만 필사본 『조선지지자료』는 이보다 5~6년 뒤에 나온 『조선지형도』의 지명과 어느 정도 비견될 뿐 전무후무한 지명집이자 지지자료다. 일제 강점기를 통해 공식 지명은 한자로 쓰였고, 해방후 그것은 더욱 굳어져만가는 현실에서 필사본 『조선지지자료』에 실린 우리의 고유지명 즉 한글 땅이름은 백여 년 전에 간신히 잡아놓은 보물이다. 책 전체가 지리정보이니 지리학 자료로서는 말할 것 없고, 국어·역사·민속·경제사 분야에도 이 책은 귀중한 자료를 제공한다.

---

129) 이 지명은 한글로 '갈머리'다. 그러므로 앞 글자는 '갈=가을'에 해당하므로 가을 秋의 오른쪽 부분[旁]인 '火' 대신 꽃 花를 썼을 것이다.

필사본 『조선지지자료』는 당시 筆耕의 달필로 씌었다. 하지만 그 가운데는 略字·俗字·僻字는 물론 때로는 흘려 쓴 글씨가 있는가 하면 일본어도 섞여 있다. 따라서 그것을 영인만 해준다면 이용이 제한적일 수밖에 없다. 뿐만 아니라 錯簡이나 오류도 그대로 이용할 것이므로 반드시 누가 한번 손보아주어야 한다.

解題者와 몇 사람의 동참자는 강원도 해당분만이라도 원전 형태 그대로 입력하여 인쇄체로 제공한다. 이 작업 또한 완벽하다 하기는 어려우므로 입력한 것의 當否를 확인하도록 원문도 영인하여 싣는다. 그리고 비교적 상세한 해제를 붙였다. 비록 강원도에 한정된 고찰이지만 그것마저도 장님이 코끼리 만지는 격에 그쳤을 소산이 크다. 인문·사회 거의 모든 영역에 걸치는 자료를 한 개인이 소화한다는 것은 애초에 가당치 않은 일이다.

바라기는 이 입력 작업을 토대로 더욱 개선하여 각 분야에서 이 책을 충분히 활용하였으면 한다. 그중에서도 우선 시급한 것은 국적불명·의미불통의 지명을 바로잡는 일이다.

자료 이용 면에서는 여기에 실린 모든 땅이름과 정보의 색인이나 데이터베이스가 필요하다. 그리고 강원도를 이어 다른 시·도의 입력본 『조선지지자료』도 나와서 전국을 대상으로 한 연구·검토가 이루어지기를 소망한다.

필사본 『朝鮮地誌資料』의 국어학적 연구*
─강원도 편 39권~42권을 중심으로─

심보경

(한림대 기초교육대학 교수)

1. 서론

본 연구의 목적은 문헌서지학적 고찰을 바탕으로 필사본 『조선지지자료』의 국어학적 특징을 밝혀 보려는 데 있다. 또한 자료적 가치에 비해 다른 문헌보다 주목받지 못했던 『조선지지자료』의 가치를 소개하고 그 이해의 폭을 넓히는 데 있다.

『조선지지자료』는 현재 국립중앙도서관(도서번호 古2703)에 소장된 필사본으로 편찬자와 편찬시기를 정확하게 알 수 없는 54책 낙질본이다. 이 책은 경기도(7권 : 1-7), 충청북도(4권 : 8-11), 충청남도(4권 : 12-15), 전라북도(1권 : 16), 전라남도(7권 : 17-23), 경상북도(8권 : 24-31), 경상남도(7권 : 32-38), 강원도(4권 : 39-42), 황해도(4권 : 43-36), 평안남도(4

---

* 이 논문은 필자가 2010년 1월 28일 중앙어문학회에서 발표한 「필사본 『조선지지자료』의 서지와 국어학적 특징 : 강원도 편을 중심으로」를 수정·보완한 것으로, 『어문논집』 제44집에 투고하여 게재되었다. 이 글은 『어문논집』에 실린 것을 그대로 수록한 것이다.

권 : 47-50), 평안북도(4권 : 51-54) 등 도별로 분책되어 있다. 함경남도와 함경북도 편은 없으며, 전라북도 편이 1권이다. 그 중 필사본『조선지지 자료 : 강원도 편』은 39권부터 42권까지이다[1]).

1900년대 초 일본은 한국의 행정구역을 개편하고 토지조사 사업과 지 도를 제작하였다. 일본은 조선총독부에「조선임시토지조사국」을 설치하 여 한국의 지도 제작사업 착수하였으며 이 과정에서 지도에 수록될 지명 정비가 필요하게 됨에 따라 지명을 조사하였다. 그리고 지도 제작사업에 앞서 시행된 지명 조사 결과를 수록한 문헌이 바로『조선지지자료』자료 이다. 이 과정에서 일본은 한국의 고유어 지명을 한자 지명으로 바꾸었으 며, 본래의 의미와는 다른 일본식 새 지명이 생겨나기도 하였다. 이러한 시대적 상황에서 편찬된『조선지지자료』는 지도 제작이라는 목적에 그 근저를 두고 있기에 표기의 정확성이 장점인 반면 편찬자와 편찬시기를 알 수 없는 한계도 있다. 하지만 이 문헌은 1910년대 한국의 고유어 지명 을 집대성하였다는 점에서 국어사 연구에서 그 가치는 주목할 만하다.

문헌서지학적 연구방법에서 텍스트 분석과 표기법의 고찰은 중요하 다. 표기법은 "하나의 언어가 하나의 문자 체계에 의하여 표기되는 모든 원리와 방법(이기문 1963 : 1)"으로, 어떤 특정 언어를 문자로 표현하는 방법 및 규칙 전반을 가리킨다. 이호권(2003 : 64)은 표기법은 문헌에서 음운상의 차이와 순수한 표기법적 문제에서 차이를 보임을 지적하고, 실 제 텍스트 분석에서 표기법의 이 두 가지 측면이 항상 명확하게 구분되

---

1)『조선지지자료 : 강원도 편』의 연구는 한국학중앙연구원 동아시아지역사문 화연구소 신종원 교수님을 중심으로 강원도 땅이름 연구회원들과 한중연 동아시아역사문화연구소 연구원들이 원본 입력 작업을 하여『필사본 朝鮮 地誌資料 강원도 편』(2007),『강원도 땅이름의 참모습 : 朝鮮地誌資料 江原 道 篇』(2007),『강원도 땅이름의 참모습 색인집 : 朝鮮地誌資料 江原道 篇』 (2009)을 간행하였다. 또한 2009년 12월 19일, 한국학중앙연구원 동아시아 역사연구소 주최로『朝鮮地誌資料 江原道 篇의 사료적 가치 및 활용』이라 는 주제로 학술대회가 개최된 바 있다.

는 것은 아니며, 표기의 차이에 근거하여 음운 현상의 문제에 접근하기 위해서는 해당 문헌의 표기법 전반에 대한 이해와 표기자의 언어 의식도 고려해야한다고 서술하고 있다. 즉, 연구자는 당대 현실음과 표기법, 편찬자의 표기 경향을 함께 고려해야 한다.

　이러한 문헌서지학적 연구방법에 의해 본 연구에서는 『조선지지자료』의 서지와 표기법을 살펴보려 한다. 『조선지지자료』는 당대의 다른 한국어 문헌보다 양적으로 풍부한 고유어 자료를 수록하고 있어 1910년대 한국어 표기법을 이해하는 데 중요하다. 그러나 『조선지지자료』의 국어사적 가치에도 불구하고 그동안 이 문헌에 대한 국어학적 연구는 활발하게 논의되지 않았다. 이에 본 연구는 『조선지지자료』의 검토를 통해 국어학적 특징을 밝힘으로써 이 문헌의 국어사적 가치를 살펴볼 것이다. 본 연구에서는 『조선지지자료 : 강원도 편』 39-42권의 강원도 산지명(한글표기자료)을 중심으로 표기 특징을 살펴보기로 한다.

2. 『조선지지자료』의 서지

1) 『조선지지자료』의 편찬시기와 동기

　필사본 『조선지지자료』는 편찬자와 편찬일시, 편찬장소가 적혀 있지 않다. 그렇기에 그 시기를 정확하게 알 수 없다. 이 책의 편찬시기에 대하여 임용기(1995)는 『조선지지자료』의 행정구역명이 1896년에 개편된 것을 반영하였다는 점과 경인철도 역 이름이 등장한 것으로 이 문헌의 편찬시기를 1910년에서 1914년 사이로 추정하였다. 김기혁(2006)은 『朝鮮全道府郡面里洞名稱一覽』(1917)은 1914년 개편된 행정구역 명칭을 반영하고 있는 데 비해 『조선지지자료』의 행정지명은 1896년에 개편된 것을 반영하고 있으며, 경기도 일부 지방의 경우 1900년에 개통된 경인철

도의 역이름이 나오는 것으로 보아 편찬연도는 1910년 전후라고 설명하
고 있다. 또한 신종원(2007)은 『신구명칭일람』(1913)과 『구한국지명』
(1912.1)에 수록된 행정구역 명칭, 헌병, 경찰제도 설립시기를 알 수 있
는 지명을 통해 1910년 10월에서 1911년 12월로 추정하고 있다[2]. 이러
한 정황으로 미루어 볼 때 『조선지지자료』의 편찬시기는 1910년경에 작
성된 것으로 예측할 수 있다.

　『조선지지자료』의 편찬동기 역시 현재로서는 정확하게 알 수 없다. 다
만, 임용기(1995 : 142)와 김기혁(2006 : 32)에서 조선총독부 중추원 『조선
구관제도조사사업개요』(1938)에 이 문헌의 편찬동기를 알 수 있는 단서를
지적하고 있다.

　　　명치44년(1910) 우사미(宇佐美) 내무장관은 각도 장관에게 의뢰하여
　　조선 지명 자료를 수집하고 이 자료를 엮어서 『조선지명사서』 이름으로
　　소화 5년(1930)에 인쇄할 것을 계획하였다. 그 내용은 각 군의 동리 명칭
　　은 물론, 산천, 제언, 역, 계곡, 주막, 명승, 고적 등을 상세하게 조사한
　　것이었는데, 이 자료는 28책 10,378매에 이르렀다. 이것은 일찍이 『조선
　　어사전』 편찬 자료로 쓰였다. 소화 7년(1932)에 이르러 종래의 지지 편
　　찬계획을 다시 변경하여 『조선지명사서』를 편찬하기로 하였다. 그 내용
　　은 지세, 연혁, 고적, 명승 등 모든 것을 수록할 예정이었는데, 예산 등
　　기타 문제로 결정하기까지에는 이르지 못하였다.

　위의 『조선구관제도조사사업개요』의 주요 내용은 1910년 일본 내무
장관이 『조선지명사서』 편찬을 계획하고 각 도의 장관에게 한국의 지명
을 조사할 것을 지시하였으며, 후에 예산상의 문제로 조사 및 편찬 계획

---

2) 신종원(2007 : 5)은 1910년 9월에 '조선주차헌병칙령'(1910년 9월 10일 칙령
　 343호), '통감부 경찰관서관제 개정안'(1910. 9. 30)이 발표되었으며, 강원도
　 춘천군 북산외면과 사내면, 삼척군 상장면, 영월군 좌변면 '헌병분견소', 울
　 진군 영북면 '주재소' 등의 헌병, 경찰제도 관련 지명이 작성되어 있는 것
　 으로 볼 때 편찬시기를 1910.10~1911.12 추정하고 있다.

을 변경하였다는 것이다. 그리고 지명 조사항목은 동리명, 산천, 제언, 역, 계곡, 주막, 명승, 고적 등으로 하였다고 기록하고 있다.

일제 강점기 일본은 한국의 행정구역을 개편하고, 조선총독부에 「조선임시토지조사국」을 설치하여 한국의 지도 제작사업에 착수하였다. 이 과정에서 지도에 수록될 지명이 필요함에 따라 전국적으로 지명조사를 실시하고 그 결과를 『조선지명사서』로 편찬하였다. 『조선지명사서』는 한국의 지명을 각각 지역별로 동리 명칭 및 산천, 제언, 역, 계곡, 주막, 명승, 고적 등을 조사하여 기록하고 있다.

『조선지지자료』는 표지에는 "朝鮮地誌資料"라고 기록되어 있을 뿐 편찬목적이나 동기에 대한 설명이 언급되어 있지 않은 자료집 성격의 문헌이다. 현재로서는 이 문헌의 편찬동기가 나와 있지 않기 때문에 정확하게는 알 수 없다. 하지만 『조선지명사서』에서 한국의 지명을 각각 지역별로 동리, 산천, 제언, 역, 명승고적 등을 조사하고 기록하였는데 이것은 『조선지지자료』의 조사항목과 비슷하다. 또한 『조선지지자료』가 한국의 각 지역을 전국적으로 일정한 시기에 걸쳐 집중적으로 조사하였다는 점, 조사 항목이 산천, 제언, 역, 계곡, 주막, 명승, 고적에 해당하는 산곡명(山谷名), 야평명(野坪名), 천계명(川溪名), 면명(面名), 동리명(洞里名), 도진명(渡津名), 역명(驛名), 시장명(市場名), 주막명(酒幕名), 제언명(堤堰名), 토산명(土産名), 사찰명(寺刹名), 고비명(古碑名), 고적명소명(古蹟名所名) 등이 조사된 점, 지역을 집중적으로 조사한 지역도 있고 전혀 조사하지 않고 기존의 문헌자료를 이용하고 있는 지역도 있었다는 것으로 볼 때 이 문헌은 『조선지명사서』의 기초자료집으로 판단할 수 있다.

2) 『조선지지자료』의 구성 및 조사항목 특징

『조선지지자료』는 현재 국립중앙도서관(도서번호 古2703)에 소장된 필사본으로 54책으로 구성되어 있으며, 편찬자와 편찬시기는 알 수 없

다. 이 책은 경기도(7권), 충청북도(4권), 충청남도(4권), 전라북도(1권),
전라남도(7권), 경상북도(8권), 경상남도(7권), 강원도(4권), 황해도(4권),
평안남도(4권), 평안북도(4권) 등 도별로 나뉘어 있다. 국립중앙도서관
소장된 『조선지지자료』의 서지정보는 다음과 같다.

<표 1> 국립중앙도서관 소장 『조선지지자료』 분류사항

분류사항	정보
표시사항	朝鮮地誌資料
출판사항	筆寫本
발행사항	[刊寫地未詳] : [刊寫者未詳], [刊寫年未詳]
형태사항	54冊 : 四周雙邊 半郭 20.9 x 16.5 cm, 有界, 12行字數不定, 無魚尾 ; 28.2 x 20.1 cm
분류기호	한국십진분류표(박봉석편) 2703
분책구성	경기도(7권 : 1-7), 충청북도(4권 : 8-11), 충청남도(4권 : 12-15), 전라북도(1권 : 16), 전라남도(7권 : 17-23), 경상북도(8권 : 24-31), 경상남도(7권 : 32-38), 강원도(4권 : 39-42), 황행도(4권 : 43-36), 평안남도(4권 : 47-50), 평안북도(4권 : 51-54)

<표 1>에서 살펴본 바와 같이 이 문헌은 필사본으로 편찬자, 편찬일
시, 편찬장소가 미상이다. 4주쌍변 반곽 20.9 x 16.5cm이며, 전체 책의 크
기는 28.2 x 20.1cm이다. 각 줄은 조사항목에 따라 4등분으로 되어 있으
며 이것은 다시 지역이 바뀔 때에는 면과 면 사이를 내용 없이 빈칸으로
남겨 두었다. 한 면은 12줄로 구성되어 있으며 글자수는 정해져 있지 않
다. 조사된 지명은 '種別, 地名, 諺文, 備考'의 항목에 따라 한자지명과 고
유어 지명으로 기록하고 있다. 전체 54책은 도별로 분책되어 있으며, 이
것은 다시 각도에 소속된 군별로 몇 개군씩 묶여 있다. 이중 강원도 편은
4권으로 39권에서 42권에 해당된다. 4권으로 구성된 강원도 편은 <표 2>
와 같다.

〈표 2〉『조선지지자료』 강원도 편 대상 지역

구성	강원도(25군)
강원도1(8군)	안협, 이천, 평강, 양구, 평창, 횡성, 춘천, 홍천
강원도2(5군)	원주, 간성, 고성, 인제, 화천
강원도3(5군)	김화, 회양, 강릉, 영월, 정선
강원도4(7군)	평해, 울진, 통천, 삼척, 금성, 철원, 양양

〈표 2〉에서 제시된 것과 같이『조선지지자료』강원도 편은 25군으로
구성되어 있다. 제39권 '강원도1'은 安峽, 伊川, 平康, 楊口, 平昌, 横城,
春川, 洪川 등을, 제40권 '강원도2'는 原州, 杆城, 高城, 隣踣, 華川 등 5
개군이 기록되어 있다. 제41권 '강원도3'은 金化, 淮陽, 江陵, 寧越, 旌善
등 5개군, 제42권 '강원도4'에는 平海, 蔚珍, 通川, 三陟, 金城, 鐵原, 襄
楊 등 7개군의 지명이 소개되어 있다. 일제 강점 초기 강원도 행정구역
은 25군 232면으로 이천군, 회양군, 통천군, 간성군, 금성군, 흡곡군, 평
강군, 김화군, 안협군, 울진군, 평해군이 강원도에 포함되었다. 이것은『구
한국행정구역명칭』과 일치하며, 현재 강원도 행정구역과는 다르다3).

이 책의 구성은 〈그림 1〉 강원도 양양군 자료에서 보는 바와 같이 한
페이지는 12줄로 구성되어 있으며 면별로 '種別, 地名, 諺文, 備考'로 4
영역으로 구분되어 있다.

종별은 조사항목을 말한다. 필사본『조선지지자료』의 조사 항목을 말
한다. 즉 산명(山名)·봉명(峰名)·산곡명(山谷名)·야평명(野坪名)·천계명
(川溪名)·면명(面名)·동리명(洞里名)·도진명(渡津名)·포구명(浦口名)·역

---

3) 당시 강원도는 25군 232개면으로 편성되었다. 1910년 10월 1일 강원도청의
   위치는 춘천이며 관할구역은 춘천·홍천·횡성·원주·평창·영월·정선·평해·
   울진·삼척·강릉·양양·간성·고성·통천·회양·금성·평강·이천·안협·철원·김
   화·화천·양구·인제 등 25군 232면 3,087동리 1,721방리이다. 이것은『舊韓
   國地方行政區域名稱一覽』과 일치한다. 그후 군을 병합하여 읍면제를 실시
   하였다(김기혁 2006 : 25).

<그림 1> 『조선지지자료』 강원도 양양군

명(驛名)·시장명(市場名)·주막명(酒幕名)·지명(池名)·보명(洑名)·제언명(堤堰名)·영현명(嶺峴名)·토산명(土產名)·암명(巖名)·사찰명(寺刹名)·동명(洞名)·고비명(古碑名)·고적명소명(古蹟名所名) 등 전국 지명을 세부항목으로 나누어 조사하였다(<표 3>~<표 5> 참조). 종별은 지역에 따라 다르며 순서 역시 일관성이 없다. 예를 들면, 강원도의 다른 지역이 '산곡명(山谷名)', '강천계간명(江川溪澗名)'부터 기재된 것과 달리 춘천군은 행정지명인 '동리명(洞里名)'부터 기술되었으며, 이천군 낙양면의 경우에는 '보명(洑名)'이 맨 앞에 나와 있다.

'지명'은 행정구역명과 조사항목에 대한 각 지역의 한자자명을 말하며, '언문'은 이것을 고유어 지명을 나타낸 것이다. '지명'과 '언문'은 일대일 대응 관계가 원칙이다. 언문은 각 지역의 지명을 당시 표기법에 의해 음독, 훈독, 음차, 훈차 표기되고 있다. 비고 부분은 지명에 대한 구체적인 소재지, 관련 사적이나 설화 등을 한글, 한자, 일본어로 표기하고 있는데 비어 있는 곳이 대부분이다. 각 지역은 면이 바뀔 때마다 페이지를 비워 여백을 두었다.

『조선지지자료』는 조사방법과 조사항목의 일관성, 조사자의 태도와 편찬자의 표기방식에 따라 지역적으로 차이가 있다. 즉, 각 지역을 전국적으로 일정한 시기에 걸쳐 집중적으로 조사하였지만 집중적으로 조사된 지역도 있고 전혀 조사하지 않고 기존의 문헌자료를 이용하고 있는 지역도 있다. 또한 조사된 지명자료를 정리하는 측면에서도 당시 표기법의 이해, 표기의 오류, 표기자의 정리방식에 따라 지역적으로 편차를 보이는 곳도 있다. 하지만 이러한 한계가 있음에도 불구하고 이 문헌은 1910년대 전국을 대상으로 지명을 수집 정리하였으며, 당대에 간행된 지명자료집보다 한자지명에 대비된 고유어 지명이 풍부한 점을 살필 때 이 문헌의 국어사적 가치는 높다.

다음에서는 『조선지지자료』 39권 강원도1 조사항목 특징을 좀더 자세히 살펴 보기로 한다.

<표 3> 『조선지지자료』 강원도1 안협, 이천, 평강군 조사항목

행정구역명	종별(조사항목)
안협군 군내면	산명, 곡명, 야명, 평명, 진명, 계명, 면명, 동명, 지명, 영명, 사명, 현명, 비명, 사찰명
안협군 동면	산명, 곡명, 평명, 면명, 동명, 리명, 촌명, 시장명, 주막명, 지명, 제언보명, 영명, 현명, **고비명**
안협군 서면	산명, 곡명, 평명, 강명, 도진명, 면명, 동명, 리명, 촌명, **주막명**, 지명, 영명, 현명, 고적명소명
이천군 동읍면	산명, 현명, 동명, 토산명, 리명, 고적명소명, 원명, 야평명, 계간명, 주막명, 산명, 평명, 천명, 도진명, 동명, 역명, 시장명, 주막명, 현명, 고적명소명, 고비명
이천군 하읍면	토산명, 리명, 사찰명, 리명
이천군 하남면, 구고면	토산명, 고적명소명, 보명, 산명, 곡명, 동명
이천군 구고면	동명, 리명, 현명, 주막명, 평명, 보명, 지명, 토산명, 사찰명, 동명, 리명
이천군 산내면	리명, 영명, 현명, 토산명, 주막명, 고적명소명, 보명, 산명
이천군 낙양면	산명, 현명, 리명, 시장명, 토산명, 고적명소명, 소명, 보명
이천군 낙양면	**보명**, 산명, 천명, 진명, 동명, 리명, 시장명, 주막명, 보명

행정구역명	종별(조사항목)
판교면	
이천군 판교면	보명, 동명
이천군 방장면	동명, 촌명, 산명, 곡명, 소명, 도진명, 천명, 간명. 평명, 원명, 현명, 치명, 영명, 제언명, 주막명, 보명, 리명
이천군 청룡면	산명, 현명, 동명, 토산명, 리명, 고적명소명, 보명
이천군 청포면	산명, 현명, 동명, 리명, 토산명, 보명
이천군 고미탄면	산명, 평명, 천명, 동명, 시장명, 주막명, 령명, 현명, 사찰명, 소명, 토산명, 리명
평강군 군내면	산, 평, 주막, 고적
평강군 남면	산, 곡, 도진, 보, 고적, 주막, 현
평강군 현내면	산, 역, 토산, 성보, 령, 주막, 천, 평, 보
평강군 서면	산, 곡, 토산, 천, 보
평강군 초서면	산, 천, 야, 주막, 현
평강군 목전면	산, 도진, 보, 사찰, 계, 령, 주막
평강군 유진면	산, 곡, 도진, 평, 주막, 토산, 현, 령
평강군 고삽면	산, 봉, 령, 야, 고적, 토산, 천, 주막
평강군 남면/현내면/초서면/서면/목전면/유진면	동리
평강군 고삽면	산곡명과 동리명을 나누어 기술

<표 3>의 안협군, 이천군, 평강군은 현재 강원도 행정구역에 포함되는 지역이 아니다. 이 지역 조사항목의 특징은 안협군 동면의 경우 비명, 고적명소명이 기재되어 역사문화적인 면도 조사되었음을 알 수 있다. 안협군 서면의 경우에는 주막명의 표기되었다. 이천군 낙양면의 경우에는 보이름이 맨 앞에 나와 있는데 이것으로 볼 때 '보'의 역할이 중요했음을 알 수 있다. 이천군 방장면의 경우 지역별로 조사가 많이 된 곳도 있고 적게 조사된 것도 있는데, 조사자의 지명조사 방법 때문인지 지역이

좁아 지명이 다른 지역보다 적은 것인지 검토해 볼 필요가 있다. 평강군 군내면의 조사항목은 안협군, 이천군의 조사항목과 다르므로 다른 조사자에 의해 조사된 것으로 예측된다. 또한 평강군은 한자지명만 기록되어 있고 고유어 지명과 비고가 전혀 기재되어 있지 않은 것으로 미루어 볼 때 직접 지명을 조사하지 않고 기존의 문헌을 이용했던 것으로 추정된다. 즉, 지역에 따라 직접 조사한 지역과 기존의 문헌만으로 이용한 지역이 있었음을 파악할 수 있다. 또한 강원도 평강군 현내면의 경우에는 잘못 기록된 지명의 경우에는 두줄로 지웠던 사실도 관찰할 수 있었다.

〈표 4〉 『조선지지자료』 강원도1 양구, 평창, 횡성 조사항목

행정구역명	종별(조사항목)
양구군 군내면	산곡명, 평명, 계명, 면명, 동리명, 역명, 시장명, 주막명, 보명, 영치현명
양구군 동면	산곡명, 평명, 계명, 면명, 동리촌명, 주막명, 보명, 영치현명, 사찰명, 토산명
양구군 하동면	산곡명, 평명, 면명, 동리촌명, 시장명, 주막명, 보명, 영치현명
양구군 남면	산곡명, 평명, 강천명, 도진명, 면명, 동리촌명, 포구명, 주막명, 소명, 보명, 영치현명
양구군 서면	산곡명, 평명, 강천계명, 면명, 동리촌명, 포구명, 주막명, 지명, 보명, 영치현명
양구군 북면	산곡명, 평명, 강천명, 면명, 동리촌명, 포구명, 주막명, 보명, 영현명, 토산명
양구군 방산면	산곡명, 평명, 천명, 면명, 동리촌명, 주막명, 소명, 보명, 영치현명, 토산명
양구군 해안면	산곡명, 평명, 계명, 면명, 동리명, 시장명, 주막명, 지명, 보명, 영치현명, 토산명
양구군 수입면	산곡명, 평명, 강천명, 면명, 동리명, 주막명, 보명, 영치현명, 토산명
평창군 군내면	산명, 곡명, 평명, 야명, 강천계간명, 도진, 면명, 동리촌명, 시장명, 주막명, 제언명, 보명, 영치현명, **특별토산명**

평창군 미탄면	산명, 평명, 면명, 동리촌명, 역명, 시장명, 주막명, 보명, 영치현명, 사찰명, 토산명, **특별토산명**
평창군 남면	산명, 야명, 평명, 강천계간명, 도진명, 면명, 동리촌명, 역명, 주막명, 보명, 영치현명, 토산명
평창군 북면	산명, 곡명, 야명, 강천계간명, 도진명, 면명, 동리촌명, 주막명, 보명, 영치현명,토산명, **특별토산명**
평창군 대화면	산명, 평명, 강천계간명, 면명, 동리촌명, 역명, **참명**(역마을), 시장명, 주막명, 보명, 영치현명, 토산명
평창군 진부면	산명, 곡명, 평명, 강천계간명, 면명, 동리촌명, **역명**, 참명, 시장명, 주막명, 보명, 영치현명, 사찰명
평창군 봉평면	산명, 평명, 강천계간명, 면명, 동리촌명, 주막명, 보명, 영치현명, 토산명
횡성군 군내면	산명, 평명, 도진명, 시장명, 보명, 현명, 주막명, 동리촌명
횡성군 청룡면	산곡명, 역명, 야평명, 천명, 동리촌명, 보명, 주막명, 영치현명
횡성군 우천면	산곡명, 야평명, 역명, 보명, 강천계간명, 영치현명, 동리촌명, 주막명
횡성군 정곡면	산곡명, 야평명, 역명, 보명, 강천계간명, 영치현명, 주막명, 동리촌명
횡성군 둔내면	산곡명, 야평명, 강천계간명, 보명, 주막명, 동리촌명
횡성군 갑천면	산곡명, 야평명, 강천계간명, 보명, 주막명, 사찰명, 영치현명, 동리촌명
횡성군 청일면	산곡명, 야평명, 강천계간명, 보명, 주막명, 영치현명, 토산명, 동리촌명
횡성군 공근면	산곡명, 야평명, 강천계간명, 역명, 보명, 주막명, 영치현명, 동리촌명
횡성군 고모곡면	산곡명, 야평명, 강천계간명, 보명, 주막명, 영치현명, 동리촌명

<표 4>의 『조선지지자료』 강원도1 양구, 평창, 횡성군의 조사항목의 특징을 나타내면 다음과 같다. 강원도 양구군은 조사항목이 다른 지역에 비해 산곡명, 평명, 계명, 면명, 동리명 순으로 일정하게 유형화되고 있다. 특히 수입면의 비고란에는 주막, 보 등이 무슨 리에 있는 지에 대한 사항이 구체적으로 적혀 있다. 평창군의 경우에는 토산명과 특별토산명

이 표기되어 있다. 평창 지역은 다른 지역과 달리 비고란의 설명이 잘 나타나 있다. 이것은 이 지역을 조사한 조사자가 지역의 특성을 충실히 나타내려는 목적에 따라 현실성에 기반을 두고 꼼꼼하게 조사한 것으로 보인다. 예를 들면 평창군 '美灘面 西川洑(서시릭보)'의 경우 "西川洞에 在흔딕 開國三百三十九年에 築洑ᄒ야 至今식지 完全홈"이라고 표기되어 있다. 또한 평창군 대화면과 진부면에는 특이하게 역이름(站名)이 나타나고 있다. 횡성군 군내면의 경우에는 '면동리명(面洞里名)'보다 '산곡야평명(山谷野坪名)'이 가장 먼저 나오며 횡성군 청일면에는 토산물명이 기록되어 있다.

〈표 5〉『조선지지자료』 강원도1 춘천, 홍천 조사항목

행정구역명	종별(조사항목)
춘천군 부내면	동명, 현명, 주막명, 고비명, 리명, 산명, 평명, 현명, 고적명소명, 리명, 현명, 곡명, 교명, 고적명소, 리명, 지명, 시장명, 현명, 동명, 곡명, 강명, 고적명소명, 리명, 천명, 도명. 고적명소명, 리명, 고적명소명, 천명, 야명, 리명, 동명, 곡명, 보명, 천명, 리명, 동명, 고적명소명, 동명, 리명, 동명, 야명
춘천군 동산외일작면	리명, 산명, 곡명, 동점, 현명, 회명, 리명, 산명, 진명, 평명, 포명, 리명, 천명, 리명, 산명, 곡명, 평명, 리명, 리명, 곡명, 동명, 리명, 평명, 리명, 진명, 보명, 동명, 리명, 현명, 리명, 현명, 천명, 봉밀
춘천군 사외면	리명, 곡명, 가명(거리명), 현명, 리명, 포명, 강명, 천명, 리명, 리명, 동명, 리명
홍천군 군내면	산명, 곡명, 동진명, 시장명, 고비명, 야평명, 제언보명, 강천계간명, 역명, 동리촌명, 동리촌명, 주막명, 영치현명, 고적명
홍천군 화촌면	산명, 곡명, 야평명, 제언보명, 사찰명, 강천계간명, 동리촌명, 주막명, 영치현명
홍천군 두촌면	산명, 곡명, 역명, 야평명, 토산명, 제언명, 보명, 강천계간명, 동리촌명, 주막명, 영치현명
홍천군 내촌면	산명, 곡명, 야평명, 제언보명, 강천계간명, 동리촌명, 주막명, 영치현명

행정구역명	종별(조사항목)
홍천군 서석면	산명, 곡명, 시장명, 야평명, 강촌계간명, 동리촌명, 주막명, 영치현명
홍천군 영귀미면	산명, 곡명, 야평명, 제언보명, 동리촌명, 주막명, 영치현명
홍천군 금물산면	산명, 곡명, 야평명, 제언보명, 토산명, 강천계간명, 동리촌명, 동리촌명, 주막명
홍천군 감물악면	산명, 곡명, 도진명, 야평명, 제언보명, 동리촌명, 주막명, 동리촌명
홍천군 북방면	산명, 곡명, 야평명, 제언보명, 강천계간명, 동리촌명, 동리촌명, 주막명

<표 5>는 강원도 춘천군과 홍천군의 조사항목이다. 춘천군은 강원도의 다른 지역과 달리 행정지명인 동리명부터 기술되고 있으며 다른 지역보다 한자지명에 대한 한글지명이 많이 수록되어 있다. 춘천군 동산외일작면의 경우에는 특산물인 봉밀명이 조사명에 나타나 있으며 사외면에는 거리명이 처음 등장하고 있다. 또한 홍천군은 춘천 지역과 달리 '강명(江名)'을 '강천계간명(江川溪澗名)', '동명(洞名)'을 '동리촌명(洞里村名)'과 같이 표기하고 있다. 특히, 홍천 지역의 경우 고유어 지명이 거의 표기되지 않았는데 이것은 직접 조사하지 않고 기존의 문헌자료로써 대신했다는 사실을 예측할 수 있다.

이상에서 살펴본 바와 같이 조사항목은 강원도 지역별로 다소 차이를 보인다. 『조선지지자료』는 전국이 동시적으로 조사하였음에도 내용 기재방식이나 조사항목 순서가 통일되어 있지 않으며 조사자의 조사방식 및 표기에서 지역적 차이가 나타나고 있다. 강원도 안협군 동면의 경우 비명, 고적명소를 적고 있어 역사적 인식도 중요했듯 보이며, 이천군 낙양면의 경우 보이름이 맨 앞에 서술된 것으로 볼 때 보의 역할이 중요한 것도 알 수 있다. 평강군의 경우 한자지명만 있고 고유어 지명은 없는 경우가 있는데 이것은 지역을 전체적으로 조사하지 않고 문헌으로 대신한 것으로 판단된다. 춘천군의 경우 강원도의 다른 지역이 자연지명

인 강, 산, 계곡명부터 표기한 것과 달리 행정지명부터 표기되어 있는 것
도 조사항목의 다른 점이다.

3. 『조선지지자료』의 표기법

1) 어두합용병서 표기

중세국어 문헌에는 ㅅ계(ᄭ, ᄮ, ᄲ), ㅂ계(ᄠ, ᄡ, ᄢ, ᄩ), ㅄ계(ᄢ,
ᄣ) 어두합용병서가 같이 표기되었지만 17세기에 ㅄ계(ᄢ, ᄣ)가 소멸
함에 따라 어두합용병서는 혼란한 양상을 보인다. ㅄ계(ᄢ, ᄣ)가 없어
지자 'ᄢ'이 'ᄣ'의 이체자가 되어 'ᄢ'이 'ᄭ'과 같이 표기되며, 'ᄣ'을
대신하는 'ᄩ'이 'ᄮ'과 같이 문헌에서 표기되기도 하였다. 이 시기에는
'ㅅ계', 'ㅂ계' 어두합용병서가 문헌상에서 'ᄢ과 ᄉ', 'ᄮ과 ᄠ', 'ᄡ과
ᄴ' 등과 같이 표기자에 따라 자의적으로 표현되었음을 발견할 수 있다.
일반적으로 'ᄡ'계, 'ㅂ'계, 'ㅅ'계는 각각 음운론적으로 변별되었으며,
ㅅ계 어두합용병서는 된소리 표기, 'ᄡ계'는 'ㅂ'과의 된소리 표기, 'ㅂ
계'는 자음군 표기를 나타내었음은 주지의 사실이다. 이와 같은 어두자
음군의 표기 양상은 18세기에 더욱 혼란해지고, 19세기 이후에는 'ㅅ계'
합용병서로 통일되는 경향이 뚜렷하다.

다음은 『조선지지자료』에 나타난 어두합용병서의 분포 양상이다.

(1) ㄱ. ᄭ계
꽃봉지(花峰, 華川郡 上西面 新豊里) / 꽁밧모릉이(花田隅, 原州郡 富
興寺面 五里 巨音垈)/ 꽁밧모릉이(花田隅, 原州郡 富興寺面 五里 巨音
垈) / 미산꼴(鷹峰, 原州郡 地向谷面 一里)

ㄴ. ᄮ계
봉우쑥(峰火峙, 麟蹄郡 郡內面 南里) / 범바우쑹(한자없음, 麟蹄郡 郡

內面 南里) / ᄯᅥᆨ봉(餠峰, 麟蹄郡 郡內面 德山里) / 봉우ᄯᅮᆨ(烽火山, 楊口郡 方山面 古方山里) / 농눕ᄯᅥᆨ(龍淵德, 楊口郡 方山面 古方山里) / ᄯᅡᆫ봉(獨高峰, 原州郡 好梅谷面 本四里 昆矣洞)

ㄷ. ㅽ계

괴마자ᄲᅮ리(한자없음, 麟蹄郡 郡內面 南里)

ㄹ. ㅾ계

ᄆᆡ봉ᄶᅵ(鷹峰山, 楊口郡 西面 水仁里) / 은졈ᄶᅵ(銀店山, 楊口郡 南面 院洞) / 셩ᄶᅵ(飛鳳山, 楊口郡 郡內面 下里) / 부흥ᄶᅵᆨ(富興峴, 原州郡 本部面 三里 加馬只)

ㅁ. ㅆ계

쏘다지기(瀉峰, 原州郡 富興寺面 五里 巨音垈)

위의 예 (1)에서 보여주는 바와 같이『조선지지자료』를 검토한 결과 'ㅄ계'와 'ㅂ계' 어두합용병서는 발견할 수 없었으며 'ㅅ계' 어두합용병서는 'ㅺ', 'ㅼ', 'ㅽ', 'ㅾ'으로 나타났다. 1-ㄱ)의 ᄭᅩᆺ봉ᄌᆡ(花峰), 1-ㄴ)의 봉우ᄯᅮᆨ(峰火峙), 1-ㄷ)의 괴마자ᄲᅮ리. 1-ㄹ)의 ᄆᆡ봉ᄶᅵ(鷹峰山) 등의 'ㅅ계' 어두합용병서는 된소리를 반영한 것이다. 이러한 표현은 당시 언중들의 강화된 발화현실을 그대로 표현한 것으로 보인다. 또한 1-ㅁ)의 쏘다지기(瀉峰)처럼 각자병서로 표기된 예도 있다. 한편 1-ㄱ)의 'ᄆᆡ산ᄭᅩᆯ(鷹峰)'은 'ᄆᆡ산골(鷹峰)'과 같이 표기되기도 하였는데 이것은 표기자의 자의적 표기태도로 보인다.

『조선지지자료』는 표기의 보수성보다는 'ㅅ계' 어두합용병서와 'ㅅ계' 각자병서로 나타났으며, 여기에는 'ㅅ계'로 통일이라는 어두자음군의 된소리화 현상이 있었다.『조선지지자료』의 'ㅅ계' 어두합용병서는 '평음 > 경음'의 표현으로 강화된 당시 언중들의 발화현실을 그대로 반영한 것이다.

2) 분철, 중철, 연철 표기

문자의 표기에서 형태를 밝혀 적을 것인가, 소리대로 적을 것인가는 항상 표기의 문제에서 중요한 사항이다. 이때 변화된 발음대로 표기하는 것은 연철표기이며, 원래 음절의 모습을 유지하여 표기한 것이 분철표기이다. 분철은 형태적 표기이며, 연철은 음소적 표기이다. 그리고 중철표기는 연철에서 분철로 이행되는 과정에서 나타난 과도기적 표기로 연철과 분철의 성격이 혼재되어 있는 표기 방식이다. 15세기 이후 표기법은 '연철 > 중철 > 분철'의 방향으로 변화하였으며, 17세기 초부터 분철표기가 일반화되고 있다.

1910년대 대부분의 문헌에서도 분철표기가 생산적이다. 『조선지지자료』역시 분철표기가 대표적이지만 중철표기 역시 아직 문헌에 나타나고 있다. 본 연구에서는 당시의 일반적인 표기경향인 분철표기보다는 중철표기를 중심으로 살펴 보도록 한다. 그러면 다음에서 『조신지지자료』에 나타난 분철, 중철, 연철 표기 양상을 살펴 보도록 한다.

(2) ㄱ. 돌목이(石項, 楊口郡 郡內面 竹谷)
　　ㄴ. 사지목이(獅項山, 襄陽郡 縣北面 上光亭里)
　　ㄷ. 둘이봉(斗里峰, 原州郡 本部面 一里 本峴)
　　ㄹ. 살우봉(狸峰, 寧越郡 下東面 正陽里)
　　ㅁ. 술이봉(鳶峰, 寧越郡 右邊面 日午谷里 / 술이봉(鷲峰, 華川郡
　　　　上西面 馬峴里)

위의 예문(2)에서 살펴 본 바와 같이 분철표기는 『조선지지자료』의 대부분의 표기에서 일반적으로 나타나고 있다. 분철표기는 원래 음절의 모습을 유지하여 표기한 형태적 표기이다. 위의 예 (2) ㄱ-ㄹ) '돌목이(石項)'. '사지목이(獅項山)', '둘이봉(斗里峰)', '살우봉(狸峰)'은 분철표기이다. 『조선지지자료』의 대부분의 표기에서 분철표기는 일반화되어 있다.

그런데 일부 표기에서는 2-ㅁ)의 '술이봉(鳶峰, ← 수리봉)'처럼 과잉분 철 표기가 발생하기도 한다. 과잉분철은 받침을 적을 필요가 없는데 분 철표기를 한 것으로 예를 들면 '샐은(샌 른)「소학 3.13」', '글으슨(그릇 은, 器)「소학 6.130」', '덥을어(더블어, 與)「소학 3.4」' 등과 같은 표기 를 말한다. '덥을어(더블어 與)'와 같이 음절의 첫 자음이 'ㅂ'인 경우도 있지만, 대부분 뒤에 오는 음절의 첫 자음이 'ㄹ'인 경우가 많다.

중철표기는 어간과 어간 형태소 말음을 분명하게 표기하려는 의식에 서 나온 어간 말음이 중복된 표기이다. 중철표기의 발생시기는 16세기로 『呂氏鄕約諺解』,『正俗諺解』에서부터이다. 중철표기의 발생원인[4]에 대 해서는 여러 가지 의견이 있으나 '어간과 어간 형태소의 말음을 분명히 표시하려는 표기자의 어간 의식을 반영한 표기'로 의견을 모을 수 있다.

다음은『조선지지자료』의 중철표기의 예이다.

    (3) ㄱ. ㄹ-ㄹ 중철표기
    술리봉(鷲峰, 春川郡 東山外二作面 辛梨洞里) / 발리미(鉢山, 春川郡
    北中面 泉田里) / 갈리봉(加里峰, 原州郡 富興寺面 四里 梧里洞)/ 술리

---

4) 중철표기 발생원인에 대한 선행연구는 다음과 같다.
  (1) 전광현(1967 : 47-48) 표기자의 어간의 분리의식과 현실음이 동시에 반
     영된 표음적 표기
  (2) 이현규(1976 : 230) 문법의식의 발달에 따라 어절중심표기에서 단어중
     심표기로 넘어가는 과도기적 현상
  (3) 홍윤표(1986 : 125-137), 이익섭(1997 : 216) 어간 표시와 함께 어간 형태
     소의 말음을 분명히 표시하려는 표기자의 어간의식에서 기인
  (4) 오종갑(1986 : 23) 어간말 자음의 폐음화와 후속하는 同子音 첨가에 의
     한 것
  (5) 이광호(1987 : 105) 형태음절적 인식에서 나타난 표기법으로 어간 형태
     소의 음절말 자음이 선행음절 및 후행음절에 모두 관여하는 것을 나타
     낸 표기
  (6) 백두현(1990 : 216) 중철되는 자음이 갖는 음성적 특질 및 양음절성을 갖
     는 음운론적 측면과 문법범주의 차이에 관여한 형태론적 측면의 반영

봉(鳶峰, 寧越郡 右邊面 拜向山里) / 아홉살리(鳳凰臺, 麟蹄郡 南面 九萬里)

ㄴ. ㄴ-ㄴ 중철표기
부연니(扶直伊, 華川郡 郡內面 新邑里) / 어두언니(暗山, 華川郡 上西面 山陽里)

ㄷ. ㅁ-ㅁ 중철표기
거문굼미(望德山, 江陵郡 資可谷面 林谷里)

위의 예문 (3)은 체언의 어간말 자음이 후행하는 조사의 두음에 중복된 중철표기의 예이다. 즉, 어간의 말음은 형태소적 표기 방식에 따라 어간의 기본형을 밝혀 받침 표기를 하고 후행하는 조사의 두음은 어간 형태소의 음절말 자음과 같은 형태를 중복한 것이다. 이러한 표기는 예문 (3)과 같이 어간의 받침이 'ㄴ, ㄹ, ㅁ'인 경우에 많이 발견된다. 'ㄴ-ㄴ, ㄹ-ㄹ, ㅁ-ㅁ' 중철표기의 원인에 대하여 오종갑(1986)은 자음의 폐음화 현상으로 설명하고 자음의 폐음화 환경은 어말이나 내부 단어 경계, 자음 앞 환경에 국한하지 않고 형태소 경계를 사이로 한 모음 앞에서도 폐음화가 가능한 것으로 보았다. 그리고 폐음화에 해당되는 자음은 중철표기의 어간 말음의 받침 표기로 사용된 'ㄴ, ㄹ, ㅁ'과 겹치는 것이라고 설명하였다. 이상의 견해로 미루어 볼 때 3)의 'ㄴ-ㄴ, ㄹ-ㄹ, ㅁ-ㅁ' 중철표기는 어간말 자음위치에 오는 'ㄴ, ㄹ, ㅁ'은 폐음화하고, 그 후행 음절에 이 자음을 다시 중복시킨 결과로 볼 수 있다. 이러한 예들은 근대국어 문헌에서도 '얼굴리(馬經 下 58), 칼룰(東新 烈 8:34), 블레(痘瘡 下47)', '남진니(東新 烈 8:71), 손늘(胎産 23), 눈넷(痘瘡 下 62)', '고롬미(痘瘡 上 42), 목숨믈(東新 孝 6:26), 몸매(痘瘡 上 12)' 등과 같이 나타나고 있다. 이러한 현상은 어간과 어간 형태소의 말음을 분명히 표기하려는 중철표기의 특성으로, 어간 분리 표기 의식이 반영된 형태음소적 표기라 할 수 있다. 또한 (3-ㄱ)의 술리봉(鷲峰, 春川郡 東山外二作面 辛梨洞里)은 영월지역의 경우에는 2-ㄴ) 술이봉(鳶峰, 寧越郡 右邊面 日午谷里)과 같이 표기되기도 하였다.

(4) ㄱ. 가마니(加蠻伊, 華川郡 郡內面 新邑里)
　　ㄴ. 구일노리터(九月山, 麟蹄郡 郡內面 德山里)

위의 예문 (4)는 연철표기의 예이다. 4-ㄱ)의 '가마니(加蠻伊)'는 '가만이 > 가마니', 4-ㄴ)의 '구일노리터(九月山)'는 '구일놀이터 > 구일노리터'는 단어를 소리 중심으로 표기한 연철표기이다. 연철표기는『조선지지자료』에서는 거의 나타나지 않고 있다.

이상의『조선지지자료』의 문자 표기방식은 당시의 시대적 흐름에 맞게 분철 표기가 생산적으로 타나났으며 연철표기는 거의 나타나지 않는 것을 볼 수 있었다. 다만 일반적인 표기의 흐름 가운데에서 중철표기 현상이 이채롭게 나타났다. 중철표기는 체언이나 용언의 어간에 조사와 어미가 결합될 때 어간말 자음 또는 조사와 어미의 어두음이 중복 표기되는 현상으로 이 문헌에서는 'ㄴ-ㄴ, ㅁ-ㅁ, ㄹ-ㄹ'과 같이 유성자음이 중철표기됨을 알 수 있었다. 중철표기는 연철에서 분철로 변화하는 과정에서 발생한 표기방식으로 연철을 고수하려는 의지보다는 분철을 지향하는 의지에서 생겨난 표기임을 알 수 있다.

3) 모음 간 유기음 표기

모음 간 유기음 표기는 근대 이후 표기에서 주류를 이루었던 표기법이다. 이러한 모음 간 유기음 표기는 15세기에는 체언과 용언의 어간말 'ㅋ, ㅌ, ㅍ, ㅊ' 유기음은 모음과 모음 사이에서 연철표기되었으나(예 : 마치니, 기픈), 16세기 초 문헌부터는 유기음이 중화하여 'ㄱ, ㄷ, ㅂ, ㅅ'을 선행음절의 말음으로 표기하고, 후행음절의 두음에 원래의 유기음을

표기하는 방법(예 : 무룹플 「소학 2:15」)으로 나타내었다. 곽충구(1980 :
16-17)에 의하면 모음간 유기음 표기를 1) 겨틔형(음소적 표기), 2) 겻틔
형(어간말에 표기된 'ㅅ'은 어간을 의식하여 내파음 [tʾ]으로 표기, 어미
부는 실제 발음대로 표기), 3) 겻희형(유기음 계열의 자음을 'ㄱ, ㄷ, ㅂ,
ㅅ, ㅈ'과 'ㅎ'의 합성으로 재음소화)으로 나누었다.

다음에서 『조선지지자료』에 나타난 모음간 유기음 표기를 살펴 보자.

> (5) ㄱ. 바람밧치산(風田山, 麟蹄郡 北面 寒溪洞 小麻田) / 장밧치(長田
>   峙, 高城郡 一北面) / 박달곳치(達隱里, 麟蹄郡 郡內面 南里)
>   ㄴ. 놉흔졀산(高寺山, 原州郡 所草面 五里)

위의 예문 (5)는 체언과 용언의 어간 말자음이 조사 혹은 어미의 어
두음과 같은 형태의 자음으로 표기되지 못하고 7종성법의 제약이 적용
된 모음 간 유기음 표기이다. 이것은 체언이나 용언의 어간에 말자음이
유기음인 경우, 그 뒤에 모음으로 시작되는 조사나 어미가 결합될 때
'겻틔(노걸대 상 60)'와 같이 나타난다. 이러한 표기법에 대하여 곽충구
(1980)는 '겻틔'와 같은 표기에 대하여 어간말 'ㅅ' 표기는 어간을 의식
하고 내파음 [tʾ]를 표기한 것이지만 어미는 실제 발음을 반영한 것이라
고 설명하였으며,5) 백두현(1990)은 어간 형태소의 음절말 자음이 선행음
절 및 후행음절에 모두 관여하는 형태 음절적 인식을 나타낸 兩音節性
표기로 파악하였다. 즉, 선행음절과 후행음절의 음가를 충분히 표기하려

---

5) 모음 간 유기음 표기는 근대국어 문헌에서 자주 등장하는 표기이다.
   「ㄱ」 동녁 (呂氏 21) / 딕킬(東新 烈 5:30, 女訓 下 40)
   「ㄷ」 받틀(小學 4:7, 6:33), 겯틔(小學 6:2) / 곧티(二倫13)
   「ㅂ」 닙플(馬經 上 42), 앏픠(東新1:40, 1:66) / 잡픰을(東新 1:13), 딥픈(老
       乞 上 16)
   「ㅅ」 곳츨(朴通 上5), 멋치나(朴通 上 29) / 늣츨(捷解 3:3), 굿튼(女四
       2:17)

는 형태 음절 인식으로 보았다. 이러한 모음 간 유기음 표기에 대하여
일부에서는 동일한 자음이 중복된 것으로 파악하여 중철표기에 포함하
기도 하였다.

모음 간 유기음 표기는 시기적으로 볼 때 '겨틔형 > 겻틔형 > 겻희
형'의 순서로 발전하지만『조선지지자료』에서는 5-ㄱ)의 '바람밧치산'의
'겻틔형'과 5-ㄴ)의 '놉혼졀산'의 '겻희형'이 같이 나타나고 있다. 이러한
표기법은 근대 이후의 문헌에서 혼란한 양상을 보여주는 대표적 표기로,
선행음절과 후행음절의 음가를 분명하게 나타내려는 음절 인식의 한 표
기법으로 보인다.

4) '의' 모음의 적극적 표기

『조선지지자료』의 모음표기 중 '의' 모음이 문헌에 많이 등장한 것은
홍미로운 사실이다. 시기적으로 볼 때 '봉황대산(鳳臺山)', '매봉재산(鷹
鳳山)'처럼 'ㅐ' 모음으로 표기되어야 하지만 문헌에는 '의' 모음으로 표
기되고 있다. 다음은『조선지지자료』의 '의' 모음의 표기 예이다.

> (6) ㄱ. 「ㄱ」 자근무지긔(小茂地盖, 麟蹄郡 麒麟面 東里 間村) / 큰무
> 지긔(大茂地盖, 麟蹄郡 麒麟面) / 노루긔(老峴, 原州郡 所草面
> 初一里) / 덕고긔(德峴, 原州郡 所草面 初一里)
> ㄴ. 「ㄷ」 봉황듸산(鳳臺山, 春川郡 南內一作面 麻三川里) / 딍당이
> (城隍峙, 麟蹄郡 郡內面)
> ㄷ. 「ㅁ」 발리믜(鉢山, 春川郡 北中面 泉田里) / 믜화산(梅枝山, 原
> 州郡 所草面 八里) / 믜봉지산(鷹鳳山, 春川郡 南內一作面 麻
> 三川里) / 천믜봉(天馬峰, 原州郡 板梯面)
> ㄹ. 「ㅂ」 비부른산(飽腹山, 原州郡 沙堤面 八里 鳳峴) / 비둑지(한
> 자 없음, 春川郡 西下一作面)
> ㄹ. 「ㅅ」 싀남산(鳥岩山, 春川郡 北內二作面 古呑上里)
> ㅁ. 「ㅈ」 봉오리즤(鈴峰, 春川郡 西下一作面 上玄岩里) / 망셕골즤
> (望石峙, 原州郡 所草面) / 봉오즤산(烽峴山, 原州郡 富論面 七

里 栗溪) / 강성직(降仙峴, 春川郡 北內二作面) / 구포직(九抱
山, 原州郡 弥乃面 二里 九抱洞) / 망셕골직(望石峙, 原州郡 所
草面 初一里)
ㅂ.「ㅎ」 히우졀봉(海牛寺峰, 原州郡 好梅谷面 一里 紫隱洞)

위의 예문 6)은 초성 자음 아래 모음 '익'가 적극적으로 표기된 것이
다. 6)에서 보여주는 바와 같이 '자근무지기(小茂地盖)'는 '자근무지개',
'노루기(老峴)'는 '노루개', '구포직(九抱山)'는 '구포재'로 표기되어야
하지만 그렇지 않다. 이렇게 『조선지지자료』에 'ㅐ', 'ㅔ' 모음 대신 '익'
모음이 적극적으로 나타난 것은 음소 'ㆍ'는 없어졌지만 문자 'ㆍ'를 표기
하려는 '표기의 보수성'이 반영된 것이다.

근대국어의 이중모음은 중세국어와 마찬가지로 상향이중모음 '여,
야, 요, 유, 워, 와'와 하향이중모음 '의, 에, 애, 위, 외, 익' 등이 있었다.
그 후 하향이중모음 '익'는 'ㆍ'의 소실에 의해 '의'와 '애' 모음으로 합
류되고 18세기 후반에는 하향이중모음 '애, 에' 등이 단모음화하였다. 그
리고 하향이중모음 '애, 에'는 18세기 후반에 간행된 문헌에는 '쓸게 -
쓸개 - 쓸기', '어제 - 어직', '오래 - 오릭' 등과 같이 나는데 이러한 '애
- 익 - 에'의 혼기는 '익'의 'ㆍ'가 '아' 모음으로 변화한 결과이다(전광
현 1997 : 40).

이렇듯 'ㆍ'는 근대국어 모음체계 변화에서 중요한 역할을 하였다. 16
세기에 비어두음절에서 제1단계 소실(ᄒᆞ물며 > ᄒᆞ믈며, 나ᄀᆞ내 > 나그
네), 18세기 후반에 어두음절에서 2단계 소실(ᄀᆞ마니 > 가마니, ᄉᆞ매 >
소매) 이후 'ㆍ'는 2단계 소실과 함께 '익'가 '아'로 바뀐 후 후행모음 [j]
와 결합하여 '애' 모음으로 합류하였다. 이러한 '애-익-에' 모음의 혼기는
문헌에서 '래년 : 릭년(來年)「한청문감」'와 같은 혼기를 발견할 수 있다.

『조선지지자료』는 시기적으로 볼 때 '애, 에' 모음으로 표기되어야
하지만 관찰 결과 '익' 모음이 생산적이다. 그리고 필자가 조사 결과『조

선지지자료』에서 '익' 모음은 'ㄱ, ㄷ, ㅁ, ㅂ, ㅅ, ㅈ, ㅎ' 자음 아래에서
관찰되었다. 이것은 음소 '·'는 소실했지만 문자 '·'는 문헌에 남아 표기
된 결과로 표기의 보수성을 반영한 것으로 보인다.

4. 결론

본 연구에서는 문헌서지학적 고찰을 바탕으로 『조선지지자료』의 서
지와 국어학적 특징을 밝혀 보았다. 『조선지지자료 : 강원도 편』의 연구
결과를 요약하면 다음과 같다.

『조선지지자료』는 조선총독부 「조선임시토지조사국」에서 한국의 지
도 제작을 목적으로 간행한 전국지명조사자료집으로 『조선지명사서』
(1930)의 기초자료집으로 예측된다. 표기된 지명 자료가 당대의 다른 문
헌보다 양적으로 풍부하며, 고유어 지명이 한자 지명으로 형성되기 이전
의 형태를 수록하고 있다는 점, 지도 제작의 목적 때문에 표기의 정확성
이 높다는 점에서 국어사 자료로서 가치가 크다.

『조선지지자료』는 54책 필사·낙질본으로 편찬시기, 편찬자는 미상이
지만 기록된 지명자료의 성격으로 미루어 볼 때 편찬시기는 1910년대
초반으로 예측할 수 있다. 54책은 경기도(7권), 충청북도(4권), 충청남도
(4권), 전라북도(1권), 전라남도(7권), 경상북도(8권), 경상남도(7권), 강원
도(4권 : 39권-42권), 황해도(4권), 평안남도(4권), 평안북도(4권) 순서로
도별로 분책되어 있으며 함경남도와 함경북도 편은 없다. 각 지역별로
'종별(조사항목), 지명(한자지명), 언문(고유어 지명), 비고'로 구분되어
있으며, 한 페이지는 12줄로 구성되어 있다. 한자지명과 고유어지명은
일대일 대응이 원칙이지만 지역마다 편차를 보인다. 『조선지지자료』는
각 지역을 전국적으로 일정한 시기에 걸쳐 조사하였지만 조사자의 태도
와 방법, 조사항목의 일관성, 편찬자의 표기방식에 따라 지역적으로 차

이가 있다.

『조선지지자료』의 표기적 특징은 어두합용병서 표기, 분철·중철·연철 표기, 모음간 유기음 표기, 모음 '익' 표기, 치조음 아래 이중모음 표기로 살펴 보았다. 『조선지지자료』의 표기법은 당대의 현실음을 따른 전통적 표기와 표기의 보수성을 반영한 역행적 표기가 공존하며 변화, 발전하였다.

1) 어두합용병서 표기에서 'ㅴ계'와 'ㅵ계' 어두합용병서는 발견할 수 없었으며, 'ㅅ계' 어두합용병서 표기가 일반적이다. 『조선지지자료』는 표기의 보수성보다는 'ㅅ계' 어두합용병서('ㅺ', 'ㅼ', 'ㅽ', 'ㅼ')의 경음화 현상이 적극적으로 반영되었다. 『조선지지자료』의 'ㅅ계' 어두합용병서는 '평음 > 경음(된소리)'의 표현으로 당시 언중들의 강화된 발화 현실을 그대로 표현한 것이다.

2) 분철·중철·연철 표기는 분철 표기가 생산적이며, 연철표기는 거의 등장하지 않았다. 중철표기는 'ㄴ-ㄴ, ㅁ-ㅁ, ㄹ-ㄹ' 형태의 유성자음의 중철표기가 많이 나타났다. 이것은 어간말 자음 위치에 오는 'ㄴ, ㄹ, ㅁ' 자음을 폐음화하여 다시 후행 음절에 이 자음을 중복표기한 결과이다. 『조선지지자료』에서 중철표기는 연철표기에서 분철표기로 이행되는 과정에서 나타난 과도기적 표기로 어간 분리 표기 의식이 반영된 형태음소적 표기로 보인다.

3) 모음 간 유기음 표기는 체언과 용언의 어간 말자음 또는 후행하는 자음이 유기음으로 표기된 것으로 7종성법의 제약이 적용된 것으로, 『조선지지자료』의 모음 간의 유기음 표기는 형태 음절적 인식을 표기에 반영한 것이다. 모음간 유기음 표기는 시기적으로 볼 때 '겨틔형 > 겻틔형 > 겻희형'의 순서로 발전했지만 『조선지지자료』에서는 '바람밧치산'의 '겻틔형'과 '놉흔결산'의 '겻희형'이 같이 나타났다.

4) '익' 모음의 적극적 표기는 표기의 보수성을 반영한 역행적 표기

이다. 『조선지지자료』는 1910년대 문헌이므로 시기적으로는 '애, 에' 모음으로 표기되어야 하지만 'ㄱ, ㄷ, ㅁ, ㅂ, ㅅ, ㅈ, ㅎ' 등의 자음 아래에서 'ㅐ' 모음 대신 'ㆎ' 모음으로 나타나고 있다(예 : 자근무지ᄀᆡ(小茂地盖), 노루ᄀᆡ(老峴), 구포진(九抱山)'. 이것은 'ㆎ'의 'ㆍ' 모음이 2단계 소실 이후 '아' 모음으로 변화한 결과로, 음소 'ㆍ'는 소실되었지만 문자 'ㆍ'는 남아 표기된 결과이다.

필사본 『朝鮮地誌資料 '강원도편'』에 나타난 민간신앙 관련 地名 분석

김도현

(강원대학교 강사)

1. 머리말

地名은 해당 지역의 자연·인문 환경을 반영하여 만들어진 것이기에 지역을 연구하는 이들에게 매우 중요한 기초 자료로 활용된다. 삼국시대 에서부터 일제 강점기에 이르기까지 헤아릴 수 없을 정도로 많은 史書· 地理誌·古地圖·地名誌가 만들어져서 지역을 연구하는 이들에게 많은 도움을 주었다. 그러나 일제강점기를 지나면서 지명 생성 배경이 무시된 채 한자 지명으로 변경되거나, 왜곡되어 그 의미를 전혀 알 수 없게 된 지명 또한 매우 많다. 이를 바로 잡고, 우리 지명의 본래적 모습을 보여 줄 수 있는 자료가 현재 국립중앙도서관(도서번호 古 2703)에 소장된 필 사본 『朝鮮地誌資料』이다. 이 지명 자료는 1910년 10월에서 1911년 12 월 사이에 전국의 지명과 지지 사항을 동시 다발적으로 조사하여 작성 한 것이다.1) 일제가 우리의 고유 지명을 한자로 쓰기 전에 전국을 대상

---

1) 임용기는 『조선지지자료』에 등장하는 행정구역 명칭이 1896년에 개편된 것을 반영하였다는 점과 1900년에 개통된 경인철도의 역 이름을 등을 들어 편찬

으로 정리한 자료이기에 1911년 당시의 지명을 집대성하였다는 의미와 함께 지역에서 국어·역사·민속·경제사 분야 등을 연구함에 있어 이 책에 수록된 개별 지명은 귀중한 자료가 된다.

방대한 내용을 지닌 필사본 『朝鮮地誌資料』를 대상으로 한 연구는 몇몇 지역 단위로 지역과 관련한 지명을 정리한 수준의 연구 성과물2)이 있었으나, 이에 대한 본격적인 연구가 진행되지 않았다. 이후 한국학중앙연구원 동아시아역사문화연구소 신종원 교수님을 중심으로 강원도 땅이름 연구회원들과 한중연 동아시아역사문화연구소 연구원들을 중심으로 원본 입력 작업을 하여 『필사본 『朝鮮地誌資料』 강원도편』을 지난 2007년 출간하였다. 이 과정에서 연구원들을 지도하였던 신종원이 「필사본 『朝鮮地誌資料』 해제-강원도를 중심으로-」를 통해 이 자료집에 대한 심층적인 이해를 돕는 글을 발표하면서3) 본격적인 연구가 시작되었다. 필자는 이 글의 '필사본 『朝鮮地誌資料』의 값어치' 항목에서 역사 자료·민속 자료·국어 자료 등과 관련한 지명 사례를 소개하였으며, 이 중 민속 자료와 관련하여 대왕신앙·솟대·국수신앙·기우제장·여제단 관련 지명을 분석하였다.

2009년에는 『朝鮮地誌資料』 '경기도편'에 표기된 주막·민속 자료·불교 등과 관련한 지명을 중심으로 관련 전문가들이 모여 종합적인 연구

시기를 1910년에서 1914년 사이로 추정하였다(임용기, 「『조선지지자료』와 부평의 지명」, 『기전문화연구』 24, 1995, 156~157쪽). 이에 비해 신종원은 1913년 간행된 『신구명칭일람』, 1912년 1월 간행된 『구한국지명』에 수록된 행정구역 명칭과 비교하면서, 한편으로는 헌병·경찰제도 설립 시기 등을 고려할 때 편찬 시기를 1910년 10월~1911년 12월 사이로 볼 수 있다고 하였다(신종원, 「필사본 『朝鮮地誌資料』 해제-강원도를 중심으로-」, 『강원도 땅이름의 참모습-『朝鮮地誌資料』 江原道篇-』, 경인문화사, 2007, 3~9쪽). 현재 이 책을 인용하는 이들의 대부분은 신종원이 설정한 편찬 시기를 따르고 있다.

2) 이에 대하여 다음 글을 참고하기 바란다. 장장식, 「『朝鮮地誌資料』 '경기도편'에 나타난 민속 관련 지명 분석」 『민속학연구』 제24호, 2009, 200쪽.

3) 신종원, 「필사본 『朝鮮地誌資料』 해제-강원도를 중심으로-」 『강원도 땅이름의 참모습-『朝鮮地誌資料』 江原道篇-』, 경인문화사, 2007.

를 수행하기 시작하였다. 이중 민속 관련 지명을 분석한 연구는 신종원에 의해 민속자료 항목에 대왕신앙·국수신앙·솟대·기우제장·여제단을 중심으로 관련 지명을 소개·분석하였다. 장장식은 민속관련 지명을 당 관련 지명과 장승 관련 지명의 표기 양상과 특징을 중심으로 본격적인 조사와 분석을 하였다. 당 관련 지명은 ○○당·미륵당·불당·성황당·국사당 등을 중심으로 조사·분석하였으며, 장승과 솟대 관련 지명을 별도 항목으로 설정하여 소개·분석하였다. 필자는 이를 통해 당대의 민속을 해석하고, 민속신앙이 지닌 성격을 이해할 수 있는 한 방법을 마련하였다. 그리고 허원영은 주막 관련 지명을 통해 경기도 내 주막의 분포와 성격을 살펴보았으며, 김흥삼은 불교 관련 지명을 검토하면서 미륵 관련 지명 자료와 그 의미를 분석하였다.4) 이러한 일련의 연구는 필사본 『朝鮮地誌資料』 '경기도편'에 대한 이해를 심화시켰으며, 지명을 통한 민속 연구의 필요성과 그 의미를 새롭게 인식할 수 있는 계기를 마련하였다.5)

그러나 전체적으로 볼 때 조사자에 따라 수록된 지명의 충실도에 차이가 있고, 누락된 부분이 있다. 강원도 삼척의 경우 187개 마을 중 143개 마을에 대한 내용만 있어 44개 마을(23.5%)에 대한 조사가 이루어지지 않았다.6) 경기도 부평의 경우도 77개 마을 중 16곳(21%)에 대한 조사가 되지 않았다고 한다.7) 이와 같은 사정을 감안하여 이 자료에 실린

---

4) 한국학중앙연구원(편),『필사본 『조선지지자료』의 자료 가치 및 활용을 위한 학술회의』, 한국학중앙연구원·경기문화재단, 2008 ; 장장식, 「『朝鮮地誌資料』 '경기도편'에 나타난 민속 관련 지명 분석」,『민속학연구』제24호, 2009.

5) 민속관련 지명을 분석한 연구는 1986년 이영택에 의해 본격적으로 이루어졌다. 책의 한 부분을 소개하면 그는 '土俗信仰과 巫俗 地名' 항목을 설정하여 立石과 支石 지명, 토속신앙 지명, 귀신과 마고지명, 巫堂·頭·隅 지명, 풍수신앙 지명으로 구분한 후 다양한 참고문헌에 기재된 구체적인 사례를 중심으로 관련 지명을 소개하였다(이영택,『한국의 지명』, 태평양, 1986).

6) 위의 통계는『삼척군지』(심의승, 1916년 발간)에 실린 관련 내용과 비교한 통계이다. 특히『조선지지자료』에는『삼척군지』에 실려 있는 소달면 관련 지명이 없다.

7) 임용기, 「『조선지지자료』와 부평의 지명」,『기전문화연구』24, 1995, 156~171쪽.

지명을 분석해야할 것이다.

필사본『朝鮮地誌資料』'강원도편'에 수록된 지명은 매우 많은데, 이 중 민간신앙8)과 관련하여 수록된 지명 또한 매우 많고, 그 종류도 다양하다. 이에 본문에서 분석할 내용은 강원도 전역에 두루 나타나는 민간신앙과 관련된 마을신앙과 무속 및 개인신앙 관련 지명으로 한정하여 살펴보려 한다. 구체적으로 마을신앙과 관련하여 당 관련 지명, 서낭당 관련 지명, 국사당 관련 지명, 천제당 관련 지명, 장승 관련 지명 등으로 구분하였으며, 巫俗이나 개인적인 차원에서 행해진 신앙 관련 지명은 산제당이나 무속 관련 지명, 미륵신앙 관련 지명, 용 신앙관련 지명, 불당을 반영한 지명 등으로 구분하였다.

이들 신앙 관련 지명은 당시 불리운 한글 표기 유형, 한자 표기 유형, 『한글지명총람』등 후대에 만들어진 지명지와의 비교 분석과 함께 관련 지명의 강원도 내 분포 현황 등을 살펴본 후, 기존에 연구 성과가 발표된 경기도 지역 사례와 비교해 보려 한다. 이를 통해 지명에 투영된 민간신앙 개별 항목들에 대한 100여년 전의 인식을 살핌으로써 그 현황과 특징을 분석할 수 있는 토대를 마련하고자 한다.

2. 마을신앙 관련 地名 분석

마을신앙과 관련하여『朝鮮地誌資料』'강원도편'에 표기된 마을신앙 관련 지명을 당 관련 지명, 서낭당 관련 지명, 국사당 관련 지명, 천제당 관련 지명, 장승 관련 지명 등으로 구분하여 살펴보려한다. 이에 앞서 1967년 문화재관리국에서 조사한 강원도내 마을제당 현황을 간단하게

---

8) 민간신앙은 마을신앙·가정신앙·무속 등 매우 다양한 장르를 내포한 용어이나, 이 글에서 연구 대상으로 설정한 것은 본문에서 소개한 바와 같이 민간신앙 중 마을신앙과 무속 및 개인신앙 관련 의례가 행해진 곳으로 한정한다.

도표로 나타내 보면 다음 <표 1>과 같다.

〈표 1〉 강원도 내 마을제당 명칭(1967년)[9]

제당 명칭	당	산신당	산제당	삼신당	상당	성황당	천제당	제당	기타	소계
수효	62	49	34	20	57	722	20	30	23	1017
비율(%)	6.1	4.8	3.3	2.0	5.6	71.0	2.0	3.0	2.3	100

위의 도표를 통해 강원도 내 마을제당은 당, 산신당, 산제당, 삼신당, 상당, 성황당, 천제당, 제당 등으로 불리워졌음을 알 수 있다. 이 중 강원도 지역 마을제당의 명칭으로는 우선 성황당 또는 서낭당이라는 명칭이 조사된 제당총수 1017건 중 722건(71%)인데 절반 이상의 제당을 서낭당 또는 성황당이라 함을 알 수 있다. 성황당(城隍堂)이란 본래 6세기 중반 경부터 중국 양자강 유역의 토착신잉을 배경으로 삼고, 성(城)의 수호신 신앙으로 발전하기 시작했던 것이다. 그것이 송(宋)대에는 국가 제사로 법제화되고, 그것이 고려초에 한국에 도입된 것으로 알려지고 있다.[10] 중국 성황신앙의 전래에는 물론 그만한 시대배경과 동기가 있었으나 그 것은 역사상의 일이다. 지금 여기서 논의되는 성황당은 그 명칭만의 단 순한 수용이고, 그 내용은 어디까지나 한국 본래의 전통적인 마을 공동 체 신앙의 한 지역형이다.

『朝鮮地誌資料』 '강원도편'에 수록된 마을신앙 관련 지명은 일반적 인 당(37), 성황당(47), 국수당(23), 천제당(5), 장승(9), 솟대(11), 기타(8) 로 구분하여 정리할 수 있으며, 무속이나 개인신앙 관련 지명은 무속(7),

---

9) 국립민속박물관(편), 『한국의 마을제당(강원도 편)』, 국립민속박물관, 1997, 1359쪽.
10) 박호원, 「한국 공동체 신앙의 역사적 연구」, 한국정신문화연구원 한국학대 학원, 1997.

산제당(14), 미륵신앙(9), 불당(56), 기타(16)로 구분할 수 있다. 이들 지명은 1967년에 조사한 위의 [표 1] 강원도 내 마을제당 명칭과 비교하였을 때 비록 작성 시기가 다름을 감안하더라도 그 명칭에 있어서 일정 부분에서 세밀하게 정리하려고 노력하였음을 알 수 있으나, 개별 제당의 분포에 대한 통계에서는 전체적인 분포 양상을 이해하기에는 일정 부분 한계가 있음을 알 수 있다.

1) 堂 관련 지명

(1) 일반적인 堂

일반적으로 마을 내에 있거나 산에 있는 제당과 관련한 지명이 만들어질 때 모시는 신령이나 제의 목적 등에 따라 다양한 제당 명칭으로 불리워진다.

먼저 『朝鮮地誌資料』 '강원도편'에서 '당'과 관련한 지명을 찾아보면 한자로 다양하게 표기되었음을 알 수 있다. 일반적으로 '堂'을 '堂'이란 명칭을 사용하여 표기하였으나, 일부 마을에서 '唐·塘·當·棠'으로 표기하였음을 다음 <표 2>를 통해 알 수 있다.

〈표 2〉 '堂'을 '唐·塘·當·棠'으로 표기한 지명

面 別	種 別	地 名	諺 文	備 考
淮陽郡 上初北面	里名	唐峙村	당짓말	新明里
蔚珍郡 遠北面	里名	唐街洞	쌍걸이	
三陟郡 道下面	山名	唐旨山		龍井洞
春川郡 南府內面	嶺峙峴名	唐峴	당직	籠岩里所在
春川郡 南內一作面	嶺峙峴名	唐峴	당고기	鼎足里所在
原州郡 地向谷面	嶺峙峴名	唐峴	당고기	一里伊雲
杆城郡 大垈面	嶺峙峴名	唐谷峴	당고기	石門里
淮陽郡 府內面	嶺峙峴名	唐峨只峴	당아지고기	葛花里

面 別	種 別	地 名	諺 文	備 考
江陵郡 北一里面	峴名	唐峴	쌍지	前時代에郡內 有變此時上擧 烽火次壯不意 之變흠
淮陽郡 上初北面	嶺峙峴名	唐峙嶺	당짓영	新明里
三陟郡 道上面	嶺峙峴名	唐峙		東幕洞
春川郡 北山外面	谷名	唐谷	당골	內坪里
原州郡 今勿山面	谷名	唐谷	당꼴	分五里
寧越郡 右邊面	谷名	唐谷	당골	拜向山里
淮陽郡 上初北面	野坪名	唐山坪	당묘벌	龍淵里
蔚珍郡 遠北面	酒幕名	唐街酒幕	쌍거리쥬막	
春川郡 南府內面	浦口名	唐峴浦口	당짓포구	籠岩里所在
三陟郡 遠德面		塘底坪		芙湖洞
三陟郡 遠德面		塘底洑		芙湖洞
江陵郡 德方面	峙名	棠峙	쌍고기	斗山里
寧越郡 左邊面		棠峙	당지	獅子洞
杆城郡 土城面		當亭峴	당정고기	雲峰里

위의 도표에서 '堂'을 '唐·塘·當·棠'으로 표기한 지명을 단순한 오기로 볼 수는 없고, 당대의 음가를 구현한 표기로 볼 수 있다.[11]

그리고 '堂'의 원래 한글 표기 형태는 대부분 '당'이라 하였으나, 다음 표에 소개한 마을에서는 '堂山'을 '쌍지'라 하였음을 알 수 있다. 이와 같이 '당'을 '쌍'이라 표기할 수도 있다는 것은 <표 2>에서 알 수 있

---

[11] 이와 유사한 사례는 경기도 지역에서도 발견된다. 경기도지역에서는 대부분 마을에서 '堂'을 '堂'으로 표기하였으나, 일부 마을에서 '唐·棠'으로 표기하였다(장장식, 「『朝鮮地誌資料』 '경기도편'에 나타난 민속 관련 지명 분석」『민속학연구』 제24호, 2008, 201~202쪽). '堂'에 대한 한자 표기 형태가 '堂'과 함께 '唐·棠·塘·當'이라 한자 표기한 것으로 보아 음가를 표기한 한자가 경기도에 비해 더 다양하게 사용되었음을 알 수 있다.

는 바와 같이 '唐街洞'을 '쌍걸이', '唐峴'을 '쌍지', '唐街酒幕'을 '쌍거리쥬막', '棠峙'를 '쌍고기'라 한 사례를 통해 알 수 있다.

〈표 3〉 '堂'을 '쌍'으로 표기한 사례

面 別	種 別	地 名	諺 文	備 考
江陵郡 丁洞面	山名	堂山	쌍지	楡川里

이와 함께 '里名·山名·谷名·嶺峙峴名·堤堰名·坪名·野坪名·洑名·浦口名·酒幕名·川名' 등 다양한 공간에 '당'이란 명칭을 이용하여 만들어진 지명은 약 79 곳에서 발견된다.

여기서 표현된 '당'은 다양한 성격의 제당을 이르는 것으로 볼 수 있다. 三陟郡 末谷面의 元堂里에서 그 명칭을 차용한 '堂'은 당시 이 마을에 고을 사직단이 있어 元堂里로 里名이 정해졌다. 三陟郡 府內面에 있었던 唐底洞은 읍치 성황사 아래에 위치한 마을이란 뜻이 적용되어 '唐底洞'으로 불리우게 되었다. 三陟郡 上長面 所道洞에 있는 '堂谷'은 이곳에 개인 치성을 드리는 개인 신당이 많았기에 '堂谷'이라 불리우게 되었다. 三陟郡 遠德面 芙湖洞에 있는 塘底坪과 塘底洑는 해망산에 있는 마을 제당 아래에 있기에 붙여진 지명으로 볼 수 있다.

당의 위치와 관련한 지명은 다음 〈표 4〉에서 알 수 있는 바와 같이 13곳에서 발견할 수 있다.

〈표 4〉 당의 위치와 관련한 지명

面 別	種 別	地 名	諺 文	備 考
伊川郡 方丈面		堂隅里酒幕	당모루쥬막	堂隅里
伊川郡 方丈面	里名	堂隅里	당모루	方丈面
原州郡 加里坡面		堂後	당뒤	一里
原州郡 富論面		堂隅坪	당우들	五里蒜谷

面 別	種 別	地 名	諺 文	備 考
原州郡 貴來面		堂隅	당모루	初一里
安峽郡 西面		堂下山		軺洞里 內村
華川郡 郡內面		堂前里川	당압말기울	上里에在홈
華川郡 郡內面		堂前里	당압말	上里에在홈
江陵郡 北一里面	里名	堂北里		
寧越郡 左邊面		後堂坪	뒤당벌	倉村里
蔚珍郡 近北面		後塘洞	뒷짱	
蔚珍郡 近南面		塘北	당뒤	
襄陽郡 縣北面		堂上坪	당상구미	獐洞

위의 도표를 보면 당을 기준으로 제당의 앞 또는 뒤, 모퉁이를 나타
내는 지명이 만들어졌음을 알 수 있다. 이는 당을 기준으로 삼아 지명을
표현한 것이다. 이와 유사한 사례를 경기도 지역 25곳의 지명에서 발견
할 수 있나.[12] 구체적인 사례를 소개하면 다음과 같다.

당의 뒤쪽을 나타낸 지명은 堂後(原州郡 加里坡面 당뒤), 後堂坪(寧
越郡 左邊面 뒤당벌), 後塘洞(蔚珍郡 近北面, 뒷짱), 塘北(蔚珍郡 近南
面, 당뒤)이라 명명한 지명에서 알 수 있다. 여기서 당의 뒤를 표현한
'뒤'는 당의 앞이나 뒤에 위치하여 표기하거나 방위를 나타내는 '北'을
결합하여 표기하였음을 알 수 있다.

당의 모퉁이를 나타낸 지명은 위의 도표에서 알 수 있는 바와 같이
한자로 '堂隅'로 표기하여 당의 모퉁이를 '堂'과 결합하여 만든 지명으
로 볼 수 있다. 이 때 당의 모퉁이를 우리말로 표현한 '당모루'로 하거나
한자로 표기한 것을 그대로 읽어 표현한 '당우'로 표기한 사례가 있다.

당의 앞을 나타낸 지명은 위의 도표에서 알 수 있는 바와 같이 '堂前
里川(당압말기울), 堂前里(당압말)'라 표현하였음을 알 수 있다.

---

12) 장장식, 「『朝鮮地誌資料』 '경기도편'에 나타난 민속 관련 지명 분석」 『민속
학연구』 제24호, 2009, 202쪽.

이외에도 당을 기준으로 위아래를 표기한 지명은 '堂下山, 堂上坪(당상구미)'를 들 수 있다. 여기서 당상구미는 위를 나타내는 우리말 대신 한자로 직접 쓴 지명으로 볼 수 있다.

그리고 경기도 지역에서 확인할 수 있는 '당의 너머에 위치한 곳'을 나타낸 堂越○(당너머○)이나 堂踰○(당너머○)라는 표현은 확인하지 못하였다. 강원도에 그 사례가 없어서이기보다는 지명을 수집하는 과정에서 빠진 것으로 이해할 수 있다.

(2) 성황당

많은 마을에서 다양한 형태로 모시는 서낭[성황]의 유래나 산신·천신·인물신과의 관계는 매우 복잡 미묘하여 그 연원이나 성격을 명료하게 규정하는 것은 매우 어렵다.

성황신의 연원에 대하여 논할 때 늘 중국의 성황신에 대하여 언급하는데, 이는 중국 성황신앙의 영향으로 고려시대에 지방을 중심으로 모셔지기 시작한 성황신과 조선시대의 각 읍치 성황사에 모셔진 성황신이다. 이러한 종류의 성황신은 현재 마을에서 모셔지는 서낭[성황]신과는 엄연히 구분된다. 자연 마을에서 모신 서낭신은 산신이 서낭신이 된 예도 있고, 산신이나 천신·대왕신 등 여타의 신들을 일컫는 용어이기도 하다. 즉, '서낭'의 어원이 무엇이든간에 '서낭'을 '城隍'으로 썼고, 그것은 각종 '神'을 의미하는 것이다.[13] 이와 같이 다양한 의미를 지니는 서낭을 모신 제당을 서낭당 또는 성황당이라 한다.

자연 마을에 서낭당을 설치한 목적은 매우 다양하다. 그 목적 중의 하나를 삼척시 노곡면 중마읍리에서 조사된 사례를 중심으로 소개하면 다음과 같다.

---

13) 신종원, 「한국 산악숭배의 역사적 전개」『한국의 산악숭배와 지리산 성모천왕』, 한국종교사연구회, 2002, 35~38쪽.

"왜 동네에서 매년 위하냐 하면 옛날에 동네에 소 우질이 돌 때에 동네 대표한테 현몽하더래요. 현몽에 말을 타고 신이 오다가 주지로 바로 가더라. 망귀현 재 안 올라오고 안 넘어오고 저쪽 아래 수방으로 마실로 물 따라 올라갔다. 그래 여기는 소 우질이 안걸렸대요. 여느 데는 우질에 소가 막 쓰러져도 말을 타고 사람이 신이 올라오다가 동막서쪽 올라오다가 망귀현 재 밑에 와서 가지고 망귀현에는 고만 신이 못 올라오게 하니까네 물러서 가지고 저쪽으로 가더래. 주지로 가더래. 주지 저쪽으로는 소 우질이 걸려서 소가 병들어 죽는데 마음은 괜찮았대요. 망귀현은 옛날에 누가 마을을 잊지 않는다고 바위에 새겨 놓은 것 같은데 잊을 망자 돌아갈 귀자해서 망귀현, 그 이름이 새겨진 돌은 지금은 없고 그 돌이 있던 자리에 서낭을 지었는데 그 신이 용하대요."14)

위의 사례를 보면 각종 역질이나 나쁜 잡귀를 막기 위한 목적으로 서낭당을 설치한 것으로 볼 수 있다. 위의 제보와 함께 "이런 농촌에는 옛날부터 수구맥이라고 서낭이 다 있었다."라고 한다. 이는 이 지역 서낭당의 설치 목적을 한마디로 나타내주는 표현으로 마을 내에 각종 역질이나 위해가 다가오지 않도록 하는 것이 1차적인 목적임을 보여준다.15)

성황당과 관련한 지명은 아래 <표 5>에서 알 수 있는 바와 같이 47곳에서 그 사례를 확인할 수 있다. 매우 많은 곳에서 성황당을 이용한 지명이 만들어졌음을 알 수 있는데, 1967년 조사 자료에 의하면 강원도 내제당 중 '성황당'이란 명칭을 사용한 제당이 71%에 달하는 것으로 보아다른 지역에 비해 서낭[성황신]을 모신 마을 제당이 매우 많았음을 알수 있다.16)

---

14) 김진순,『삼척민속지 Ⅲ(노곡)』, 삼척문화원, 2000.
15) 김도현, 「강원도 영동남부지역 고을 및 마을신앙」, 고려대학교 대학원 박사학위논문, 2009, 138~139쪽.
16) 국립민속박물관(편), 『한국의 마을제당(강원도 편)』, 국립민속박물관, 1997, 1359쪽.

〈표 5〉 성황당 관련 지명

面 別	種 別	地 名	諺 文	備 考
春川郡 南山外二作面	里名	城隍堂里	성황당리	冠川里所在
洪川郡 瑞石面	洞里村名	城惶堂里		笙谷里
杆城郡 土城面		城隍山	건넌산	雲峰里
通川郡 踏錢面		城隍堂山	성황당이산	黃石里
金城郡 岐城面		城隍堂里		岐 城 面
安峽郡 郡內面		城隍堂山		邑內里 塔洞
伊川郡 下邑面	古蹟名所	大城隍堂城		新興里
伊川郡 方丈面		城皇峴		龍池洞
楊口郡 亥安面		城隍坪		後洞
楊口郡 亥安面	溪名	城隍堂溪		後洞
楊口郡 亥安面	酒幕名	城隍堂酒幕	서낭당이주막	後洞
楊口郡 亥安面		城隍洑		後洞
春川郡 東山外二作面	坪名	城隍坪	성황평	辛梨洞里所在
春川郡 南內一作面	峴名	城隍峴	션앙고기	地品里所在
春川郡 西上面	峴名	城隍峴	셔낭고기	盤松下里所在
春川郡 府內面	古蹟名所	大皇堂	딩황당	保安里所在
春川郡 北山外面		城隍坪洑	셔낭들보	照呑里
原州郡 楮田洞面		城惶堂	성황당고기	四里本楮田洞
原州郡 今勿山面		造城惶堂谷	죠셩낭당꼴	二里薇村
原州郡 今勿山面		仙娘堂谷	션낭당이꼴	分五里栗洞
杆城郡 旺谷面		城隍峴		香木里
杆城郡 縣內面		城隍谷	셔낭당골	釰藏洞

面 別	種別	地 名	諺 文	備 考
杆城郡 縣內面		城隍峴	셩낭고기	猪津里
高城郡 南面		城隍堂坪	셔낭당평	稊庫里
高城郡 南面	堤堰洑名	城隍堂洑		稊庫里
高城郡 安昌面	山名	古隍山	옛셔랑지	大康里
麟蹄郡 郡內面		城隍峙	딩당이	上道里
麟蹄郡 東面		城隍谷	셔랑골	貴屯里에在홈
麟蹄郡 北面		城隍谷	성황골	嵐校里
麟蹄郡 北面		城隍谷	셔낭골	龍頭里
麟蹄郡 北面		城隍坪	셔낭버덩	龍頭里橋洞
麟蹄郡 內三里面		城隍峴	셔낭고기	美山洞
華川郡 南面		城隍店	셔낭당이쥬막	龍岩里에在홈
淮陽郡 長楊面	洞里村名	城隍堂伊		上縣里
寧越郡 上東面		城隍谷		梨木里
寧越郡 北面		城隍村	성황당이	延坪里
寧越郡 西面	嶺峙峴名	皇峙		龍下里
三陟郡 道上面	酒幕名	城堭塘		酒雲里
三陟郡 近德面	野坪名	城堭		府南洞
三陟郡 遠德面		城隍洑		麻川洞
三陟郡 遠德面		城隍坪		氷洞在
三陟郡 遠德面		城隍洑		氷洞
金城郡 岐城面		城隍堂酒幕		城隍堂里
襄陽郡 縣南面		城隍谷	성황골	南涯里
襄陽郡 郡內面		城隍峙	성황지	軍餉里
襄陽郡 東面		大城隍峙	큰성황지	金崗里
淮陽郡 長楊面		城隍堂前川		上縣里

<표 5>에서 알 수 있는 바와 같이 서낭[성황신]을 모신 마을 제당에 대한 우리말 표기는 '성황당·서낭당·성황·선앙·서낭·선낭당·셔낭당·셩낭·셔랑·딩당이' 등 매우 다양함을 알 수 있다. 이와 함께 서낭[성황신]을 한자로 표기할 때 대부분의 마을에서 '城隍'이라 표기하였음을 알 수 있다. 이와는 달리 仙娘堂谷(原州郡 今勿山面 分五里栗洞, 선낭당이쓸)이라 표기하거나, 古隍山(高城郡 安昌面, 옛셔랑직)이라 표기한 사례도 있다. 경기도 지역에서는 이에 대한 한자 표기 양상이 더 다양한데[17], 이는 필자가 현지 조사한 과정에서 살펴본 바에 따르면 강원도에 없는 표기가 아니라 『朝鮮地誌資料』 '강원도편'을 제작하는 과정에서 빠진 것으로 이해할 수 있다.

그리고 '大城隍堂城(伊川郡 下邑面 新興里), 大城隍峙(襄陽郡 東面 金崗里, 큰성황직)'라 하여 다른 지역 성황보다 크다는 의미를 강조한 지명이 있다. 이들 마을에서 성이나 고개가 다른 사례에 비해 매우 커서 '크다'는 의미를 강조하는 과정에서 표기할 수도 있으나, 현지 조사 결과 서낭당을 운영하는 형태를 마을 단위를 중심으로 구분하면 대표성을 띤 서낭당을 도성황당·큰서낭·리성황당 등으로 불리워졌음을 확인할 수 있었다.

현재 읍·면·동 아래에 '里'를 두고 그 아래에 자연 마을 단위로 '班'을 두어 운영하고 있다. 농촌이나 산간 지방에 있는 작은 마을들은 대부분 작은 골짜기나 하천변 작은 평지나 구릉을 단위로 마을이 형성되어 있고, 이들 마을들은 작은 골들이 만나는 곳에 형성된 큰 마을을 중심으로 생활권이 형성된다.

이와 같이 '里-班' 단위의 마을들이 살아가는데 있어 상호 영향을

---

17) 경기도 지역 사례는 다음 논문에 구체적인 사례가 잘 소개되어 있다. 장장식, 「『朝鮮地誌資料』 '경기도편'에 나타난 민속 관련 지명 분석」 『민속학연구』 제24호, 2009, 207~208쪽.

미치는 밀접한 생활권을 형성하고 있는 경우 큰 마을에 있는 서낭당을 '큰 서낭·도서낭·대서낭' 등으로 부르며, 이 서낭이 하위 마을들을 관장하는 중심 서낭의 위상을 지니게 된다. 이와 같은 유형의 서낭당은 원덕읍 이천리, 노곡면 하마읍리, 가곡면 풍곡리, 원덕읍 기곡리, 도계읍 신리 서낭당에서 확인할 수 있다.

그러나 각 자연 마을 주민들 모두가 큰서낭을 위한다는 점은 같으나, 구체적인 운영 형태는 마을별로 다양하게 나타난다.[18]

따라서 성황 관련 지명에서 '성황'에 '큰' 또는 '大'라는 접두어가 가미되면 주변 마을을 대표하는 중심 마을의 성황당임을 알 수 있다.

(3) 국수당

국사당 또는 국수당, 국시 등과 관련한 지명은 다음 <표 6>에서 알 수 있는 바와 같이 『朝鮮地誌資料』 '강원도편'에는 23곳에서 확인할 수 있다.[19]

---

18) 김도현, 「강원도 영동남부지역 고을 및 마을신앙」, 고려대학교 대학원 박사학위논문, 2009, 140~141쪽.

19) 국사당에 대한 기존의 연구 성과와 지명 관련 성과는 다음 논문에 그 의미와 사례들이 잘 소개되어 있다. 김태곤, 「국사당신앙 연구」『백산학보』8, 백산학회, 1970 ; 김태곤, 『한국민간신앙연구』, 집문당, 1983, 126~152쪽 ; 신종원, 「필사본 『朝鮮地誌資料』 해제 - 강원도를 중심으로 -」『강원도 땅이름의 참모습 - 『朝鮮地誌資料』 江原道篇 -』, 경인문화사, 2007, 24~25쪽 ; 신종원, 「우리 고장의 땅이름 제대로 알기 - 필사본 『朝鮮地誌資料』 경기도편의 학술 및 실용 가치 -」『필사본 『조선지지자료』의 자료 가치 및 활용을 위한 학술회의』, 한국학중앙연구원·경기문화재단, 2008, 10~12쪽 ; 장장식, 「『朝鮮地誌資料』 '경기도편'에 나타난 민속 관련 지명 분석」『민속학연구』 제24호, 2009, 209~210쪽.

<표 6> 국수당 관련 지명

面 別	種 別	地 名	諺 文	備 考
伊川郡 九皐面	洞名	國祀堂	국술당이	銀杏亭里
伊川郡 九皐面	酒幕名	國祀堂酒幕	국수당이거리	銀杏亭里
伊川郡 九皐面	池名	柳哥沼	국술당이못	銀杏亭里
伊川郡 山內面		國祀堂洑		楸洞
伊川郡 樂壤面	山名		국슈봉	內洛里
楊口郡 郡內面		菊谷		下里
春川郡 南府內面	山名	國仕峰山	구슈봉산	下漆田里所在
春川郡 南內一作面	峰名	國士峰	국사봉	鼎足里所在
原州郡 沙堤面	山谷名	國師山	국사산	二里磻溪
杆城郡 土城面		國祠峰山	국슈봉산	沙村里
高城郡 南面		菊秀峰嶺		
華川郡 郡內面		菊基	국터	水下里에在홈
華川郡 上西面		菊樹峰	국슈봉	巴浦里에在홈
金化郡 二東面		菊亭谷		上所里
金化郡 二東面	洞名	菊亭洞		上所里
金化郡 二東面	峴名	菊亭嶺		上所里

面別	種別	地名	諺文	備考
金化郡 初北面		國葬嶺		金谷里
淮陽郡 長楊面		國三伊		溫井洞里
寧越郡 右邊面		菊秀峰		上金馬里
寧越郡 水周面		國師峰		講林里
蔚珍郡 近南面			국고기	外城山洞
淮陽郡 蘭谷面	洞里村名	槽洞里	구슈골	
蔚珍郡 遠北面	谷	龜水谷	구시골	上元唐洞

『朝鮮地誌資料』 '강원도편'에 등장하는 국사당 관련 우리말 표기는 '국술당이, 국수당이거리, 국술당이못, 국슈봉, 구슈봉산, 국사봉, 국사산, 국슈봉산, 국터, 국고기, 구슈골, 구시골'으로 불리워진 것으로 보아, '국수-', '국술-', '국슈-', '구슈-', '국사-', '국-', '구시-'의 형태로 나타남을 알 수 있다. 한자어 표기로는 '國祀堂, 國祀堂酒幕, 柳哥沼, 國祀堂沚, 菊谷, 國仕峰山, 國士峰, 國師山, 國祠峰山, 菊秀峰嶺, 菊基, 菊樹峰, 菊亭谷, 菊亭洞, 菊亭嶺, 國葬嶺, 國三伊, 菊秀峰, 國師峰, 槽洞里, 龜水谷'과 같이 매우 다양함을 알 수 있다.

위에서 소개한 국사당 등과는 달리 강원도 지역의 주요 고갯마루에는 국수[국시]가 있다. 즉, 주요 산맥이 지나는 곳은 매우 험준한 東高西低의 傾動地形을 이루어 이들 산맥을 넘어가는 상인이나 여행객들의 안전한 여행을 기원해주는 국시나 산신령각이 고갯마루에는 예외없이 있

어 인근 마을의 제당으로서의 역할과 함께 길손들의 기도처로서의 역할
도 하였다. 여기서 국시[국수]는 제당 형태를 띤 것은 아니지만 피재·구
부시령·댓재·백복령 등에는 국시[국수]라 불리우는 돌무지가 있어 지나
가는 행인들의 안전을 기원해 주는 신앙의 처소로 여겼다.[20] 이와 같은
형태의 국수[국시]가 지명으로 차용되지는 않았지만 국사당과 관련하여
눈여겨볼 필요가 있다.

(4) 천제당

천제당과 관련한 지명은 다음 <표 7>에서 알 수 있는 바와 같이 『朝
鮮地誌資料』 '강원도편'에는 5곳에서 확인할 수 있다.

<표 7> 천제당형 지명

面 別	種 別	地 名	諺 文	備 考
安峽郡 西 面		天皇山		下禾岩里 新村
三陟郡 芦谷面		天雨峯		下軍川
三陟郡 遠德面		天祭峯		沃原洞
鐵原郡 西邊面		天皇地里		
鐵原郡 西邊面		天皇地酒幕		天皇地里

天祭堂은 古代부터 최고의 신령으로 여겨진 天神을 마을신앙의 대상
신으로 자연마을의 제당에서 모시는 것으로 그 사례가 전국적으로 풍부
하지는 않지만 영동 남부 지역을 중심으로 많은 마을에서 확인할 수 있
다. 구체적으로 소개하면 삼척에는 갈야산 천제당·사직동 천제당·마달
동 천제당·초곡리 천제당·호산리 천제당·월천리 천제당·내미로리 천제

---

20) 김도현 外, 「삼척시 도계읍 상덕리 산신령각과 국시댕이 조사」 『실직문화』
제12집, 삼척 문화원, 2001.
김도현, 「강원도 영동남부지역 고을 및 마을신앙」, 고려대학교 대학원 박사
학위논문, 2009, 132~196쪽.

단·점리 천제당 등이 있다. 인근에 있는 동해시에서 '天祭壇' 또는 '天祭堂'이라 불리우는 마을 제당은 동호동 골말에 있는 천제단과 함께 부곡동에 천제당이 있었고,21) 삼화동 천제봉에도 천제당이 있다.22) 태백시에는 태백산 천제단·함백산 천제당·연화산 천제당이 있고, 寧越郡에도 하동면 외룡리 천지당 등 여러 곳에서 발견할 수 있다.

강원도 영동남부지역에 다른 지역과는 달리 왜 천제당이 많이 나타나는가라는 질문에 대한 답은 다양하게 나타날 수 있다. 그 중의 하나는 『신증동국여지승람』과 허목의 『척주지』에 나타난 태백산 천제단과 삼척의 근산사에 대한 기록을 종합적으로 분석해보면 이들 제당에서 모시는 신이 天神이고, 태백신사에서 치성을 드리는 사람들이 근산사에 가서 천왕신을 모신다는 것을 근거로 하여 알 수 있다. 필자가 천제당을 조사·연구한 결과 천신을 마을제당의 상당신으로 모신 전통이 예전부터 여러 마을에 전파된 것으로 짐작된다. 즉, 태백산 천왕당23)에서 천신을 모신 전통이 거리상 멀리 떨어져 있는 사람들에게는 망제의 형태로 나타나 마을신앙으로 자리 잡았던 것이다. 이에 대한 대표적인 사례는 신기면 대평리24)와 동해시 동호동 사례25)를 통해 확인할 수 있다.

---

21) 1967년 조사 자료에 의하면 명주군 묵호읍 부곡 1리에 '현역지신·토지지신·선왕지신·고천지신'을 모시고 매년 정월 초정일에 고사를 올린 '천제당·성황당'이 있었다고 기록되어 있다. 국립민속박물관(편), 『한국의 마을 제당(강원도)』, 1997, 188쪽.
22) 삼화동 천제봉은 웃숯가마골과 아래숯가마골 사이의 봉우리로서 이 봉우리는 마을의 어디에서도 보이는 곳으로 주민들은 매년 5월 단오날 아침에 이곳 천제봉에 있는 천제당에서 한 해의 액을 소멸해 달라는 제례를 올렸다고 한다. 장정룡, 『동해시 삼화동의 기층문화』, 동해문화원, 1998, 128쪽 ; 박성종, 『東海市 地名誌』, 동해문화원, 2000, 220쪽.
23) 천제당은 마을에 따라 천지당·천지단·천제단 등 다양하게 불리우고 있다. 그 명칭에서 구분되는 점은 '天神'만을 위한다는 명칭이 있는 반면에 '천지당·천지단'과 같이 '天神'과 '地神'을 함께 위하는 예도 있다.
24) 태백산에서 천제를 지내기에는 여건이 좋지 않아 천제단을 마을 내에 만들

여기서 天神은 자연신으로서 이 지역 대부분의 마을에서 마을신으로 모시는 서낭신보다 더 큰 능력을 지닌 신령으로 여겨, 기우제를 지낼 때 모시거나, 거리고사를 지낼 때 상당신으로 모신다. 이와 함께 天神을 모신 마을에서는 제의 과정에서 서낭신보다 위에 있는 신령으로 모셔진다.26)

특히 삼척지역에서 확인할 수 있는 '天雨峯'은 비를 기원하기 위한 의례가 행해졌던 곳으로 여겨지며, 삼척 옥원에 있는 '天祭峯' 아래에

어 망제 형태의 천제를 지내는 사례 중 대표적인 사례인 신기면 대평리 천제당[천제단]은 마을 입구에 있는데, 태백산에서 흘러내린 산맥이 대평리 문필봉을 지나 다시 솟아오른 봉우리가 오십천과 맞닥뜨린 능선 아래에 위치하였다.(이와 관련한 내용은 축문에도 기재되어 있다.) 1935년경 철도를 부설하면서 천제당을 원래의 위치보다 높은 6부 능선 정도에 옮겨서 현재에 이르고 있다.

제당은 반경 3.8m, 높이 70cm 정도의 원형으로 돌담을 두른 후 돌담 내부 정면에 자연석으로 제단을 만들고 길쭉한 돌을 세워 天神의 신체로 여기고 있다. 이와 함께 제단 정면에 큰 돌 2개를 세우고 그 사이에 넓적한 돌을 올려 감실을 만들어 두었다. 김도현,「강원도 영동 남부지역 고을 및 마을 신앙」, 고려대학교 박사학위 논문, 2009, 115~116쪽.

25) 김도현,「동해시 동호동 천제단 운영과 그 성격」『박물관지』14집, 강원대학교 중앙박물관, 2008.

26) 이 지역에서 활동하는 복재나 보살들은 天神의 기능을 다음과 같이 여긴다. "… 내미로리 산메기의 하위 제차로 龍神祭를 지내는데, 그 목적은 농촌에서 농사를 짓는 사람들이 각 가정별로 농촌에 살면서 홍수도 나지말고, 가물지 말고, 농사가 풍년이 되길 기원하기 위해 지내는 것인데, 쉽게 얘기하면 천제 지내는 것이다. …" (김동철 법사 제보, 2008년 7월 20일 조사) 이와 함께 삼척시에서 활동하는 선녀보살도 기우제 지내는 것을 '천제'라 하였다. 즉, 풍년을 위해 가뭄을 막기 위한 의례를 天祭로 여긴다.
마을단위의 천제에 대하여 필자의 다음 글을 참고할 수 있다. 김도현,「동해시 동호동 천제단 운영과 그 성격」『박물관지』14집, 강원대학교 중앙박물관, 2008 ; 김도현,「태백시 咸白山 절골 天祭堂 운영 양상과 그 성격」『강원문화연구』30집, 강원대 강원문화연구소, 2009 ; 김도현,『史料로 읽는 太白山과 天祭』, 강원도민일보사, 2009.

있는 마을 제당에서 천신을 마을 상당신으로 모시다가 지금은 서낭신을 마을의 主神으로 모시고 있다. 서낭신의 연원이 천신이나 산신임을 고려할 때 일반적으로 볼 수 있는 사례에 해당한다. 대부분의 천제봉에는 가뭄이 들면 비정기적으로 비를 기원하기 위한 천제를 지냈던 제장이 있었던 곳으로 마을 단위의 제천의례와 관련한 곳으로 볼 수 있다.

(5) 기타

위에서 소개한 마을신앙 유형 이외에도 『朝鮮地誌資料』 '강원도편'에서 사직당·대왕신앙·기우제·여제 관련 지명을 다음 <표 8>에서와 같이 발견할 수 있다.

<표 8> 기타 제당 관련 지명

面　別	種　別	地　名	諺　文	備　考
原州郡　楮田洞面	里洞村名	社稷堂	사직당	四里
麟蹄郡　郡內面	野坪名	社稷堂坪	지당터	北里
原州郡　本部面	山谷名	大王堂谷	딍딍이골	三里 加馬只
原州郡　本部面	嶺峙峴名	大王峴	듸왕지	二里黃谷
春川郡　府內面	古蹟名所	大皇堂	듸황당	保安里所在
麟蹄郡　郡內面		城隍峙	딍당이	上道里
旌善郡　郡內面	山名	祈雨山	물비리산	漁川里
旌善郡　臨溪面	山名		물비산	骨只里
春川郡　府內面	古蹟名所	勵祭堂	여제당	水洞里所在

宗廟와 함께 국토의 神과 穀食을 맡은 神에게 제사지내는 제단을 社稷壇이라고 하여 수도 한성에는 도성의 서쪽에 설치하였다. 조선시대에는 각 府牧郡縣에 城隍祠·厲壇·文廟와 함께 社稷壇을 설치하여 官行祭를 구성하였다. 위의 <표 8>에는 社稷과 관련한 지명을 2곳에서 확인할수 있는데, '社稷堂'이라 한 것으로 보아 당집 형태의 제당으로 고을 단

위가 아닌 마을 단위의 제당이 있었던 곳과 관련한 지명으로 여겨진다. 原州郡 楮田洞面 四里에서 한글 표기를 '사직당'이라 한 것으로 보아 한자를 한글로 그대로 읽어 표현하였음을 알 수 있다. 그리고 麟蹄郡 郡內面 北里에서 '社稷堂坪'을 '지당터'라 한 것은 이 제당에서 모신 主神이 토지신이었을 것으로 추측케 한다.

우리 역사나 민속에서 神을 일컫는 말 가운데 하나가 '大王'이다. 이와 관련한 지명을 위의 표에서 알 수 있는 바와 같이 4곳에서 발견할 수 있다. 한자로 '大王-' 또는 '大皇-'으로 표기하였는데, 우리말로는 '딩딩이-, 딋왕-, 딋황-'으로 표기하였음을 알 수 있다.27) 그리고 麟蹄郡 郡內面 上道里에서 '城隍峙'를 우리말 지명으로 '딩당이'로 표기하였다. 이는 다른 지역에서 '大王-'을 우리말로 '딩딩이'라 표기한 지역이 있는 것으로 보아 '대왕신앙'이 '성황신앙'으로 변화되어 가는 과정을 보여주는 사례로 볼 수 있다.28)

기우제를 지냈던 곳과 관련한 우리말 지명으로 '물비리산', '물비산'으로 표기하였음을 위의 표에서 확인할 수 있다.

그리고 厲鬼에게 지내는 제사를 厲祭라고 하는데, 厲鬼는 미혼 남녀 귀신이나, 자손이 없는 귀신 등 여러 가지 사정으로 인해 제사를 받을

---

27) 대왕신앙과 이와 관련한 지명에 대하여 다음 글에 자세하게 소개되어 있다. 신종원, 「필사본 『朝鮮地誌資料』 해제 - 강원도를 중심으로 - 」『강원도 땅이름의 참모습 - 『朝鮮地誌資料』 江原道篇 - 』, 경인문화사, 2007, 22~23쪽 ; 신종원, 「우리 고장의 땅이름 제대로 알기 - 필사본 『朝鮮地誌資料』 경기도편의 학술 및 실용 가치 - 」『필사본 『조선지지자료』의 자료 가치 및 활용을 위한 학술회의』, 한국학중앙연구원·경기문화재단, 2008, 9~10쪽 ; 신종원, 『한국 대왕신앙의 역사와 현장』, 일지사, 2008.

28) 이와 유사한 예로 경상북도 봉화군 서벽 2리 본동과 강원도 영월군 천평을 연결하는 고갯마루에 있는 제당의 편액이 '山靈閣'으로 표기되어 있으나, 마을에서는 이를 '성황당'이라 부른다. 이는 기존에 산신을 모신 제당도 시간이 지나고 여러 상황이 변화됨에 따라 성황당으로 불리워졌음을 알 수 있는데, 마을신앙의 변화과정을 보여주는 좋은 사례이다.

수 없는 無祀鬼神이나 疫疾을 퍼뜨리는 귀신을 말한다. 이 無祀鬼神들
은 사람에게 해를 미친다고 여겨, 이들에게 제사지냄으로써 마을의 역질
이나 재난을 막아내고자 했다. 이와 관련한 명칭을 春川郡 府內面 水洞
里에 있는 '勵祭堂'에서 확인할 수 있다.

2) 장승과 솟대 관련 지명

(1) 장승

장승과 관련한 지명은 아래 표에서 알 수 있는 바와 같이 9곳에서 확
인할 수 있다. 우리말 '장승'을 기본 어휘로 하여 크게 2가지 유형으로
나눌 수 있다.29) '장승+거리'형 지명과 '장승이 위치한 곳'을 그대로 지
명으로 쓰는 경우이다.

먼저 '장승+거리'형 지명은 原州郡 板梯面 下一里에 있는 '장승거리
보[長丞街洑]'에서 확인할 수 있다. 경기도 지역에서는 '장승거리'라는
우리말 지명을 기본으로 '주막'으로 파생된 지명을 확인할 수 있는데, 강
원도에서는 '洑名'으로 파생된 지명을 확인할 수 있다. 그리고 '장승거리
-'를 나타낸 한자어인 '長丞街-'로 표기한 것은 표기 원칙에 입각하여
기재한 것으로 볼 수 있다.

둘째 대부분의 마을에서 '장승이 위치한 곳'을 그대로 지명으로 표기
하였다. 이들은 장승이 위치한 곳을 가리켜 들이름, 고개이름, 마을이름
으로 사용된 지명으로 우리말 지명과 한자어가 잘 대응한 사례이다.30)

---

29) 경기도 지역에서의 '장승' 관련 지명 분석은 신종원과 장장식의 다음 글에
   자세하게 소개되어 있다. 필자가 강원도 지역 사례에 적용한 장승 유형 분
   류 방법과 분석은 다음 글을 참고하였다. 장장식, 「『朝鮮地誌資料』 '경기도
   편'에 나타난 민속 관련 지명 분석」 『민속학연구』 제24호, 2009, 211~213쪽.
30) 경기도 지역의 장승 관련 지명도 이와 유사하게 표기되었다. 장장식, 「『朝鮮
   地誌資料』 '경기도편'에 나타난 민속 관련 지명 분석」 『민속학연구』 제24호,
   2009, 212~213쪽.

<표 9> 장승관련 지명

面別	種別	地名	諺文	備考
春川郡 東內面	坪名	長承坪	장승뜰	岩谷里所在
原州郡 板梯面	堤堰洑名	長丞街洑	장승거리보	下一里弓滿
杆城郡 大垈面	野坪名	長承坪		盤巖里
麟蹄郡 郡內面	野坪名	長承坪	장승버덩이	長承坪里
麟蹄郡 郡內面	洞里村名	長承坪里	장승버덩이	
麟蹄郡 郡內面	山谷名	長坪峴	장승고기	長承坪里
金化郡 西面	野坪名	長承坪		草田里
寧越郡 右邊面	嶺峙峴名	長承峴	장승고기	日午谷里
襄陽郡 西面	里洞名	長承里	장승	長承里

장승을 가리키는 한자어 표기는 '長承·長丞'으로 표기되었다. 이 중 '長丞'이라 표기한 곳은 1곳이고 나머지 8곳에서는 모두 '長承'이라 표기하였다. 경기도 지역에서도 장승관련 지명 20곳 중 10곳에서 '長承'으로 표기한 것으로 보아 많은 지역에서 우리말 '장승'을 한자로 '長承'으로 표기함을 알 수 있다.

(2) 솟대

『朝鮮地誌資料』'강원도편'에는 솟대 관련 지명을 다음 <표 10>에서 알 수 있는 바와 같이 11곳에서 확인할 수 있다.

<표 10> 솟대 관련 지명

面別	種別	地名	諺文	備考
華川郡 上西面	洞里村名	孝竹垈	솔쩍빅이	新豊里에在홈
華川郡 上西面	酒幕名	孝竹垈酒幕	솔딕빅이쥬막	新豊里에在홈
華川郡 上西面	洑名	孝竹垈洑	솟딕빅이보	峰吾里에在홈
橫城郡 甲川面	酒幕名	孝竹村酒幕	쇼쩍빅기쥬막	古時里

面別	種別	地名	諺文	備考
洪川郡 詠歸美面	洞里村名	孝竹里		魯川里
洪川郡 化村面	谷名		솟쩍빅이골	長坪里
淮陽郡 長楊面	洞里村名		안솟딕쏠	束沙洞里
淮陽郡 長楊面	洞里村名		밧솟딕쏠	束沙洞里
蔚珍郡 近南面	野坪名	卜臺坪	짐딕빅기들	外城山洞
華川郡 看尺面	酒幕名	后洞口酒幕	슈살막이쥬막	楡村里에在홈
麟蹄郡 郡內面	野坪名	水殺坪	슈살막이평	東里

華川郡 上西面 新豊里를 비롯하여 4개 마을에서 솟대를 '孝竹'이라 쓴 것은 과거 급제를 기념하기 위해 세운 것이다.[31] 한자어로 '孝竹-'이라 쓴 솟대는 우리말로 '솔쩍-, 솔딕-, 솟딕-'로 불리워졌음을 알 수 있다. 한자어로 표기하지 않고 우리말로만 표기한 사례는 '솟쩍빅이골, 안솟딕쏠, 밧솟딕쏠'이 있다. 따라서 솟대는 강원도에서 우리말로 '솔쩍-, 솔딕-, 솟딕-, 솟쩍-, 솟딕-'로 불리워졌다. 그리고 '안솟딕쏠, 밧솟딕쏠' 지명은 淮陽郡 長楊面 束沙洞里에서 '솟딕'를 기준으로 마을을 안쪽 마을과 바깥쪽 마을로 구분하였음을 알 수 있다.

그리고 장승의 사례와 같이 우리말 '솟대'를 기본 어휘로 하여 대부분의 마을에서 '솟대+거리'형 지명을 사용하였으며, 일부에서 '솟대가 위치한 곳'을 그대로 지명으로 쓰는 경우로 구분됨을 알 수 있다.

蔚珍郡 近南面 外城山洞에서는 '짐딕빅기들[卜臺坪]'이란 지명이 보이는데, 이는 울진지역에서 솟대를 '짐대'라 불렀음을 알 수 있다. '짐대'라는 명칭은 인근에 있는 삼척시 임원리와 강릉시 옥계면 도직리에서도 발견할 수 있다.[32]

31) 이필영, 『솟대』, 대원사, 1990, 35쪽.
강원도 지역의 솟대에 대한 분석은 다음 글에 자세하게 분석되어 있다. 신종원, 「필사본 『朝鮮地誌資料』 해제-강원도를 중심으로-」 『강원도 땅이름의 참모습-『朝鮮地誌資料』 江原道篇-』, 경인문화사, 2007, 24쪽.

솟대를 '수살대'라고도 부르는데, 화천과 인제에서 이와 관련한 지명을 확인할 수 있다. 2 마을 모두 우리말 표기로 '슈살막이 -'라 하였으나, 이에 대한 한자 표기는 '后洞口 -'과 '水殺 -'임을 알 수 있다. '后洞口 -'라는 표기는 위치와 관련한 것으로 여겨지며, '水殺 -'은 그 기능과 관련하여 표기된 것으로 여겨진다,

그리고 솟대 관련 지명은 마을이름, 주막, 들, 洑를 표기할 때 함께 사용하였음을 알 수 있다.

3. 巫俗·개인신앙 관련 지명 분석

巫俗이나 개인적인 차원에서 행해진 신앙 관련 지명은 산제당과 무속 관련 지명, 미륵신앙 관련 지명, 불당을 반영한 지명 등으로 구분하였다.

1) 산제당과 무속 관련 지명

우리나라에서 산신 신앙의 전통은 매우 오래되었다. 이와 같은 전통은 마을신앙의 대상으로도 정착되어 경기도와 충청도, 전라도, 그리고 강원도 영서 지방에 상당 또는 마을 전체를 관장하는 신격으로 모셔지는 예에서 발견할 수 있다.[33]

강원도 영동남부 지역 마을 제당에 모시는 신령이 대부분 서낭신임을 알 수 있는데, 이로 인해 강원도 영동남부 지역은 강원도 영서지역·경기지

---

32) 국립민속박물관(편), 『강원지방 장승·솟대 신앙』, 국립민속박물관, 1988, 100~104쪽 ; 정승모, 『강원지방 장승·솟대 신앙』, 국립민속박물관, 1988, 95~96쪽 ; 김도현·이명진, 『삼척 임원리 굿과 음식』, 국립문화재연구소, 2007, 16쪽.
33) 이필영, 「한국 산신제의 역사」 『동북아시아의 산신신앙』(2000년 계룡산 산신제 학술 심포지움), 계룡산 산신제 보존회, 2000, 1~5쪽.

역과는 달리 마을 내의 제당에서 다른 신령과 함께 산신을 모시거나, 산신당을 설치한 예가 많지 않다. 물론 마을에 좌정한 서낭신의 연원을 추적해 보면 산신을 그 연원으로 한다는 현지 조사 사례가 많지만[34] 현재 나타난 현상은 산신당이 강원도 영서지역에 비해 그 예가 매우 적다.[35]

이 지역에서 발견할 수 있는 산신당은 그 명칭이 산신당·산제당·산당 등 다양하게 불리우고 있으며, 단위 마을 내에 산신당이나 산제당이 있는 마을들 또한 매우 많다. 그런데, 이들 산신당은 대부분 개인이나 가족 단위로 치성을 드리기 위한 기도처로 기능하는 곳이 대부분이다. 산제당에서 개인들은 산치성·산제사·산메기 등의 의례를 행한다. 즉, 대부분의 마을에서 발견할 수 있는 산신당은 개인적인 차원에서의 종교 의례가 행해지는 예가 대부분인 것이다.

또한 이들 제당은 주요 산의 계곡이나 산 아래에 많이 형성되어 있고, 마을 단위에서도 이러한 산신당이 있어 개인적인 차원에서 신앙행위가 이루어지는 것을 많은 사례를 통해 알 수 있다. 이와 같이 개인 차원에서 이루어지는 산신당이나 산당에서의 제의는 대부분 마을신앙의 영역 안에 들어오지 못하고 있다.

아래의 <표 11>을 보면 山祭堂 관련 지명을 14곳에서 발견할 수 있다. 한글 표기는 한자어를 그대로 읽어 표기하였음을 알 수 있고, 대부분 '山祭堂-', '山堂-'의 형태로 표기하였다. 일부에서 '山祭岩-', '山篁-', '山靈-', '山神祭-', '山川祭-'으로도 표기하였다. 山祭堂 관련

---

34) 산신의 유형을 '① 산림의 주인 ② 지역 수호신(천신) ③ 祖上神'으로 압축하여 볼 수 있는데, 이 지역에서 많이 나타나는 산신이 서낭신으로 좌정한 예는 위 유형의 하나로 볼 수 있다. 신종원, 「한국 산악 숭배의 역사적 전개」 『한국의 산악숭배와 지리산 성모천왕』(학술심포지움), 한국종교사연구회, 2002, 29~31쪽.

35) 김도현, 「강원도 영동 남부지역 고을 및 마을신앙」, 고려대학교 박사학위논문, 2009, 122~137쪽.

지명은 산, 계곡, 洑, 마을 이름 등을 표기할 때 함께 사용하였음을 알
수 있다. 지명으로 언급된 '山-'과 관련한 당을 현지 조사해 보면 그 운
영 주체를 중심으로 3가지로 구분할 수 있다. 즉, 마을 제당, 개인 또는
문중 단위의 제당, 무속인들이 치성을 드리는 제당으로 나뉘어진다. 따
라서 『朝鮮地誌資料』 '강원도편'에 기재된 '山-'과 관련한 지명의 성격
은 현지 조사를 통해 분석이 가능하다.

〈표 11〉 巫俗과 산제당 관련 지명

面別	種別	地名	諺文	備考
安峽郡 西面	山名	巫堂山		軺洞里 五里洞
春川郡 東山外一作面	山名	巫岩山	무암산	枝內里所在
原州郡 板梯面	谷名	巫堂谷	무당골	分二里內南松
原州郡 板梯面	谷名	巫堂谷	무당골	分二里九億村
華川郡 下西面	江川溪澗名	武當溪	무당기울	啓星里에在홈
華川郡 下西面	池名	巫沼	무당못	原川里에在홈
金化郡 二東面	谷名	巫谷	무당골	牙沉里
春川郡 南府內面	山名	山祭堂山	산졔당산	下漆田里所在
春川郡 西上面	谷名	山堂谷	산당골	圓塘里所在
原州郡 板梯面	谷名	山堂谷	산당골	分二里中村
原州郡 今勿山面	谷名	山祭岩谷	산졔바위쏠	分一里自甘村
原州郡 今勿山面	谷名	山祭堂谷	산졔당쏠	二里細洞
麟蹄郡 北面	山谷名	山祭堂峰	산졔골봉우리	元通里
金化郡 初東面	谷名	山祭谷	산졔터골	鳳尾里
淮陽郡 長楊面	洞里村名	山祭洞		金剛院里
江陵郡 北二里面	里名	山篁里	산황이	

面別	種別	地名	諺文	備考
寧越郡 北面	洞里村名	山靈月		延坪里
金化郡 西面	谷名	山神祭谷	산졔터골	松洞里
襄陽郡 西面	洑名	山祭堂洑	산졔당보	西面에 在흔딕 由來는 上仝홈
安峽郡 郡內面	山名	山堂山		下楮田里 杜門洞
安峽郡 郡內面	谷名	山川祭谷		擧城里 擧城洞

『朝鮮地誌資料』 '강원도편'에 巫俗 관련 지명은 위의 [표 11]에서 알 수 있는 바와 같이 7곳에서 나타난다. 한글 표기는 한자어를 그대로 읽어 표기하였음을 알 수 있고, 대부분 '巫-'의 형태로 표기하였음을 알 수 있다. 예외로 華川郡 下西面 啓星里에서는 '무당기울'을 '武當溪'로 표기하였다. 무속 관련 지명은 산, 계곡, 池名 등을 표기할 때 함께 사용하였음을 알 수 있다. 이는 무속 의례가 주로 행해진 곳과 관련된 곳이다.

2) 미륵신앙 관련 지명

『朝鮮地誌資料』 '강원도편'에는 미륵 관련 지명을 다음 표에서 알 수 있는 바와 같이 9곳에서 확인할 수 있다.

〈표 12〉 미륵신앙 관련 지명

面別	種別	地名	諺文	備考
原州郡 本部面	谷名	彌力堂谷	미력당골	一里邑後洞
華川郡 上西面	野坪名	彌勒坪	미륵들	巴浦里에在홈
華川郡 上西面	洞里村名	彌勒陽地村	미륵양지말	巴浦里에在홈
華川郡 郡內面	酒幕名	彌勒堂酒幕	미력당쥬막	大利里에在홈
金化郡 郡內面	谷名	彌勒堂	미럭당이	長興里
淮陽郡 長楊面	洞里村名		미럭당니	上檜耳里

面別	種別	地名	諺文	備考
淮陽郡 安豊面	洞里村名	石佛堂里	미력당이	本里
淮陽郡 安豊面	酒幕名	石佛堂洞	미력당이	本里
寧越郡 水周面	山名	石佛峰	밋엿봉	杜陵里

위 표를 보면 한글로 '미력-, 미륵-, 미럭-, 밋엿-'으로 표기하였
으나, 한자로는 '彌力-, 彌勒-, 石佛-' 등 다양하게 표기하였음을 알
수 있다. 이와 관련하여 『한글지명총람』(강원도 편)에는 華川郡 上西面
巴浦里에 있었던 미륵 관련 지명이 다음과 같이 소개되어 있다.[36]

　　미륵고개(彌勒峴) [고개] 산마루에 미륵이 있던 고개
　　미륵평(미륵양지, 하양지) [마을] 미륵고개 밑 벌판에 있는 마을

이와 함께 華川郡 郡內面 大利里에 있었던 '彌勒堂酒幕'과 관련하여
『한글지명총람』(강원도 편)에 다음과 같이 소개되어 있다.[37]

　　미륵 터 [터] 미륵이 있던 터

화천군에서 발견된 이들 미륵 관련 지명은 산마루에 있었던 미륵을
기준으로 하여 고개와 마을 이름, 들 이름이 만들어졌음을 알 수 있다.
일반적인 사찰의 입지를 고려해 본다면 이 지역에서의 미륵 관련 지명
은 불교와 관련한 미륵이기 보다는 민간신앙의 대상으로 믿어진 미륵이
었을 것으로 추정된다. 이에 이들 마을에서의 미륵은 실제 사찰과 관련
한 彌勒佛이 아니라 마을 단위로 마을의 안녕과 풍요로운 세계를 건설
하고픈 희망을 반영하여 만들었거나 인식한 것으로 볼 수 있다. 물론 『朝
鮮地誌資料』 '경기도편'에 소개된 경기도 이천군 장면 泥坪에 있는 '彌

---

36) 한글학회(편), 『한글지명총람』(강원도 편), 1967년, 581쪽.
37) 한글학회(편), 『한글지명총람』(강원도 편), 1967년, 586쪽.

勒谷' 지명은 실제 '泥坪里石佛立像'과 관련하여 만들어진 지명처럼 실제 불상이 있어 '彌勒-' 관련 지명이 형성된 예는 여러 곳에서 발견할 수 있다.[38]

이에 '彌勒-' 관련 지명은 해당 마을과 주변 지역에 석불이 있는지 등을 잘 살펴본다면 민간신앙과의 관련 여부를 잘 파악할 수 있을 것이다.

그리고 미륵 관련 지명은 마을, 주막, 들, 계곡, 산을 표기할 때 함께 사용하였음을 알 수 있다.

3) 불당을 반영한 지명

『朝鮮地誌資料』'강원도편'에 '불당-'을 반영한 지명은 56곳으로 비교적 많은 편이다. 불당을 우리말로는 '불당골, 불쌍골, 불당골, 금불고기, 즌불, 부쳐등이보, 불당산, 불도곡들, 부치안지골, 불당고기, 관불, 관불빗나루, 셩불고기, 부치바우산, 부차골, 부처터, 불고기, 견불리, 불미골, 승당들, 승당보'로 표기하였다. 주로 한자를 한글로 그대로 읽어 표기한 형태임을 알 수 있다. 한자 표기를 보면 주로 '佛堂-'을 반영한 지명을 사용하였으나, 일부에서 '琴佛-, 典佛-, 佛原-, 佛道-, 佛坐-, 天佛-, 下觀佛-, 中觀佛-, 觀佛-, 城佛-, 成佛-, 千佛-, 暫佛-, 掛佛-, 佛眉-, 佛阿-, 見佛-, 佛亭-, 佛-' 등 다양한 표기 형태가 나타남을 알 수 있다. 이와 함께 '僧堂坪', '僧堂洑'와 같이 '佛堂-'과 유사한 지명이 등장하는데, 같은 성격을 지닌 것으로 이해할 수 있다.

---

38) 김홍삼, 「『朝鮮地誌資料』경기도편의 불교관련 자료 검토」『필사본『조선지지자료』의 자료 가치 및 활용을 위한 학술회의』, 한국학중앙연구원·경기문화재단, 2008, 130~138쪽 ; 장장식, 「『朝鮮地誌資料』'경기도편'에 나타난 민속 관련 지명 분석」『민속학연구』제24호, 2009, 205~206쪽.

〈표 13〉 불당을 반영한 지명 현황

面別	種別	地名	諺文	備考
安峽郡 東面	谷名	佛堂谷		定洞里
楊口郡 郡內面	山谷名	佛堂谷		中里
楊口郡 上東面	山谷名	佛堂谷		八郎洞
春川郡 府內面	谷名	佛堂谷	붇당쏠	藥司院里所在
春川郡 府內面	谷名	佛堂谷	불짱골	上漆田里所在
春川郡 南內一作面	谷名	佛堂谷	불당골	古靑里所在
春川郡 北山外面	谷名	佛堂谷	불당골	內坪里
原州郡 楮田洞面	嶺峙峴名	琴佛峴	금불고기	四里白澗洞
原州郡 加里坡面	里洞村名	典佛	즌불	四里
原州郡 地向谷面	堤堰洑名	佛原洑	부쳐등이보	四里判垈
原州郡 富論面	山谷名	佛堂山	불당산	一里富論洞
原州郡 富論面	野坪名	佛道谷坪	불도곡들	一里巨論
原州郡 板梯面	山谷名	佛坐谷	부치안지골	分二里小龍沼洞
原州郡 貴來面	山谷名	佛堂谷	불당골	分一里
杆城郡 土城面	峙名	天佛峙		杏桃源
杆城郡 土城面	谷名	佛堂谷		新坪里
杆城郡 縣內面	谷名	佛堂谷	불당골	烈山里
麟蹄郡 麒麟面	山谷名	佛堂谷	불당골	東里寺洞
華川郡 郡內面	谷名	佛堂谷	불당골	水下里에在홈
華川郡 郡內面	嶺峙峴名	佛堂峴	불당고기	豊山里에在홈
華川郡 東面	洞里村名	下觀佛	관불	
華川郡 東面	洞里村名	中觀佛	관불	
華川郡 東面	渡津名	觀佛津	관불빗나루	下觀佛에在홈
華川郡 看尺面	嶺峙峴名	城佛嶺	성불고기	楡村里에在홈
華川郡 看尺面	嶺峙峴名	佛堂峴	불당고기	楡村里에在홈
華川郡 南面	嶺峙峴名	成佛峴	성불고기	龍岩里에在홈
華川郡 上西面	山谷名	佛堂谷	불당골	山陽里에在홈
華川郡 上西面	山谷名	佛堂谷	불당골	多木里에在홈

面別	種別	地名	諺文	備考
金化郡 初東面	谷名	佛堂谷		通洞
金化郡 初東面	谷名	佛堂谷		楊洞
金化郡 南面	山名	千佛山		陽地里
金化郡 遠北面	谷名	佛堂谷		乾川里
金化郡 遠北面	峴名	暫佛峴		栗木里
金化郡 遠北面	谷名	佛堂谷		上斗村
淮陽郡 下初北面	山谷名	佛堂谷		初南里
淮陽郡 二東面	山谷名	佛岩山	부칙바우산	支石里
江陵郡 城山面	谷名	佛子谷	부차골	三旺里
江陵郡 南一里面	坪名	掛佛坪		錦鶴前洞
寧越郡 川上面	嶺峙峴名	佛眉峙		巨雲里
寧越郡 北面	野名	佛基	부처터	恭基里
旌善郡 東面	山名	点佛山		米川里
平海郡 上里面	嶺峙峴名	道佛峴		
平海郡 南下里面	山谷名	佛彌谷		
蔚珍郡 近南面	野坪名	佛阿坪		川前洞
蔚珍郡 近南面	洑名	佛阿洑		川前洞
蔚珍郡 西面	洑名	佛峴洑	불고기	下院洞
蔚珍郡 西面	嶺峙峴名	佛峴	불고기	下院洞
通川郡 鶴一面	谷名	佛堂谷	불당골	
通川郡 養元面	谷名	佛堂谷		桂谷里
通川郡 山南面	谷名	佛堂谷	불당골	板幕里
通川郡 臨道面	山名	千佛洞		注驗里
金城郡 南面	嶺峙峴名	佛亭峴		下榛峴里
襄陽郡 縣南面	里洞名	見佛里	견불리	見佛里
襄陽郡 東面	山谷名	佛米谷	불미골	松峴里
春川郡 史內面	野坪名	僧堂坪	승당들	倉里所在
春川郡 史內面	洑名	僧堂洑	승당보	倉里所在

그리고 앞의 표에서 알 수 있는 바와 같이 불당 관련 지명은 마을, 주막, 들, 계곡, 산, 洑, 나루 등을 표기할 때 함께 사용하였음을 알 수 있다.

'佛堂-'는 부처를 모신 堂 즉, 사찰이나 암자가 있어 붙여진 지명일 수 있으나, 실제 강원도 지역에서는 사찰과 관련한 지명이기보다는 무속이나 개인 치성 등을 위해 만들어진 堂이 있어 명명된 예가 많다.39)

4) 기타

위에서 소개한 신앙관련 지명 이외에도 <표 14>에서 알 수 있는 바와 같이 다양한 신령을 모신 신앙 또는 제당과 관련한 지명이 있다.

'龍神山, 龍神川, 龍雨谷, 龍塘治'은 한자 표기로 볼 때 '龍' 관련 신앙 의례와 관련한 지명으로 볼 수 있다. 이 중 '龍神川, 龍雨谷, 龍塘治'은 '龍'의 다양한 종교 기능 중 물과 관련한 신앙 의례가 행해진 곳으로 볼 수 있다.

이외에도 '三神山, 三星堂, 三星峯, 三星堂洑, 三石堂, 太白堂里'라는 지명이 보이는데, 이에 대한 구체적인 성격은 다양한 자료 분석과 현지 조사를 통해 알 수 있을 것이다.

〈표 14〉 기타 신앙 관련 지명

面別	種別	地名	諺文	備考
華川郡 郡內面	山谷名	龍神山	용신산	上里에 在홈
華川郡 郡內面	江川溪澗名	龍神川	용신기울	上里에 在홈
通川郡 鶴三面	谷名	龍雨谷	용우골	龍岩里

---

39) 구체적인 사례를 열거하기는 어려우나, 삼척지역에서 활동하는 선녀보살에 의하면 '불당곡'은 '산제당'과 같은 의미로 여기며, 무당이나 개인이 치성을 드리거나 기도를 드리기 위해 찾는 기도처 또는 당이라 하였다. 이와 함께 삼척시 가곡면 동활리에 부처바우, 부처바우골이 있는데, 이는 사찰과 관련된 것이 아니라 산의 바위가 부처님 모습을 하여 붙인 이름이며, 이곳 아래에서는 예전에 매년 천제를 지냈다고 한다.

面別	種別	地名	諺文	備考
伊川郡 板橋面	川名	龍塘治		龍塘里
洪川郡 瑞石面	山名	三神山		儉山里
金化郡 郡內面	山名	三神山		中里
金化郡 西面	山名	三神山		長林里
金化郡 初北面	山名	三星堂		灵垱
平海郡 近北面	山名	三星峯		
杆城郡 竹島面	洑名	三星堂洑		三星里
春川郡 東內面	堂名	三石堂	슴석당이	擧頭谷里所在
春川郡 東內面	里名	太白堂里	틔빅당리	岩谷里所在
原州郡 富論面	嶺峙峴名	降神峴	강신직	一里鼎山
金化郡 初東面	谷名	神主谷		楊洞
三陟郡 遠德面	山谷名	七星臺		杞谷洞
華川郡 郡內面	酒幕名	告祀酒幕	고삿쥬막	水下里에在홈

4. 강원도 내 민간신앙 관련 지명의 특징

　필사본 『朝鮮地誌資料』는 전체적으로 볼 때 조사자에 따라 수록된 지명의 충실도에 차이가 있고, 누락된 부분도 있다. 기재 방식이나 순서 또한 통일되지 못한 측면도 있다. 이러한 문제에도 불구하고 이 자료가 지닌 학술적 가치는 매우 크다. 일제 강점기를 지나며 왜곡된 지명을 바로잡을 수 있는 단초를 제공해주며, 지리학 자료로서의 가치와 함께 국어·역사·민속 등의 분야 연구에도 소중한 자료를 많이 제공해 준다.

　필자는 필사본 『朝鮮地誌資料』 '강원도편'에 수록된 민간신앙과 관련된 마을신앙과 무속 및 개인신앙 관련 지명을 주로 살펴보았다. 구체적으로 마을신앙과 관련하여 당 관련 지명, 서낭당 관련 지명, 국사당 관련 지명, 천제당 관련 지명, 장승 관련 지명 등으로 구분하였으며, 巫俗이나 개인적인 차원에서 행해진 신앙 관련 지명은 산제당이나 무속 관련 지명, 미륵신앙 관련 지명, 용 신앙관련 지명, 불당을 반영한 지명 등으로 구분하여 살펴보았다.

본문에서 소개·분석한 내용을 정리하면 다음과 같다.

첫째, 일반적으로 '堂'을 '堂'이란 명칭을 사용하여 표기하였으나, 일부 마을에서 '唐·塘·當·棠'으로 표기한다든지, 국수[국시] 신앙과 관련하여 '國祀-, 菊-, 國仕-, 國士-, 國師-, 國祠-山, 菊秀-, 菊-, 菊樹-, 菊亭-, 國葬-, 國三-, 龜水-' 등으로 표기한 다양한 사례를 통해 동일한 의미를 지닌 우리말을 한자어로 표기할 때 다양한 한자어를 사용하였음을 알 수 있었다. 이 과정에서 우리말의 원래 의미와는 다른 한자어를 사용한 예 또한 많음을 알 수 있었다.

둘째, 지명을 통해 마을 간의 관계를 파악할 수 있다. 구체적으로 '大城隍堂城·大城隍峙(큰성황직)' 등에서 알 수 있는 바와 같이 다른 지역 성황보다 크다는 의미를 강조한 지명이 있다. 이는 '里-班' 단위의 마을들이 살아가는데 있어 상호 영향을 미치는 밀접한 생활권을 형성하고 있는 경우 큰 마을에 있는 서낭당을 '큰 서낭·도서낭·대서낭' 등으로 부르며, 이 서낭이 하위 마을들을 관장하는 중심 서낭으로서의 위상을 지니고 있음을 알 수 있었다.

셋째, '물비산·솟대[효죽대]' 등에서 알 수 있는 바와 같이 지명을 통해 해당 민간신앙의 성격을 명료하게 제시한 예도 있다.

넷째, 麟蹄郡 郡內面 上道里에서 '城隍峙'를 우리말 지명으로 '딩당이'로 표기한 것은 '대왕신앙'이 '성황신앙'으로 변화되어 가는 과정을 보여주는 사례이다. 이와 같은 한자-한글 지명의 관계를 통해 신앙의 변화과정을 알 수 있다.

다섯째, 산제당 관련 지명이 마을 관련인지, 문중에서 사용하는 제당인지, 개인 차원에서 치성을 드리는 제당인지 그 구체적인 운영 양상을 알 수 없는 산제당 관련 지명, 사찰 관련인지 민간 차원의 신앙 공간인지 구분이 모호한 미륵 신앙 관련 지명 등을 통해 그 성격이 모호한 지명이 많음을 알 수 있었다. 이는 현지 조사를 통해 실상을 파악해야 한다.

여섯째, 민간신앙 처소를 기준으로 지명을 만들고, 이를 각종 산이나 계곡 등의 이름 형성에 차용한 사례가 매우 많으며, 마을제당을 비롯하여 각종 민간신앙 관련 처소를 중심으로 그 위치를 병기하여 지명으로 만든 사례 또한 많다. 이는 이들 민간신앙 처소들이 지명 형성의 좌표 역할을 하였음을 알 수 있으며, 좌표로 기능할 수 있었다는 것은 이것이 마을 주민들 삶의 구심체였고, 중요한 의미를 지녔음을 보여준다.

필사본 『朝鮮地誌資料』를 좀 더 심층적으로 분석하고, 의미있는 논의를 위해서 해당 지명과 관련한 현장에 대한 조사가 반드시 필요하다. 이와 함께 지명에 내재된 각종 민간신앙에 대한 정의나 다양한 지역 사례를 체계적으로 분석한 연구 성과가 풍부하지 못한 점은 이 자료를 분석함에 있어 또 다른 한계로 다가온다. 향후 현지 조사 성과를 관련 지명 연구에 적극 반영하고, 축적된 민간신앙 관련 연구 성과를 적극 반영함과 함께 다른 지역 사례와의 비교 연구가 지속적으로 이루어진다면 관련 분야의 연구에 많은 도움을 줄 수 있으며, 필사본 『朝鮮地誌資料』가 지닌 가치 또한 새롭게 평가될 수 있으리라 생각한다.

강원도지역 수리시설의 현황과 운영실태

−洑와 堤堰을 중심으로−

정수환

(한국학중앙연구원 선임연구원)

1. 머리말

조선후기는 18세기 경제적 안정기를 거친 후 19세기에 급속히 생산성이 악화된 것으로 파악되고 있다. 이와 관련한 수량경제사적 연구성과가 축적되고 있으며,[1] 세계사적인 흐름에 있어서도 18세기까지는 유럽과 아시아의 생활수준이 비슷하였으나 19세기 이후 유럽이 아시아를 압도하는 대분기(Great Wave)가 나타난 것으로 지적된다.[2] 조선후기 경제 흐름과 관련한 이러한 연구성과를 고려하여 18세기 이후부터 19세기 말 까지 경제적 기저에 대한 변화 추이를 추적할 필요성이 있다.

조선후기가 농업경제에 기반 한 경제구조였음을 고려할 때 수리시설의 관리와 운영에 대한 검토를 통해 동 시기 경제적 변화와 관련한 단상

---

1) 이헌창, 「조선왕조의 經濟統合體制와 그 변화에 관한 연구」『朝鮮時代史學報』49, 朝鮮時代史學會, 2009 ; 이영훈편, 『수량경제사로 다시 본 조선후기』, 서울대학교 출판부, 2004.
2) 주경철, 『대항해시대−해양팽창과 근대세계의 형성』, 서울대학교 출판부, 2008.

을 살필 수 있다. 그 일환으로 이 글에서는 필사본 ≪조선지지자료≫를
이용해 강원도지역 보와 제언의 분포현황과 운영 실태를 살펴본다.

필사본 ≪조선지지자료≫는 1911년 조선총독부에서 전국의 군현을
대상으로 지명을 정리한 草本이다. 본 자료에는 지명을 조사하는 과정에
서 파악된 수리시설 관련 내용도 수록되어 있다.[3] 일제강점 초기 조선총
독부에 의해 실시된 수리조합정책으로 인해 조선의 수리시설체계에 변
화가 초래되었음에도 불구하고 이 시기 강원도 지역에 끼친 영향은 미
미했다. 이로 인해 이 자료에는 19세기적 수리시설의 현황이 반영되어
있다.

조선후기 수리정책 및 수리시설의 운영과 관련한 선행연구가 이광린
에 의해 시도된 이후[4] 수리시설 운영주체의 성격과 수리시설을 둘러싼
분쟁양상에 대해 검토되었다.[5] 수리시설의 축조와 농업기술 발달,[6] 지

---

3) 신종원, 「필사본 '朝鮮地誌資料 경기도편'의 학술 및 실용가치」『필사본 조
선지지자료 경기도편 연구』, 景仁文化社, 2010, 7쪽.
≪조선지지자료≫와 동명인 이본이 있다. 1918년과 1919에 朝鮮及滿洲社
와 조선총독부 臨時土地調査局에서 각각 편찬한 ≪朝鮮地誌資料≫가 있다
(신종원 편, 『강원도 땅이름의 참모습-조선지지자료 강원도편』, 경인문화사,
2007, 16~17쪽).
이 글에서는 1911년 조선총독부 간행 필사본 ≪조선지지자료≫를 ≪조선
지지자료≫로 통칭한다.
4) 李光麟, 『李朝水利史硏究』, 韓國硏究圖書館, 1961.
5) 대표적 연구성과는 다음과 같다.
金容燮, 「朝鮮後期의 水稻作技術-移秧과 水利問題」『朝鮮後期農業史硏究』,
一潮閣, 1971 ; 李泰鎭, 「16세기 川防(洑)灌漑의 발달」『韓國社會史硏究』,
지식산업사, 1986 ; 최원규, 「朝鮮後期 水利기구와 經營문제」『國史館論叢』
39, 國史編纂委員會, 1992 ; 崔洪奎, 「正祖代의 對華城 농업진흥정책과 농
업생산력 발전-특히 水利政策과 농업환경의 변화를 중심으로」『國史館論
叢』89, 國史編纂委員會, 2000 ; 구완회, 「조선후기 군현 사이의 갈등과 수
령의 역할-18세기 중엽 예산 덕산사이의 수리분쟁을 중심으로」『大丘史
學』86, 대구사학회, 2007.

리학적 측면에서 수리시설의 입지문제에 대한 연구성과가 있다.[7]

≪조선지지자료≫와 관련해서는 자료의 활용방안에 대한 기초 연구를 기반으로 경기도 지역에 대한 민속학, 국어학적 연구가 시도되었다.[8] 필자는 ≪조선지지자료≫ 기록 중 경기도지역의 보·제언과 연계된 수리시설의 축조시기와 관리, 소유자에 대한 기록을 주목하고 이에 대한 연구를 진행한 바 있다.[9]

이 글에서는 선행 연구성과를 참고하여 ≪조선지지자료≫를 중심으로 洑와 堤堰으로 대표되는 수리시설의 강원도내 현황과 운영 실태에 대해 검토하고자 한다. ≪조선지지자료≫에 수록된 지명정보 및 수리시설관련 기록의 내용을 통해 자료의 활용 방향과 사료적 가치에 대해 검토 하겠다. 이를 위해 자료에 등장하는 수리시설 관련 지명표기의 양상을 우선 검토한다. 그리고 강원도 일원의 수리시설 분포현황과 지역별 성격을 살펴보고, 수리시설의 설립 및 운영 기록을 토대로 운영 실태에 대해 접근하고자 한다.

---

6) 權純國, 「農業用水 開發」 『韓國農業技術史』, 한국농업기술사편찬위원회, 1983 ; 배영동, 「수도재배를 위한 洑의 축조와 이용」 『科技考古硏究』 4, 아주대학교 박물관, 1998.

7) 金賢熙·崔基燁, 「韓國 傳統灌漑施設의 類型과 立地特性」 『應用地理』, 誠信女子大學校 韓國地理硏究所, 1990 ; 정치영, 「'여지도서'를 이용한 조선후기 제언의 지역적 특성연구」 『대한지리학회지』 43-4, 대한지리학회, 2008.

8) 임용기, 「≪조선지지자료≫와 부평의 지명」 『기전문화연구』 24, 1995 ; 신종원, 앞의 글, 2007 ; 신종원, 앞의 글, 2010.

9) 정수환, 「≪朝鮮地誌資料≫에 나타난 경기도 수리시설의 현황과 특징」 『歷史와 實學』 39, 歷史實學會, 2009(「경기도 수리시설의 현황과 특징」 『필사본 조선지지자료 경기도편 연구』, 景仁文化社, 2010, 재수록). 이에 앞서 金賢熙·崔基燁(앞의 글)도 ≪조선지지자료≫를 참고로 관개시설을 검토한 바 있다.

2. 자료적 배경과 洑와 堤堰의 성격

1) 조선후기적 상황과의 관련성

조선시대의 수리시설은 수축과 훼손을 거듭하면서 위치와 운영방식이 자주 변화하였다. 홍수 등으로 강의 유역이 변경되거나 보와 제언이 파괴되는 사례도 빈번하였다.[10] 지명 중 '防築里'가 전국에 산재하고 있음은 이러한 배경을 단적으로 반영하고 있다고 볼 수 있다. 조선후기 수리시설의 전개추이를 검토하기 위해서는 전국을 대상으로 한 보와 제언의 현황 파악이 요망되는데, 이러한 측면에서 ≪조선지지자료≫의 활용 가능성이 높다.

≪조선지지자료≫는 1911년을 전후한 시기 전국의 수리시설을 반영하고 있으며, 이들 수리시설 관련 기록은 조선후기적 상황을 바탕으로 구한말까지의 계기적인 수리시설 추이를 검토할 수 있는 용이한 데이터이다. 이 자료를 통해 일제강점기 수리조합 결성 이전의 보와 제언의 수축 및 관리 현황을 파악 할 수 있다.[11]

통감부 및 조선총독부에 의한 수리조합정책은 크게 5시기로 구분하여 추진되었다. 제1기는 1906~1919년이며, ≪조선지지자료≫는 1911년경에 작성된 것으로 동 시기 수리조합정책의 배경과 관련이 있다. 대한

---

10) 1893년 조선을 정탐한 本間久介가 남긴 ≪朝鮮雜記≫에 의하면 조선 사람은 인공적으로 나쁜 지세를 이용할 줄 몰라 堤防이 발달하지 못했다고 한다(혼마 규스케·최혜주 역주, 『일본인의 조선정탐록 朝鮮雜記』, 김영사, 2008, 142쪽).

11) 이들 시설의 축조 방식에 대해서는 다음 논고 참고바람.
權純國, 앞의 글 ; 이남식, 「취락의 공유산과 수리공동체의 기능」『安東文化』 10, 안동대학교 안동문화연구소, 1989 ; 배영동, 앞의 글.

제국은 통감부의 지도하에 제1기 수리조합정책의 일환으로 <水利組合條例>를 제정하였으며, 1909년 <堤堰 및 洑의 修築에 관한 통첩>을 바탕으로 보와 제언에 대한 수축사업을 추진하였다.

일제강점 이후 1913년 조선총독부에서는 수리현황에 대한 일괄조사를 단행하여 조선 수리시설의 소유관계와 관리문제를 조사하였다.[12] 1917년에는 <朝鮮水利組合令>을 제정하고 수리조합사업에 의한 토지개량사업을 목적으로 제도정비를 도모하였다. 그러나 이 시기 재정적 지원의 미비와 시행주체에 대한 정비 부족 등의 이유로 성과를 달성하지 못했다.

수리조합에 대한 연구에 의하면 강원도는 1908～1917년 사이 수리조합이 창설되지 못한 것으로 밝혀졌다.[13] 강원도 수리조합의 발족은 일제강점기에 토지개량협회로 출발하였으며, 1941년에 비로소 수리조합연합회가 조직되었다. 1945년 이전까지 6개의 수리조합이 구성되었으며, 조선총독부 조사에는 1919년 '文幕水利組合'을 강원도 수리조합의 효시로 밝히고 있다.[14] 이러한 측면을 고려하더라도 일제강점 초기 강원도에서는 수리조합의 조직과 운영이 제한적이었음을 알 수 있다.

《조선지지자료》는 일제강점초기 조선총독부의 수리조합정책이 실효를 거두기 이전의 상황을 반영하고 있다. 따라서 적어도 19세기적 조

---

12) 朝鮮總督府, 「水利ニ關スル舊慣」『朝鮮總督府月報』, 3-4·7·3-9·3-20, 1913.
13) 이영훈 등, 앞의 책, 4~5쪽.
14) 江原道, 『江原道勢要覽』, 朝鮮印刷株式會社, 1926, 29~31쪽.
   이 보고서에 의하면 1919~1926년 사이 모두 6개소의 수리조합이 설립되었거나 신청 중에 있는 것으로 조사되었다. 그 현황과 소재지는 아래와 같다.
   文幕水利組合(原州郡 - 1919), 於雲水利組合(鐵原郡, 平康郡 - 1920), 高城水利組合(高城郡 - 1922), 中央水利組合(鐵原郡, 平康郡 - 1922), 亭淵水利組合(鐵原郡, 平康郡 - 申請中), 牛頭水利組合(春川郡 - 申請中).
   춘천지역에서 가장 이른 시기에 조직된 수리조합은 1927년에 조직된 '牛頭組合'이었다(李象鶴, 「江原道水利組合聯合會編」『江原道誌』, 1956, 441~442쪽 ; 小早川九郎 編, 『朝鮮農業發達史』, 朝鮮農會, 1944).

선의 수리상황을 반영하고 있으며, 이는 18세기 이후 수리시설의 계기적
변화 양상을 추적하는데 활용될 수 있다. 다만 본 자료는 총독부에 의한
지명조사 과정에서 수리시설의 존재가 함께 반영된 것으로, 조사방식에
있어 일관성이 부족하다.

≪조선지지자료≫는 전국의 모든 面里를 포괄하지 못하고 있다. 경
기도 부평군의 경우 15개면 중 지명조사가 안 된 곳이 21%이다.[15] 현존
하는 자료는 완질이 아니라 결질본이다. 국립중앙도서관에 소장된 ≪조
선지지자료≫는 54책으로, 이들 중 함경도편은 없으며, 전라북도의 경우
는 咸悅, 金堤, 益山, 長水의 4개 군현만 현전하고 있다. ≪조선지지자료≫
는 各郡이 동시다발적으로 조사에 착수하였음에도 기재방식이나 순서가
통일되어 있지 않으며 부분적인 착간도 확인된다.[16]

≪조선지지자료≫가 이상과 같이 조사 및 정리 상의 오류를 지니고
있음에도 불구하고 1911년 당시까지 간행된 어떠한 지명 사전이나 자료
집보다 내용이 풍부한 장점이 있다. 1900년대 초기 전국을 대상으로 실
시한 지명조사를 반영한 것은 본 자료밖에 없다.[17] 수리시설에 대한 전
국적이고 종합적인 현황을 반영하고 있는 측면에서도 의의를 지니고 있
다. 따라서 이 자료를 바탕으로 강원지역의 수리시설 분포에 대한 검토
가 가능하며, 이를 바탕으로 전국적인 현황과 성격을 검토할 수 있는 용
이한 자료이다.

2) ≪조선지지자료≫의 보와 제언에 대한 이해

≪조선지지자료≫는 '種別'로 조사대상을 구분하고 山谷, 野坪, 川溪
등 21개 항목에 대한 현황을 기록하였다.[18] 조사는 지명에 대한 기술을

---

15) 임용기, 앞의 글, 183쪽.
16) 신종원, 앞의 글, 2007, 10쪽.
17) 신종원, 앞의 글, 2007, 18쪽.

목적으로 이루어 졌으나 그 과정에서 수리시설과 관련한 내용이 함께 파악되고 수록되었다.

수리시설은 크게 관개용 시설과 방수용 시설로 나눌 수 있다. 관개용 시설은 堤堰·洑·溝渠이며, 방수용 시설은 防川과 防潮堤 등이 있다.[19] 구거는 제언과 보로부터 관개를 위해 설치한 도수시설로서 일종의 관개 부속시설로 이해할 수 있다. ≪조선지지자료≫에는 구거뿐만 아니라 방천과 방조제에 대한 별도의 조사항목을 설정하지 않았다.

저수시설에 해당하면서 ≪조선지지자료≫의 조사항목에 포함된 것으로는 池가 있다. 池는 자연발생적으로 조성되거나 부분적으로 인공 조성되어 관개기능을 일부 수행하기도 했다.[20] 그러나 수리 혜택의 범위가 제한적이고 관개하기 위한 부수적인 시설이 미비하였으며, 조경의 기능도 겸하고 있었다.[21] 池가 지니고 있는 관개시설의 제한성을 고려하여 ≪조선지지자료≫에 '池名'으로 파악된 사항은 본고의 수리시설 현황 대상에서 제외하였다.

≪조선지지자료≫에 기재된 보와 제언을 중심으로 강원도의 수리시설을 파악할 수 있다. 수리시설에 대한 기록 중 조사항목에 대한 분류는 다양하다. 수리시설은 '種別'항목에 '堤堰名', '洑名', '堤堰洑名'으로 구분하여 기재하였다.[22] 기록의 사례는 <그림 1>과 같다.

---

18) 신종원, 앞의 글, 2007, 2~3쪽. 이하 수리시설의 성격에 대해서는 정수환 (앞의 글, 2010, 248~251쪽)의 논고를 참고하였다.
19) 李光麟, 앞의 책, 30쪽. 이러한 수리기술은 하천표류수를 활용하는 地表水開發에 해당한다(權純國, 앞의 글, 96쪽).
20) 제천의 義林池, 상주의 恭儉池 등이 대표적이다.
   강원도편 ≪조선지지자료≫에는 池외에도 沼, 灘, 潭도 파악되었으나 관개시설과의 관련성 제한으로 분석대상에서 제외하였다.
21) 정동오, 「韓國庭園의 池塘形態 및 構成에 對하여」 『韓國造景學會誌』 6-1, 1978.
22) 陰竹郡 上栗面은 種別 명기 없이 '陽牙堤, 漢城洑'로 수록되었다.

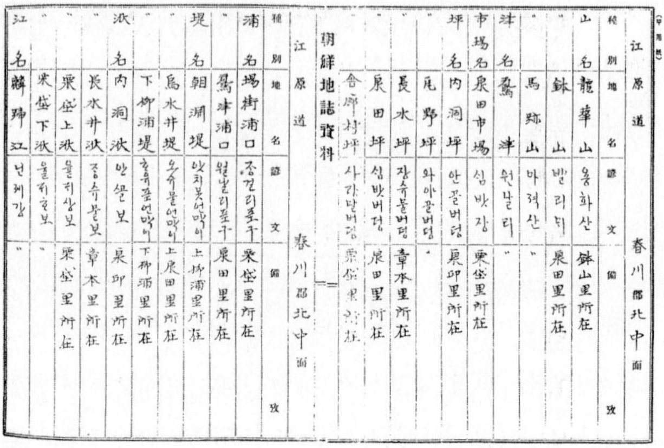

朝鮮地誌資料

江原道 春川郡北中面

種別	地名	諺文	備攷
山名	龍華山	용화산	鉢山里所在
〃	鉢山	발리뫼	泉田里所在
〃	馬跡山	마젹산	〃
津名	鷲津	쉰날티	〃
市場名	泉田市場	심밧장	栗岱里所在
坪名	內洞坪	안골버덩	泉卯里所在
〃	尾野坪	와야골버덩	〃
〃	長水坪	장슈물버덩	章本里所在
〃	泉田坪	심밧버덩	泉田里所在
〃	舍廊村坪	사랑말버덩	栗岱里所在

江原道 春川郡北中面

種別	地名	諺文	備攷
浦名	場街浦口	장거리포구	栗岱里所在
〃	鷲津浦口	쉰날리포구	泉田里所在
堤名	朝淵堤	아치볏연막이	上柳浦里所在
〃	烏水井堤	오슈물연막이	上泉田里所在
〃	下柳浦堤	하유폴연막이	下柳浦里所在
洑名	內洞洑	안골보	泉卯里所在
〃	長水井洑	장슈물보	章本里所在
〃	栗岱上洑	울치상보	栗岱里所在
〃	栗岱下洑	울치하보	〃
江名	鮮玡江	넌제강	〃

〈그림 1〉 보와 제언의 기재 양상

조사 내용에서는 보와 제언, 혹은 제와 언을 구분하여 기재한 사례와 더불어 보와 제언의 성격을 동일하게 파악한 경우도 있다. 후자는 보와 제언을 '堤堰洑名'으로 파악한 사례이다. 제언과 보를 동일하게 구분한 것에 대해 이들 두 시설이 서로 결합되어 그 기능이 상호 보완적인 양상을 반영하는 것으로 볼 수 있다.[23] 보로부터 관수로를 통해 제언에 저수한 후 이를 이용하는 사례가 보고된 바 있다. 그러나 강원도의 경우 '제언보명'으로 기재하면서도 내용에서 보와 제언의 이름을 분명히 구분하고 있는 점으로 보아 그 관련성은 낮다.

'洑'와 '堤', 그리고 '堰'은 기능에 따라 성격을 구분할 수 있다. 조선시대 '제'는 산곡 간에 설치하여 물을 저수하며, 들에는 '보'를 설치하여 관개했다. 그리고 '언'은 바다 인근의 해수를 막는 시설로 인식되었다.[24] 이는 정조조 수리정책을 논의 하는 과정에서 삼남지역의 사정을 언급한 것으로 산곡이 깊은 강원도의 상황을 반영하였다고 보기 어렵다. 제언의

23) 金賢熙·崔基燁, 앞의 글, 82~83쪽.

24) ≪正祖實錄≫ 50, 正祖22年 11月 己丑(30일).

≪조선지지자료≫에서는 강원도 강릉의 德方面에 '海南堰'의 사례 1건이있다.

경우 18세기 이후 평야지대 수리를 목적으로 인근의 완만한 산곡을 지형적으로 이용하였다.

《조선지지자료》는 지명조사를 목적으로 한 것으로 보와 제언의 성격을 반영한 엄격한 구분이 적용되지는 못했다. 그러나 조사된 보와 제언의 명칭을 통해 이들을 구분할 수 있어 수리시설의 특징을 파악하기에 용이한 자료이다.

보와 제언의 소재지와 관련한 지명표기의 특징을 고려할 필요가 있다. 일반적으로 面別, 洞里別로 구분하여 보와 제언을 기재하였다. 다만 소재 동리를 표기한 사례와 소재지를 밝히지 않은 사례가 혼재된다거나, 동리명이 아닌 '坪'이 소재 지명으로 나타나기도 한다. 또한, 울진군 상군면이 평해군 상군면으로 기재된 사례에서 보듯이 울진군의 현황을 기재하면서 평해군과 착간되기도 했다. 양양군은 면과 동리별로 구분하여 제언과 보를 기재하지 않고 제언과 보를 먼저 파악한 다음 동리를 별기하였다. 보와 제언의 기록 방식과 관련한 특이점을 고려하더라도 전체적인 수리시설의 현황 파악을 위해서는 《조선지지자료》를 적극 활용할 필요가 있다.

3. 수리시설의 추이와 지역적 분포

1) 조선후기 강원도 수리시설의 추이

조선후기 보와 제언은 기술상의 제약으로 인해 지속적인 관리가 이루어 지지 못함에 따라 수재에 쉽게 유실되었다. 뿐만 아니라 제언은 전답으로 개간되어 그 기능을 상실하는 사례가 빈번하였다.[25] 수리 시설의 신축 및 보수의 움직임과 관련한 단상을 《조선지지자료》를 통해 검토

---

25) 李光麟, 앞의 책, 139~143쪽.

할 수 있다.

조선후기, 특히 영조·정조 이래 수리시설에 대한 보수와 설치가 강조되었다.[26] 그 일환으로 18세기 이후부터 제언에 대해 전국적인 현황파악 노력이 경주 되었다. 이 시기 수리시설의 존재를 면리단위까지 파악한 사례로는 ≪輿地圖書≫가 대표적이다.[27] 이 자료 작성의 시기적 배경은 1759년(영조35) 경이다.[28] ≪여지도서≫에 기록된 제언의 현황은 적어도 18세기 전반기의 현실을 반영하고 있다고 볼 수 있다. 18세기 후반의 현황은 ≪增補文獻備考≫와 ≪度支志≫의 기록을 참고 할 수 있다.[29]

19세기 초 강원도 수리시설의 현황은 1808년(순조8) 경 작성된 ≪萬機要覽≫을 참고 할 수 있다. 각 군현별 현황은 밝히고 있지 않으나 강원도 전체의 제언이 71개소로 조사되었다. 그리고 19세기 중엽의 현황은 강원도 각 군현별 邑誌를 참고 할 수 있다.[30] 읍지는 각 자료별 작성 시기에 있어 편차를 보이고 있으나 대체로 19세기 중·후반의 상황을 반영하고 있다. 다만, 이들 읍지는 처음 편찬된 이후 새로 편찬하는 과정에서 중요 변동사항만을 증보하고 있어 자료 상호간의 현황을 비교하여 검토할 필요가 있다. ≪강릉군지≫는 1899년 이후 간행되었으나 편집상의 차이를 제외하고는 1898년 경 편찬된 ≪강릉부지≫와 차이가 없을 뿐만

---

26) 문중양, 『조선후기 水利學과 水利담론』, 집문당, 2000, 144~154쪽.
27) ≪여지도서≫의 제언 현황은 '부록 2 ≪輿地圖書≫ 堤堰條 현황'에 정리하였음.
28) ≪여지도서≫의 작성 시점은 1757~1765년경으로 추정되었으나(崔永禧, 「解說」『輿地圖書』, 國史編纂委員會, 1973, 4쪽), 환곡의 현황이 1759년을 반영한 것으로 밝혀짐에 따라 본 자료의 작성 시기도 이즈음으로 볼 수 있다(문용식, 「輿地圖書를 통해 본 18세기 조선의 환곡 운영 실태」『한국사학보』, 고려사학회, 2006, 502~503쪽).
29) 두 자료의 제언 현황은 동일하다.
30) 강원도의 읍지에 기록된 제언 현황은 '부록 3 읍지 소재 강원도 수리시설 현황'에 정리하였음.

아니라 1871년 편집된 《관동읍지》속의 <강릉읍지>와도 내용이 동일
하다.31) 그럼에도 불구하고 읍지에 기재된 제언의 현황은 적어도 19세
기 후반의 상황을 반영하고 있다고 볼 수 있다.32)

한편, 1909년에 작성된 《제언조사서》에는 제언과 제, 언을 구분함
은 물론 방축, 渠, 池, 澤, 沼 등 수리시설과 관련성이 있는 다양한 대상
을 조사내용에 포괄하고 있다. 이들 중 제언의 현황만 참고하여 다른 자
료와 비교했다. 이상의 자료들을 바탕으로 강원도지역의 제언에 대한 현
황과 추이를 정리하면 <표 1>과 같다.

강원도 제언의 시기별 추이를 검토한 <표 1>은 동 시기 전체 현황을
반영하고 있다고 보기에는 제한이 있으나 18세기 이후 수리시설의 흐름
을 살펴 볼 수 있다. 전체적인 제언의 추이는 1759년(영조35)을 기준으
로 18세기 말의 일시적인 감소현상이 나타나고 있으나 19세기까지 일정
수준을 유지하다가 1919년의 조사에서 제언의 수가 급증 하였다.

조선시대 수리정책에 있어 조선 초기에는 보를 중심으로 한 수리시
설의 확보 노력이 경주된 결과 농업생산력 증대의 성과를 이룩했다. 그
러나 양난을 계기로 수시시설의 관리와 운영의 연속성에 제한이 발생했
다. 18세기에는 <제언절목> 등을 반포하고 정책적으로 보 중심에서 벗
어나 제언에 대한 적극적인 수축을 강조하면서 수리시설이 다시 개발되
기 시작했다.33)

---

31) 裵祐晟, 「'江原道邑誌' 해설」『奎章閣資料叢書 地理誌篇 江原道邑誌』, 서
    울大學校奎章閣, 1997, 10~12쪽.
32) 1864년 경 간행된 《大東地志》에 경기도 지역의 제언현황은 두주로 기재
    되어 있으나 강원도의 제언에 대해서는 별기하고 있지 않다.
33) 정조조의 제언관련 정책을 담고 있는 것으로 <堤堰節目>(《備邊司謄錄》
    正祖 2年 正月13日)이 대표적이다. 수리와 관련한 관심은 《林園經濟志》
    (本利志, 水利)에 반영되어 있다.

〈표 1〉 조선후기 시기별 강원도 제언 분포추이[34]

연도 / 군명	1759년 (영조35)	1782년 (정조6)	1808년 (순조8)	19세기 후반	1909 (隆熙3)	1911	1919
간성	3	3	-	3	1	2	-
강릉	12	2	-	12	12	3	-
고성	2	2	-	2	3	4	-
김화	1	1	-	7	0	0	4
금성	0	-	-	0	0	0	-
삼척	5	4	-	4	4	3	-
안협	0	-	-	0	0	0	-
양구	0	-	-	0	0	0	3
양양	7	7	-	8	6	4	-
영월	0	-	-	-	0	1	4
울진	4	4	-	-	0	0	-
원주	2	1	-	2	3	0	0
이천	0	-	-	-	0	9	0
인제	1	1	-	1	1	0	9
정선	0	-	-	0	0	0	4
철원	9	9	-	9	10	10	5
춘천	6	9	-	2	6	5	0
통천	3	3	-	-	3	4	-
흡곡주)	1	1	-	3	12	-	-
평강	1	1	-	1	0	0	25
평창	1	1	-	-	1	1	14
평해	4	4	-	2	1	7	-
홍천	2	2	-	1	5	5	0
화천(낭천)	11	-	-	-	0	0	38
회양	0	-	-	-	0	0	3
횡성	0	-	-	-	0	0	0
강원도 총합	75	55	71	57	68	58	109
경기도 총합	251	270	295	-	132	139	61

주) 흡곡군은 1910년 통천군에 편입되어 흡곡면이 되었다.

 * '-'은 현황이 파악되지 않은 사례. '0'은 자료에 '無'로 기재된 사례임.

 ** 1808년의 현황은 각 군별 제언현황에 대한 파악이 없으며 강원도 전체에 대한 기록만 있음.

*** 본 표는 각 시기별 군현의 행정구획변경 사항을 면밀하게 반영한 것이 아님. 자료별 군현의 현황을 기준으로 작성하였음.

---

34) 본 표의 작성시기별 전거는 다음과 같다.
　　1759년 - ≪輿地圖書≫, 1782년 - ≪增補文獻備考≫ 146卷 田賦考 堤堰·≪度支志≫ 田制部 堤堰條, 1808년 - ≪萬機要覽≫ 財用編 堤堰, 1909년 - ≪堤堰調查書≫, 1911년 - ≪조선지지자료≫, 1919년 - ≪治水及水利踏査書≫.

기술적인 개선을 통해 18세기 이후 山谷을 중심으로 제언이 개발되던 한계에서 벗어나 하천유역에까지 축조범위가 확대되었다.[35] 18세의 적극적인 제언개발의 효과는 19세기 초의 기록에 반영되었다. 경기도의 제언은 1759년 251개소에서 19세기 초에는 295개소로 증대하였다. 이러한 현상은 영·정조 시기의 적극적인 제언개발 정책의 영향으로 볼 수 있다.[36]

강원도는 경기도 및 삼남지방의 사례와 달리 평야지대보다 산지가 발달하였고, 경작물에 있어서도 稻作의 한계로 인해 제언의 개발에 한계가 있었다.[37] 그 결과 18세기 중반 이후 조선 말기까지 시기별 부침이 있으나 75~55개소의 제언이 유지되었다. ≪조선지지자료≫에도 58개소의 제언이 기재되어 있어 조선 후기적 상황을 반영하고 있다. 그러나 1919년 ≪治水及水利踏査書≫에 의하면 제언이 109개소로 약 두 배 이상 증대되있다.[38] 이는 이 시기 수리조합의 설치 움직임이 있었을 뿐만 아니라 총독부에 의한 적극적이고 조직적인 수리시설 현황 파악의 결과가 반영된 것으로 볼 수 있다.

조선후기 강원도지역 보의 현황에 대한 기록은 제언에 비해 제한적이다. 1808년을 전후한 시기 강원도소재 보는 ≪만기요람≫에 61곳으로

---

35) 최원규, 앞의 글, 215쪽.
36) 정수환, 앞의 글, 2010, 257~258쪽.
　　이러한 제언과 수리시설의 확충노력에도 불구하고 18~19세기 거듭된 목재 채취의 증가와 개간의 확대로 인해 산림황폐화가 심화 되었다(李宇衍, 「18·19世紀 山林荒廢化와 農業生産性」『경제사학』34, 경제사학회, 2003). 이는 곧 제언과 보의 파괴의 증가로 이어지고 수리시설 관리의 어려움을 초래하였다.
37) 狼川은 보를 이용한 관개는 부분적으로 이루어지고 있으나 제언에 대한 개발은 없었다(間有築洑引水處 無築堰貯水之事 ≪關東邑誌≫ <狼川郡邑誌>).
38) 1923년 경 편찬된 ≪江原道勢一斑≫에는 1916년과 1917년의 강원도지역의 제언이 224개소, 1918년 225개소, 1919년 226개소로 조사되었다.

기록되어 있다. 한편, 1911년 ≪조선지지자료≫에는 강원도 지역의 보가
861개소로 조사되어 19세기 초에 비해 급증하였다.[39) 경기도의 경우 19
세기 후반 제언의 감소는 제언 중심의 수리시설 구축이 하천의 지류를
이용한 소규모 洑를 축조하는 것으로 전환되면서 나타난 현상으로 파악
되고 있다. 강원도 역시 경기도의 사례에서 보듯이 제언에 대한 개발이
제한적이었으며, 19세기 이래 적극적인 洑 중심의 수리시설 개발 움직임
이 있었다고 볼 수 있다.

19세기 초를 전후한 시기의 전국 수리시설의 현황을 반영하고 있는
≪만기요람≫의 제언과 보의 현황을 정리하면 <표 2>와 같다. 수리시설
의 발달이 가장 활발한 경상도를 위시하여 이른바 하삼도 지역을 중심
으로 수시시설의 분포가 집중되고 있음을 알 수 있다.[40) 표에 의하면 강
원도는 비교적 19세기 초를 전후한 시기에 제언과 보가 고른 발달을 보
이고 있었다.

<표 2> 만기요람 소재 제언과 보의 전국 현황

구 분		경기	경상	전라	公忠	평안	황해	함경	강원	총합
제언	廢棄	19	99	24	17	-	6	3	-	168
	합	314	1,765	936	535	5	45	24	71	3,695
보		-	1,399	164	497	109	71	24	61	2,325

 * 경기도 제언현황은 수원 24개소, 광주 23개소, 강화 32개소를 포함하였음.
** '합'은 '廢棄'현황을 포함한 전체 수치임.

---

39) ≪江原道勢一斑≫에 기록된 보의 현황은 1916년에서 1917년 까지 1,983개
   소, 1918년 4,009개소, 1919년 4,011개소이다.
40) ≪탁지지≫에는 임난 이후 삼남지방을 중심으로 제언이 개발된 배경이 이
   지역의 농업발달에 있다고 언급되어 있다(≪度支志≫ 田制部 堤堰).

19세기 수시시설의 전국적 추이는 19세기 초반을 전후한 상황을 반영한 ≪만기요람≫과 19세기 중엽을 반영하고 있는 ≪대동지지≫의 기록을 통해 하삼도를 중심 살펴볼 수 있다. 보의 경우, 경상도는 19세기 초 1,765개소였으나 19세기 중엽 1,339개소로 감소하였다. ≪조선지지자료≫에는 3,081개소로 급증했다. 충청도와 전라도는 19세기 동안 줄곧 497개소와 164개소의 분포를 유지하다가 ≪조선지지자료≫의 기록에 1,395개소와 989개소로 급증했다.41) 이러한 경향은 제언 중심의 수리시설 구축 경향이 보로 전환된 현상을 반영한 것으로 강원도 역시 이러한 측면에서 이해 할 수 있다.

2) 수리시설의 지역적 분포

강원도는 지리적 특징과 수계에 따라 크게 세 부분으로 구분 할 수 있다. 지리적으로는 영동지역·영서지방으로, 수계를 기준으로 할 경우 영서지역은 임진강수계와 한강수계로 다시 나눌 수 있다. 영동지역의 경우 동해안으로 흘러가는 여러 강의 지류로 형성되어 있어 수계를 기준으로 한 구분에 한계가 있다. 강원도 지역에 대해 수계와 지리적 특성에 따른 지역분포는 <표 3>과 같다.

영동지방은 울진과 삼척 등의 군현이 이에 속한다. 임진강 수계와 인접한 지역은 철원과 김화가 중심이다. 한강수계에 속하는 지역은 원주, 춘천이 대표적이며, 이 지역은 남한강과 북한강 지역에 인접해 있다. 이러한 구분을 토대로 강원도 지역의 수리시설 분포 현황을 검토할 수 있다.

---

41) ≪여지도서≫ 堤堰條에는 경상도 1,242개소, 전라도 857개소, 충청도 542개소의 제언이 기재되어 있으며, 전국적으로 1,242개소의 제언이 조사되었다.

〈표 3〉 강원도내 水系와 지리적 특성에 따른 지역구분[42]

구 분	군 현	비고
영동지역	간성, 강릉, 고성, 금성, 삼척, 안협, 양양, 울진, 통천(흡곡), 평해	
임진강 수계	이천, 평강, 김화, 철원	
한강 수계	정선, 평창, 영월, 원주, 횡성, 회양, 양구, 화천, 인제, 홍천, 춘천	남한강, 북한강

보와 제언을 중심으로 한 강원도 수리시설 현황을 파악하기 위해 ≪조선지지자료≫에 수록된 25개 군현의 보와 제언의 현황을 정리하면 〈표 4〉와 같다.[43]

〈표 4〉 경기도내 보와 제언의 분포 현황

군명	洑	堤堰	소계	군명	洑	堤堰	소계	군명	洑	堤堰	소계
간성	32	2	34	영월	34	1	35	평강	8	-	8
강릉	31	3	34	울진	38	-	38	평창	26	1	27
고성	2	4	6	원주	54	-	54	평해	12	7	19
김화	41	-	41	이천	85	9	94	홍천	53	5	58
금성	51	-	51	인제	7	-	7	화천	86	-	86
삼척	32	3	35	정선	23	-	23	회양	19	-	19
안협	8	-	8	철원	8	10	18	횡성	16	-	16
양구	59	-	59	춘천	37	5	42	합계	861	58	919
양양	52	4	56	통천	47	4	51				

* 분포 현황은 '가나다'순으로 정리하였음

〈표 4〉에 의하면 강원도에는 제언보다 보가 절대적인 다수의 비율을 점하고 있음을 알 수 있다. 이는 경기도와 비교할 경우 더욱 확연히 드

---

42) 한강과 임진강 수계에 따른 지역 구분은 다음 자료를 참고했다.
   경기도박물관, 『임진강』 1, 2001 ; 경기도박물관, 『한강』 1, 2002.
43) 표 4와 관련한 상세 내역은 '부록 1 강원도 수리시설의 현황' 참고.

러난다. 경기도는 36개 군현에 대해 보가 524개소, 제언이 139개소로서 전체 수리시설 중 보의 비중이 79%였다. 이에 비해 강원도는 25개 군현에 보가 861개소, 제언이 58개소로서 전체 수리시설에 대해 보가 93.7%의 비율이었다. 강원도는 경기도에 비해 제언의 수축과 운영이 활발하지 못했다. 강원도 지역은 상대적으로 평야지대가 협소하고 산지가 발달함에 따라 19세기 말 이후 보 중심의 수리시설 확충이 보다 활발하였다고 볼 수 있다.

강원도 내에서도 평야지대에 속하는 철원, 이천지역에 제언이 다수 분포하고 있다. 보의 경우는 화천이 단일 지역으로는 가장 많은 86개소이며, 그 다음으로 이천에 85개소의 보가 있었다. 50개소 이상의 보가 축조된 곳은 금성, 양구, 양양, 원주, 홍천일대이다. 수리시설의 지역적 분포 특성을 파악하기 위해 영동지역과 임진강·한강수계로 구분하여 검토하겠다.

영동지역은 작은 하천들을 중심으로 수계를 형성하고 있다. 간성, 강릉, 고성, 삼척, 양양, 통천, 평해 등지에는 보와 제언이 상존하고 있다.[44] 영동지역 수리시설 최다 분포지는 양양으로 보 52개소와 제언 4개소로 모두 56개소이다. 영동지역은 해안과 인접한 하천이 많고 대하천이 부재한 특성으로 인해 수계지역이 개별적으로 나타나고 있다. 양양 남대천, 강릉 남대천, 삼척 오십천, 울진 남대천, 평해 남대천의 수계를 중심으로 수리시설이 분포하였다. 특히, 영동지방의 경우 해수의 영향을 받는 관계로 수리시설을 이용해 해수를 희석하여 관개하기도 했다.[45]

---

44) 해안지역인 강릉, 양양, 간성, 평해, 울진, 고성은 ≪여지도서≫에 의하면 200결 이상의 경지면적을 보유한 곳으로 농업경제 기반이 잘 발달한 지역이었다. 그 결과 이들 지역에서 관개시설이 고르게 축조되었다(옥한석, 『향촌의 문화와 사회변동』, 한울, 1994, 51쪽).
45) 按湖水非山谷之水流入停畜而成者 乃海水自地中相連穿出而 山谷之水特添而益之耳 是故湖水必在海邊至近之地 味又鹹不可以灌漑其理易驗(『杆城邑

임진강 수계의 경우 이천지역에 85개소의 보가 분포하고 있어 이 일대에서 가장 많은 수리시설의 분포를 나타내고 있다. 제언은 철원에 10개소로 강원도내 임진강수계 군현 중 가장 활발한 제언 수축 움직임이 있었다. 특히 제언은 이천과 철원지역에만 확인되고 있어 임진강 수계와 이어지는 평야지대에 축조된 사실을 반영하고 있다. 이천의 경우 동쪽 산간 저지대를 이용한 보의 축조움직임도 활발했다.

한강수계는 남한강과 북한강으로 구분할 수 있다. 남한강은 원주, 횡성, 평창, 정선, 영월이 해당한다. 이들 지역에서 제언은 영월과 평창에서 각 1개소만 확인되고 있다. 보는 원주가 54개소로 남한강 수계지역에서는 가장 많다. 남한강 수계지역은 원주에서 영월로 이어지는 일대에 수리시설이 넓게 분포하고 있다.

북한강은 회양, 양구, 화천, 인제, 홍천, 춘천지역이다. 제언은 춘천과 홍천에 각각 5개소 축조되었다. 화천의 경우 86개소의 보가 분포하고 있어 단일지역으로는 가장 많이 분포하고 있다. 이외에도 홍천과 양구일대에 50개소 이상의 보가 축조되어 다른 지역에 비해 보의 축조가 활발했음을 반영하고 있다. 북한강 일대는 춘천, 화천, 홍천, 양구에 수리시설 비중이 높게 나타난다.

4. 수리시설의 관리와 운영

18세기부터 제언의 운영과 관련한 분쟁이 발생하고 있었다. 고문서에는 18세기 이후 제언을 중심으로 한 수리분쟁과 제언의 축조상황이 잘 반영되어 있다. 1758년(영조34) 경주에서 李希謹을 비롯한 士族과 승려 사이에 제언과 보의 수리문제로 야기된 분쟁 사례가 있다.[46]

誌』山川條).
46) 韓國精神文化研究院,『古文書集成65 – 경주 옥산 여주이씨 독락당편』, 2003,

소송을 제기한 이희근 등은 인근의 玉山堤를 통해 농업에 소요되는
수량을 확보하고 있었다. 그런데 정혜사의 승려 月照 등이 제언 인근을
개간하는 과정에서 옥산제를 훼손하면서 수리에 제한이 발생하자 분쟁
이 발생했다. 이희근 등은 옥산제로부터 수리 혜택을 보는 것이 100여
호이고, 그 생산량도 100여 석에 이르고 있다고 전제하고, 옥산제의 수
량 보호를 위해 인근지역에 대한 개간을 엄금하고 있는 상황이었다. 정
혜사의 승려 월조 등이 제언 요충지를 개간하여 作畓하자 소송을 제기
한 것이다. 이 분쟁의 배경이 되는 경주 옥산리는 여주이씨 집성촌으로
서 정혜사에 대해 사회적 우위를 점하고 있는 점을 고려하더라도 수리
시설의 관리에 마을 공동체가 적극 대응하고 있는 양상을 잘 보여주고
있다.

제언을 전답화 하고, 이들 전답을 매매하는 사례가 산견되고 있다.[47]
제언을 개간하여 사유화 하고 이를 매각하는 경우가 강원도 지역에서도
발생하고 있었다고 볼 수 있다. 또한 보와 제언 인근에 위치한 토지는
수리안전답으로 매매에 용이한 측면이 있었다.

〈자료 1〉 1871년 토지매매명문

```
同治十年辛未正月十七日
前明文右明文事段 自己買得畓 累年耕食是如可 要用所致 伏在馬山面大堤堰下坪
愛字丁二斗落只卜數七負廛乙 價折錢貳拾兩 依數捧上爲遺 舊文記段 闊失故以
新文記一丈 右前 永永放賣爲去乎 日後如有相左 則以此文記 憑考事
畓主幼學崔時模   證人幼學曺景佑   筆執幼學文八柱
```

所志30-286쪽.

47) 한국정신문화연구원, 『古文書集成2 - 부안 부안김씨편』, 1998, 명문28 ; 한
   국정신문화연구원, 『고문서집성3 - 해남윤씨편』, 1986, 토지매매문서358. 한
   편, 《척주지》 <北坪堤堰記>에는 17세기 제언의 수축경위를 밝히고 있다
   (《陟州誌》 <北坪堤堰記>).

<자료 1>은 1871년(고종8) 全羅道 求禮縣 馬山面에 소재한 토지의
매매 사례이다.[48] 유학 최시모가 자신의 논을 파는 전답매매명문이다.
그가 매도하는 것은 마산면의 '大堤堰坪'에 있는 논 두 마지기였다. 대
제언이 위치한 들에 소재한 토지는 관개가 편리함에 따라 매매에 용이
하였다. 수리시설의 확충과 이용은 토지 생산성의 증대뿐만 아니라 매매
에 있어서도 유리한 측면이 있었다.

수리시설의 축조에 있어 官의 관리가 이루어졌다. 철원지역에서 제언
의 수축과 관련하여 1850~1874년간의 사정을 반영하고 있는 자료가 있
다. 1850년(철종1)의 <鐵原行鐵原都護府使金書目>[49]은 철원도호부사가
9월 4일 관내 제언을 수리하기 시작한 경위와 9월 21일 이를 완료한 사
실을 강원감사에 보고한 자료이다. 군병 동원을 통해 이룩한 공사성과를
비롯하여 제언 일대에 식목을 통해 시설을 보완한 내역, 공사에 관여한
관련자 명단을 함께 제출함으로서 관리의 책임을 명확히 밝히고 있다.
동일 제언에 대한 보수 사실이 이듬해에도 보고되고 있어 지속적으로
철원도호부에서 관리하고 있었다고 볼 수 있다. 1874년(고종11) <鐵原行
鐵原都護府使鄭書目>[50]에 의하면 '堤堰成冊'을 감영에 보고하고 있어
철원 관내의 수리시설에 대한 관심이 계속되고 있었음을 알 수 있다.

강원도지역 수리시설의 축조시기에 대한 경향성을 지역의 사례를 통

---

48) 전북대학교박물관 호남기록문화 시스템.
   본 자료 외에도 1878년 典當文記가 있다(한국정신문화연구원,『古文書集成 2 -
   부안 부안김씨편』, 1998, 명문85).
49) 서울大學校 奎章閣,『古文書』5 - 官府文書, 1988.
   鐵原行鐵原都護府使金書目
   行鐵原都護府使書目 本府所在堤堰以今秋聚點軍兵等本月二十一日各赴附近
   役處逐庫修治後堤堰庫員長廣及蒙利畓 石數植木株數監官監考姓名幷錄成冊
   兩件修報事(後略)
50) 先文季後內乙用良本府還上分給數爻成冊一件堤堰成冊兩件修報緣由事到付
   (서울大學校 奎章閣,『古文書』5 - 官府文書, 1988)

해 살펴 볼 수 있다. ≪조선지지자료≫에서 보와 제언의 현황을 기재하면서 수리시설의 축조시기에 대해 밝히고 있는 곳은 정선, 평창, 횡성, 통천지역이다. 이들 지역의 보와 제언의 축조시기에 대한 내용을 정리하면 <표 5>와 같다.

〈표 5〉 보와 제언의 수축 시기별 분포 현황

구 분		1900년 이후	19세기 후반	19세기 전반	18세기	17세기 이전	합 계	
							전체	연도표기
정선	洑	3	1	-	-	-	23	4
평창	洑	8	6	2	-	-	26	16
	堤堰	1	-	-	-	-	1	1
횡성	洑	5	1				16	6
통천	洑	-	5	-	3	5	47	13
합계	洑	16	13	2	3	5	112	39
	堤堰	1	-	-	-	-	1	1

정선군은 23개소의 보 중 18개소에 대해 축조시기를 '年久 未詳'으로 언급하고 있으며, 축조시기를 명기한 것은 4개소이다. 평창군은 26개소의 보 중 16개소에 대해 축조시기를 밝히고 있어 비교적 충실한 조사가 실시되었다. 특히 평창군 군내면에 소재한 '防築堰'은 1910년부터 저수를 시작하여 수리에 이용하고 있었다.[51] 이는 강원도 지역 제언 중 축조시기를 기록한 유일한 사례이다. 횡성군은 관내 16개의 보에 대해 6개소의 축조시기를 밝히고 있다.[52]

통천군은 47개소의 보 중 13개소에 대해 축조시기가 조사되었다. 이

---

51) 防築堰 邑下坪에 在흔딕 昔年부터 儲水로 因흐야 民有及官屯畓을 起作灌漑흠(平昌郡 郡內面)
52) 4개소의 보에 대해 축조시기가 간지로 표기된 것은 ≪조선지지자료≫의 조사 시기를 전후한 시점으로 산정하였다(楸洞洑 己酉年建築-橫城郡 靑龍面). 2개소의 보는 정확한 축조시기를 명기하였다(龍沼坪洑 - 光武十年二月二崔文植起工-橫城郡 井谷面).

지역에는 16세기부터 1900년을 전후한 시기까지 지속적으로 관리되고 있는 보가 있다. 鶴二面의 貧郊洑는 1533년(중종28)에 기공된 것으로 강원도에서 유래가 가장 오래된 보였다. 鶴三面 소재 '達隱山洑'와 '來隱前洑'는 각각 1607년(선조40)과 1610년(광해군2)에 기공되었다. 같은 군踏錢面의 '上洑'는 1609년(광해군1), 養元面의 '下里洑'는 1615년(광해군7)에 축조된 것으로 조사되었다. 보의 경우 수해로 인해 잦은 개축과 폐기가 거듭되는 과정에서 그 유지가 용이하지 않는 것이 일반적이었다. 강원도에서 통천군의 사례에서와 같이 16세기부터 관리된 보가 존재했다는 사실은 이 지역 공동체의 수리운영의 의지를 반영하는 것이다.

강원도 전체를 대상으로 할 경우 보와 제언의 축조시기에 대한 조사 결과는 제한적이다. 보는 861개소 중 39개소에 대해 축조시기가 조사되어 조사비율이 4.5%이며, 제언의 경우는 오직 1곳만의 축조시기가 파악되고 있다. 축조시기가 조사된 39곳을 대상으로 할 경우 19세기 후반 이후에 축조 된 것이 29곳으로 74.4%를 나타내고 있다. 19세기 이후에도 수리시설의 축조와 보수의 움직임이 지속되었음을 보여주는 것으로 볼여지가 있다.

보와 제언의 수축 시기에 대한 언급이 강원도에 비해 충실한 경기도의 경우도 피상적인 정보만 파악 할 수 있다. ≪조선지지자료≫에 수록된 경기도내 763개의 보와 제언 중 10%인 80건에 대해 그 이력을 밝히고 있다. 이들 중 제언은 전체 사례 139건 중 14%인 20곳의 수축연대가 명기되었다. 보는 624건 중 약 10%가량인 60건에 대해 건립연대가 언급되었다.[53] 제언에 대한 축조이력의 조사 비중이 다소 높은 것은 18세기 이후 제언을 중요시하는 국가적인 수리시설 관리 움직임이 반영된 측면이 있다. 경기도의 경우 조사된 80건을 대상으로 할 경우 1880년 이전에 건립된 수리시설이 60%에 이르고 있어 강원도 보다 수리시설 관리에 신

---

53) 정수환, 앞의 글, 2010, 271쪽.

중하였음을 알 수 있다.

수리시설의 건립주체 및 관리와 관련한 조사가 이루어 진 지역은 평창군, 김화군, 강릉군, 정선군, 통천군, 양양군으로 강원도의 25개 군 중 6개 지역이다. 평창군은 건립시기와 이용범위, 그리고 관리 실태에 대해 비교적 상세히 조사되었다. 이들 현황을 정리하면 <표 6>과 같다.

<표 6> 제언의 건립과 관리내역-평창군의 사례

소재면	제언, 보	명칭	건립시기	이용 및 축조	보존실태
郡內面	堤堰	防築堰	昔年(1910)	民有 및 官屯	-
	洑	坊內洑	開國485(1876)	-	完全
		鍾阜洑	開國489(1880)	-	完全
美灘面	洑	西川洑	開國339(1730)	-	完全
		檜洞上洑	昔年(1910)	該洞人民	-
		倉里中洑	未詳	-	-
		倉里下洑	未詳	-	-
		泉川洑	昔年(1910)	窟水	-
		琪花洑	開國487(1878)	-	-
南面	洑	馬池洑	-	洞民合力	-
北面	洑	餘萬里洑	200年前(1711)	-	完全
		後坪洑	28年前(1883)	-	-
		多水洑	13年前(1898)	-	-
大和面	洑	上安味洑	光武6年 開洑(1902)	每年春 作人共同修築	-
		安味舊洑	未詳	-	完全
		龜浦洑	光武6年 起工(1902)	-	-
		上芳林洑	光武8年 起工(1904)	-	-
		下芳林洑	光武12年 起工(1908)	-	-
珍富面	洑	月精街洑	開國500年 起工(1891)	-	-
		下珍富洑	未詳	-	完全
		梨木亭洑	昔年(1910)	洞民 合力	-
		新基洑	昔年(1910)	洞民 合力	-
蓬坪面	洑	倉里洑	未詳	每年春 作人 收錢修築	-
		坪村洑	未詳	每年春 作人 收錢修築	-
		判官垈洑	未詳	每年春 作人 收錢修築	-
		白王浦洑	未詳	每年春 作人 收錢修築	-
		浦項洑	未詳	每年春 作人 收錢修築	-

평창군 군내면 소재 제언 1개소는 이미 언급한 바와 같이 1910년에
건립되었으며, 민관이 함께 이용하고 있었다. 평창군 소재 보 26개소 중
건립시기가 파악된 곳은 16개소이다. 이들 16개소 중 1900년 이후에 건
립된 곳이 8개소이며, 1910년에 건립한 것이 4개소에 이르고 있었다. 19
세기 이전에 건립되어 비교적 연원이 오랜 것이 8개소이며, 1711년 경
기공된 北面소재 餘萬里洑가 가장 오래된 수리시설이다. 평창군은 구한
말에 이르기까지 지속적으로 수리시설에 대한 보수와 관리가 이루어지
고 있었다.

평창군내 보의 관리는 대체로 洞民 공동으로 이루어지고 있었다고
볼 수 있다. 蓬坪面 소재의 보에 대해 '每年春 作人 收錢修築'한 것으로
밝히고 있어 작인들 중심으로 재원을 마련하여 보수되고 있음을 보여준
다. 평창군의 사례 외에 강원도 지역 수리시설의 운영과 관리주체가 기
록된 김화군, 강릉군, 정선군, 통천군, 양양군의 사례를 살펴볼 수 있다.

김화군의 41개소의 보 중 관리 내력이 기재된 것은 23개소이다. 23개
소의 보 중 '人民洑'로 지적된 보가 22개소로서 군내·초동·이동·서면·
달북면 일대에 분포하고 있다. 김화군 西面의 洪陵洑는 '官有洑'에서 유
래한다고 밝히고 있으나, 이 또한 조사 당시에는 경작자 공동으로 운영
되었을 가능성이 높다.

강릉은 조사된 34개 수리시설 중 7개소의 보에 대해서만 관리기록이
남아 있다. 연곡면소재 退谷中坪洑는 전답을 경작하는 작인들이 축조하
여 완성하였다. 남일리면의 堅防洑는 전답작인들이 매년 築洑활동을 하
고 있으며, 郡內의 중요한 보로서 기능하고 있다고 부기하고 있다.[54] 강
릉의 보는 대체로 공동 관리되고 있었다고 볼 수 있다.

정선군은 23개의 보 중 1건에 대해서만 축조내력과 관리방향에 대해

---

54) 堅防洑 田畓作人等 每年分租築洑 陵邑穿流 郡內重洑 南門里(江陵郡 南一
里面)

밝히고 있다. 남면의 '別於谷洑'는 1908년 별어곡에 거주하고 있던 金勳
列이 起工하였다. 조사 당시 共同修築하고 있었다.[55]

　통천군은 47개소의 보에 대해 13곳의 수축주체 및 관리 내역이 조사
되었다. 수리 이익을 보는 사람들이 공동으로 기공한 사례가 3건으로 踏
錢面의 上洑 등이 있다. 특히, 개인이 수축하여 관리하는 보가 10개소인
점이 주목된다. 鶴二面의 貧郊洑는 1533년(중종28) 李時淵이 기공하였
으며, 같은 면의 於雲谷洑는 1781년(정조5) 文突劍 등이 기공한 것으로
밝히고 있다. 郡內面의 完坪洑는 1873년(고종10) 完平君이 기공한 것으
로 외지인에 의한 수축 가능성을 암시하고 있으며, 鶴一面의 江越新浦
洑는 京城의 徐判書가 축조한 보로서 외지인에 의한 보 축조 사례이다.
벽산면의 金景秀洑는 1884년(고종21)에 李載圭가 기공했으나 金應浩가
수세하고 있어[56] 보의 사적 소유권 변동이 있었음을 보여준다. 통천군내
보에 대한 관리상황은 비교적 사적인 수축이 활발하였으며, 이들 보에
대한 收稅를 통해 관리가 이루어지고 있는 실태를 확인 할 수 있다.

　통천군내 제언은 국가관리 체제 속에 있었다. 順達面의 德峴堤[57]를
비롯한 4개의 제언은 모두 국유였다. 19세기 말까지 제언에 대한 국가
관리체계가 유지된 사례이다.

　양양군은 군내 보 52개소 중 이용주체 기록이 나타나는 46개소가 모
두 사적 목적으로 축조된 것이었다.[58] 군내면에는 '水砧洑' 3개가 있는

---

55) 別於谷洑 明治四十一年一月分에 別於谷居 金勳列起工而由來 公同修築홈
　　(旌善郡 南面)
56) 金景秀洑 新店里ニ在リ 開國四百九十三年 李載圭起工 金應浩收稅(通川郡
　　碧山面)
57) 德峴堤 新里ニ在リ 國有 築堤年月日不詳(通川郡 順達面)
58) 경기도 수리시설의 소유실태를 분석한 결과에 따르면 전체 보와 제언 중
　　15%정도만 관리 및 운영주체를 파악 할 수 있었다. 이들 중 개인소유가
　　24%, 공동소유가 66%, 국유가 10% 정도의 비율을 지니고 있다(정수환, 앞
　　의 글, 2010, 274쪽).

데 이들 보는 砧主가 영업을 위해서 기공했다고 밝히고 있다. 수침, 즉 물레방아는 지주나 토호적 기반을 가진 세력에 의해 운영되었으나 일부 하층민들의 참여를 통해 건립이 이루어지기도 했다.[59] 양양지역 또한 이러한 실상을 반영하고 있다.

양양군의 제언도 5개소 중 4개소가 개인적 이용을 목적으로 축조 및 관리되고 있었다. 大浦里後堤堰의 경우 私畓 관개를 위해 수축한 것으로 밝히고 있다. 양양은 조사결과를 바탕으로 할 경우 강원도의 다른 지역에 비해 수리시설에 대한 사적인 축조와 관리 경향이 강하게 나타나고 있다.

19세기 후반에는 수리시설에 대한 보수가 제대로 이루어 지지 못하면서 양반과 관료들에 의해 점유되어 토지로 경작되는 사례가 빈번하였다. 뿐만 아니라 농민들에 의해서도 수리시설이 보수 정비되었으며, 새로운 저수지 건설움직임이 나타났다.[60] 19세기 말에서 20세기 초까지의 수리시설은 국가통제보다는 수리공동체에 의한 수축과 보수는 물론 관개질서를 유지하고 있었다.

수리시설에 대한 공동체적 운영의 실태는 강원도 지역 보의 관리와 관련한 민속 조사에서도 확인된다.[61] 삼척시 근덕면 동막리의 경우 마을에 '洑山'을 지정하고 여기로부터 목재를 취하여 매년 봄에 보를 수리하였다. 강원도 동해시에서는 보의 관리 과정에서 형성된 '보싸움 놀이'와 '보역세 놀이'가 조사되었다.[62] 보싸움 놀이는 보를 둘러싼 수리분쟁 결

---

59) 정진영, 「19세기 물레방아(水砧)의 건립과정과 그 주체」『古文書研究』 23, 韓國古文書學會, 2003.
60) 김경수, 『조선농업사』 2, 농업출판사, 1990, 66~69쪽.
61) 관련 자료를 제공해 준 강원대학교 김도현 선생께 감사드린다.
62) 김기설, 「동해시 무형문화유산 실태조사 연구」『동해시 정체성 확립을 위한 무형문화유산 현황과 과제』, 동해시, 2003 ; 장정룡, 「동해시 민속예술의 현황과 전망」『동해시 정체성 확립을 위한 무형문화유산 현황과 과제』, 동해시, 2003.

과 발생한 갈등을 상호 협력 하에 보를 쌓기 위한 놀이로 승화시킨 것이
다. 보역새 놀이 또한 수리 우선권을 두고 다툼이 벌어지자 보 시설의
공동 보수를 통해 갈등을 해결하였으며, 그 과정에서 보를 보수하는 '보
역새'의 어려움을 놀이로 구현한 것이다.

1906년 일본의 농상부에서는 조선의 토지이용 실태와 관련한 조사를
실시하면서 강원지역 현황을 답사하고 기록을 남겼다. '灌漑排水'에 대
한 조사에서 인제군 寒溪洞에 축조된 관개시설은 1904년에 石堤를 축조
하고 溝渠를 통해 관개하고 있었다. 이천군에서는 임진강 하류에 수로를
설치하면서 화약을 이용해 암석을 파쇄하고 있는 상황을 목도하고 기록
으로 남겼다.[63] 20세기 초 공동체적 수리시설의 운영과 더불어 강원도
지역에도 근대적인 수시시설의 축조·관리 방안이 보급되는 움직임이 있
었다.

5. 맺음말

《조선지지자료》를 통해 강원도지역 보와 제언의 현황을 살펴보았
다. 이 자료는 1911년의 상황에서 강원도 일대 보와 제언의 현황을 조사
한 것이다. 그러나 이 시기는 조선총독부에 의한 수리정책 성과가 전무
했다. 따라서 《조선지지자료》에는 19세기 말을 전후한 조선의 수리시
설 정보를 반영하고 있어 조선후기 수리시설의 현황을 파악하기에 용이
하다.

수리시설의 시기별 추이는 제언을 중심으로 살펴보았다. 강원도는 경
기도 및 삼남지방과 달리 산지가 발달하면서 稻作이 제한적임에 따라

---

63) 日本農商務省編, 『韓國土地農產調查報告 - 京畿道, 忠淸道, 江原道』, 1906,
    413~415쪽. 강원도의 경우 金北郡 新酒幕, 麟蹄郡 寒溪洞, 麟蹄郡 西湖里,
    平康郡 玉洞附近, 伊川郡 山哉 등 5개소가 조사되었다.

제언의 축조가 활발하지 못했다. 그 결과 18세기이후에서 조선 말기까지 75~55소의 제언이 운영되었다. 이러한 수치는 모집단의 규모를 고려할 경우 제언수의 변화 폭이 크지 않았다고 볼 수 있다. 1919년의 조사에서 제언이 109개소로 약 두 배 가까이 증가하였는데 이는 제언에 대한 조사가 정밀해지고 축조기술이 보급된 결과가 일부 반영된 것으로 볼 수 있다. 이에 반해 보는 19세기 초 61곳에서 ≪조선지지자료≫에 861개소로 급증하였다. 이러한 변화는 소규모 경작에 관개하기 위해 보를 주로 축조한 상황과 19세기 말 제언보다 보 중심의 수리시설 축조움직임이 있었던 현상을 반영하고 있다.

≪조선지지자료≫를 바탕으로 강원도 지역 수리시설의 현황을 정리했다. 강원도의 수리시설은 제언이 58개소, 보가 861개소로 보 중심의 수리시설이 구축되어 있었다. 제언은 상대적으로 평야지대인 철원, 이천 일대에 다수 분포하고 있으며, 보는 화천지역에 86개소가 확인되듯이 산지에 주로 발달하였다.

강원도지역의 지리적 특성을 고려하여 영동지역, 임진강수계, 한강수계로 구분하여 수시시설의 분포를 살펴보았다. 임진강 수계에서는 철원 일대의 평야지대에 제언이 개발되었으며, 상대적으로 지대가 높은 이천 지역에는 보 축조가 활발했다. 한강수계에는 남한강에 인접한 원주의 보 54개소, 북한강 지역의 화천의 보 86개소 등의 사례와 같이 주로 보가 축조되었다. 영동지역은 양양, 강릉 등 동해로 유입되는 하천일대에 보와 제언이 설치되었다.

수리시설의 운영을 둘러싸고 18세기 이후 분쟁이 빈번하였으며, 수리공동체를 중심으로 관리와 운영에 적극 대응 하였다. 제언은 철원군의 사례와 같이 지속적으로 국가주도의 관리가 시도되고 있었다. 보는 16세기 이후부터 농업공동체가 주축이 되어 관리되는 사례가 확인된다. 다만, 통천과 양양에서는 사적인 보의 축조와 관리가 활발하게 이루어지기도 했다.

〈부록 1〉 강원도 수리시설의 현황*

군	면	種別	이 름	현황
安峽	東面	堤堰洑名	鬱防治洑, 間灘洑, 三叉川洑, 橫浦洞洑, 芿浦洑, 多大坪洑, 牛成坪洑, 月岩洑	8
	소 계		8	
利川	河南面	洑名	獐項洑, 深下洑, 深上洑	3
	九皐面	洑名	船動洑, 梨坪洑, 亭子頭洑, 月南洞洑, 梨坪洑, 長磲員洑, 內原一行員洑, 里門員洑, 越坪洑, 陽池洑, 娥媚洑, 越坪員洑, 부듸끌보, 동거리보	14
	山內面	洑名	獨洞洑, 龜石洑, 巖幕員洑, 郭廣員洑, 彌力堂洑, 唐坪員洑, 春鶴員洑, 國祀堂洑, 作大洞洑, 千峰沼洑, 亭只街洑, 鬱巖員洑, 三巨里洑, 新塘員洑, 長陽員洑, 全	16
	樂壤面	洑名	上洑, 中洑, 間川洑, 巨門直洑, 高峰洑, 文中陽村洑, 陷井洑, 支上洑, 崖上洑, 加幕洑	10
	板橋面	洑名	龍川洞洑, 等興洑, 鷹灘洑, 塔街洑, 實味洞洑, 君至浦洑, 松原洑	7
	方丈面	堤堰名	間堤, 翁狗堤, 倉屯堤, 汗井屯, 松峴堤, 塘屯堤, 俊堤, 中峴堤, 松峴堤	9
		洑名	寺坪洑, 京起坪洑, 黑石屯洑, 佳麗洲洑, 泉巖洑, 院坪洑	6
	靑龍面	洑名	龍頭洑, 水砧洑, 間洞洑, 小毛頭洞洑, 梧花洞洑, 寺洞洑, 萬興洑, 峰山洑, 內藪洑, 多數洞洑, 洑可地洑, 鶴舍堂洑, 道路目洑, 水入皮陽地洑, 水入皮陰地洑, 水入皮陽地下洑	16
	淸浦面	洑名	畓街員洑, 內洞員洑, 頭毛沼洑, 道龍員洑, 愛岱員洑, 細洞員洑, 楡亭員洑, 味老員洑, 馬淵員洑, 唐屯地洑, 安岩員洑, 長城員洑, 城北員洑	13
	소 계		94	
平康	南面	洑	月松亭洑, 亭淵洑	2
	縣內面	洑	上洑, 中洑, 下洑, 細深井洑	4
	西面	洑	楡川洑, 水餘洑	2
	소 계		8	

* 이 표는 《조선지지자료》의 수록 순으로 정리하였으며, 수리시설의 현황이 파악되지 못한 面은 생략하였다. 洑와 堤堰외에 池, 沼, 灘, 潭 등은 연구의 분석대상에서 제외됨에 따라 생략하였다.

군	면	種別	이 름	현황
揚口	郡內面	洑名	新坪貝洑, 浦沙伊洑, 水砧洑, 舍春洑, 祭堂洑, 大同里洑	6
	上東面	洑名	黃柄洑, 柯邱洑, 玉垈洑, 三街洑, 新洑, 望金臺洑, 鴻湖洑, 芝村洑	8
	下東面	洑名	凌虛洑, 曲峴洑, 城底洑, 成哥洑, 孟哥洑, 龍下洑, 支石洑, 蓋沙伊洑, 新洑	9
	南面	洑名	松隅里舊洑, 松隅里新洑, 黃崗里舊洑, 黃崗里新洑, 池底洑, 行路洑, 立岩洑	7
	西面	洑名	峽峙洑, 雄津洞洑, 眞木亭洑, 長承街里洑, 德屯池洑, 廣浦洑, 水車洑, 浦洑, 龍湖洞洑	9
	北面	洑名	西湖里洑, 下舞龍洞洑, 許水院里洑, 上舞龍洞洑, 九尾洑, 籠岩洑	6
	方山面	洑名	鷲峰洑, 沙坪洑, 陽地洑, 東頭洑, 新洑, 上湘坪洑, 金岳里洑, 浪九尾洑	8
	亥安面	洑名	八梅洑, 城隍洑, 馬場洑	3
	水入面	洑名	占方洑, 栢峴洑, 文登洑	3
	소 계		59개소	
平昌	郡內面	堤堰名	防築堰	1
		洑名	坊內洑, 鍾阜洑	2
	美灘面	洑名	西川洑, 檜洞上洑, 倉里中洑, 倉里下洑, 泉川洑, 琪花洑	6
	南面	洑名	馬池洑	1
	北面	洑名	餘萬里洑, 後坪洑, 多水洑	3
	大和面	洑名	上安味洑, 安昧舊洑, 龜浦洑, 上芳林洑, 下芳林洑	5
	珍富面	洑名	月精街洑, 下珍富洑, 梨木亭洑, 新基洑	4
	蓬坪面	洑名	倉里洑, 坪村洑, 判官垈洑, 白王浦洑, 浦項洑	5
	소 계		27개소	
橫城	郡內面	洑名	郡內洑	1
	靑龍面	洑名	楸洞洑, 花夢洑, 南山洑, 水流岩洑	4
	隅川面	洑名	松亭洑	1
	井谷面	洑名	龍沼坪洑, 佳里川洑, 石巖洑	3
	屯內面	洑名	新垈洑	1
	甲川面	洑名	中野洑, 鵂巖洑	2
	晴日面	洑名	時雨坪洑	1
	公根面	洑名	水白里洑	1
	古毛谷面	洑名	烈女岩洑, 蟆蟆岩洑	2
	소 계		16개소	

군	면	種別	이 름	현황
春川	府內面	洑名	上洑, 平章坪洑, 柳茂坪洑	3
	東山外一作面	洑名	楮田洑, 大垈洑	2
	東山外二作面	洑名	校宮洑, 蘇在洑, 닛밧골보, 水靑亭洑, 井地坪洑, 石同坪洑, 金破亭洑, 前坪洑, 四方隅洑, 里後驛洑, 原章坪驛洑	11
	南內二作面	洑名	大坪洑, 冶洞洑, 越坪洑	3
	西下一作面	洑名	언미기보	1
	西上面	洑名	舊洑, 新洑, 上坪洑, 前坪洑	4
	北內一作面	堤名	漆山堤, 陶井堤	2
	北中面	堤名	朝淵堤, 烏水井堤, 下柳浦堤	3
		洑名	內洞洑, 長水井洑, 栗垈上洑, 栗垈下洑	4
	北山外面	洑名	陽之坪洑, 蜜坪洑, 城隍坪洑, 九錫里洑	4
	史內面	洑名	縣坪洑, 僧堂洑, 鳥座里洑, 烏小峙洑, 後坪洑	5
	소 계		42개소	
洪川	郡內面	堤堰洑名	五里堤堰, 孔坪洑	2
	化村面	堤堰洑名	大洑, 俗開洑, 畓機村洑, 廣石坪洑, 九沙洑, 朝霞岱洑, 桑坪洑, 行人橋, 筏川洑, 院坪洑, 女妓沼洑, 木筒洑, 발담보, 新洑, 水砧洑	15
	斗村面	堤堰名	知音堤, 沙屯堤, 後洞堤, 南德堤	4
		洑名	大洑, 驛洑, 鐵坂洑, 虎岩洑	4
	乃村面	堤堰洑名	大川洑, 山川洑, 踏楓里	3
	瑞石面	堤堰洑名	上洑, 龍垈坪洑, 龍頭尾洑, 立案洑	4
	詠歸美面	堤堰洑名	大洑(三峴洞里), 後屯地洑, 水桶項洑, 艾洞洑, 紫公浦洑, 大洑(德峙里)	6
	金勿山面	堤堰洑名	梧水亭洑, 屯三尾洑, 前坪洑, 德頭里洑, 屋低洑, 鳳岩洑, 別隅洑, 壯坪洑, 前坪洑	9
	甘勿岳面	堤堰洑名	五道峙洑, 寒峙洑, 新垈洑, 欽陽洑, 巨野洑, 车谷洑, 珠壓垈洑	7
	北方面	堤堰洑名	畓谷坪洑, 蒲川洞洑, 蒲田洑, 伐山洑	4
	소 계		58개소	

군	면	種別	이 름	현황
原州	好梅谷面	堤堰洑名	砯下洑, 周原洑, 鳳庄洑, 芝村洑	4
	地向谷面	堤堰洑名	明洞洑, 老姑沼洑, 彰木亭洑, 長芝洑, 佛原洑, 冠岩洑, 越坪洑, 魚浪里洑, 晩浪浦洑, 自甲川洑, 水雲谷洑, 蛇硯洑, 叛川洑, 歸雄洑	14
	今勿山面	堤堰洑名	忠良浦洑, 華陽亭洑, 巨隱洑, 郡刀里洑, 自甘村洑, 興垈洑, 水自里洑, 半場貝洑, 生場貝洑, 汗村洑, 德巨里洑, 都龍沼洑, 深屯地洑, 刀馬屯之洑	14
	板梯面	堤堰洑名	背陽加里洑, 藪下洑, 多數碑洑, 長丞街洑, 閑余洑, 金垈谷洑, 德巨里洑, 後坪洑, 鳳儀峴洑, 美四里洑, 土役谷洑, 新坪洑, 新村洑, 大平橋洑, 白雲亭洑, 餘水崖洑, 屯田洑, 開沙里洑, 前坪洑, 後坪洑, 大橋洑	21
	貴來面	堤堰洑名	石串洑	1
소 계			54개소	
杆城	郡內面	洑名	仙遊坪上洑, 水太洑, 洛水洑	3
	旺谷面	洑名	仙遊坪下洑	1
	竹島面	洑名	內坪洑, 書堂坪洑, 月作洑, 三星堂洑, 金川坪洑, 文巖洑	6
	海上面	洑名	大坪洑, 旺方洑, 五柳洑, 馬轉洑, 北亭坪洑, 筍浦洑, 銀店洑, 晩洞洑	8
	大垈面	堤堰名	雲字堤堰	1
		洑名	後川洑, 洛山洑	2
	梧峴面	洑名	珍坪洑, 大坪洑, 松江洑, 山北洑	4
	土城面	洑名	南門坪洑, 芮林浦洑, 足橋坪洑, 間矢洑, 장마우보	5
		堤堰名	防築洑	1
	縣內面	洑名	仲洑, 明波洑, 禾達洑	3
소 계			34개소	
高城	東面	堤堰名	白岩堤堰	1
	一北面	堤堰名	達寺防築	1
		洑名	三日浦	1
	西面	堤堰洑名	黑淵堤堰	1
	南面	堤堰洑名	城隍堂洑, 足址坪堤堰	2
소 계			6개소	
麟蹄	南面	洑名	大坪洑, 陰陽坪洑, 後坪洑, 五里坪洑, 張三田洑, 鷄岩洑, 前坪洑	7
소 계			7개소	

군	면	種別	이 름	현황
華川	東面	洑名	畓洞洑, 中洑, 上洑	3
	看尺面	洑名	屯之加內洑, 香山隅洑, 前坪洑, 林堂洑, 上洑, 中洑, 柳木亭洑, 大田坪洑, 小浦洑, 吾星里洑, 九萬里洑, 甑山坪洑, 北田坪洑, 后巨里洑, 書於味洑	15
	南面	洑名	芦花洞洑, 泉坪洑, 魚隱洞洑, 木花洞洑, 長阿垈洑, 石墻峴洑, 炭釜洑, 露積洞洑, 月老洞洑	9
	上西面	洑名	上洑, 小村洑, 花峰洑, 楮田坪洑, 楡亭洑, 朴達項洑, 德屯洑, 長隅洑, 陽地下新洑, 陽地上新洑, 陰地洑, 陽地下洑, 陽地上洑, 石梨亭洑, 倉坪洑, 倉坪新洑, 上洑, 中洑, 彌勒坪洑, 坪村洑, 下洑, 新洑, 中洑, 上洑, 可屯洑, 月鉤川洑, 重沼洑, 八萬金洑, 明在洑, 新洑, 豊村洑, 案山洑, 上坪洑, 新村洑, 沙實洞洑, 美德坪洑, 赤根洞洑, 長坪洑, 葛田洑, 葛田陰地洑, 屯田洑, 栗木洞洑, 竹垈洑, 孝竹垈洑, 集室洑, 新垈洑, 四橋洑, 關坪洑, 道理洞洑, 長坪(긴두루보)	50
	下西面	洑名	山論味里洑, 三下垈洑, 場巨里洑, 上洑, 遮陽坪洑, 垈谷洑, 三同巨里洑, 玄口尾洑, 鵲巢洑	9
	소 계		86개소	
金化	郡內面	洑名	楊洞洑, 雲興洑, 鶴浦洑	3
	初東面	洑名	葛洞洑, 畓峴洑, 松洞洑, 望所隅洑, 光三里洑, 新木洞洑, 通洞洑, 芳洞洑	8
	二東面	洑名	自楊浦洑, 上所洑, 点心洑, 衙況洑, 九雲洑, 水泰洑	6
	南面	洑名	日暮時洑, 賜牌洑, 中洑, 馬峴洑, 馬峴洑, 陽地洑, 七垆岩洑, 楸洞洑, 仝, 仝, 仝, 文殊洑, 間村洑, 仝, 道德洑, 仝	16
	西面	洑名	新洑, 舊洑, 長林洑, 洪陵洑, 自等洑	5
	初北面	洑名	上洑, 下洑	2
	遠北面	洑名	丹岩洑	1
	소 계		41개소	
淮陽	下初面	堤堰洑名	廣川洑, 藥水浦洑	2
	泗東面	堤堰洑名	下支石洑, 金谷洑	2
	安豊面	堤堰洑名	前坪洑, 金石洑, 上坪洑	3
	長揚面	堤堰洑名	卓巨伊洑, 高飛院洑, 作起洑, 內村洑, 新村洑, 氏岩洑, 城峴洑, 北面洑, 鶴首屯地洑, 初川洑, 縣倉洑, 雲味洑	12
	소 계		19개소	

군	면	種別	이 름	현황
江陵	丁洞面	提名	池邊提	1
	沙川面	洑名	沙器幕黃海洑, 德實洑, 戶橋洑, 板橋新洑, 鄕校洑	5
	連谷面	洑名	長川洑, 退谷中坪洑, 柳等後坪洑, 馬音墟洑, 書堂洑, 江海坪洑, 松林下坪洑, 退谷前坪洑, 退谷上坪洑, 白雲坪洑, 藥水坪洑, 澗浦亭洑, 松林中坪洑, 馬音墟洑	14
	南一里面面	洑名	堅防洑	1
	德方面	洑名	廣汀洑, 射亭洑, 雌雄洑, 曾潛洑, 창야보, 장수보, 장포보, 진전보	8
		提名	睡岩提	1
		堰名	海南堰	1
	資可谷面	洑名	三永洑, 臥川洑, 茅田洑	3
	소 계		34개소	
寧越	郡內面	堤堰洑名	上里洑	1
	下東面	堰洑名	大野堰洑, 德川堰洑, 玉洞堰洑, 左後堰洑, 外直洑, 鷰岩洑, 注文洑, 臥仁洑	8
	上東面	堰洑名	柳田洑, 礒磻洑, 新魯洑, 梨木洑, 古壯洑	5
	西面	堤堰洑名	宮洑, 馬巖洑, 揷屯洑	3
	南面	堤堰洑名	杜陵洑, 道伊洑	2
	左邊面	堤堰洑名	後坪洑, 中都家洑, 庫舍洑, 栗後洑	4
	右邊洑	堤堰洑名	上洑, 中洑	2
	水周面	堤堰洑名	墟空橋洑, 長嘉洑, 舊洑, 新洑, 密易堂洑, 老姑治洑, 定巖洑, 越臺洑, 下谷堰, 前江洑	10
	소 계		35개소	
旌善	郡內面	洑名	瓦坪洑	1
	東面	洑名	坐沙里洑, 億谷洑, 下石項洑	3
	南面	洑名	別於谷洑, 少馬坪洑, 瑞雲里洑	3
	西面	洑名	檜洞洑	1
	北面	洑名	北坪洑, 於羅田洑, 南坪洑	3
	臨溪面	洑名	下臨溪洑, 蓬山里洑, 月灘里洑, 骨只里洑, 越北里洑, 龍洞洑, 余村洑	7
	新東面	洑名	魯日洑, 烏洞洑	2
	道岩面	洑名	靑龍崖洑, 沼直里洑, 三興亭洑	3
	소 계		23개소	
平海	上里面	堤堰洑名	長林提, 石項洑	2
	北下里面	堤堰洑名	前浦提, 前坪提, 後浦提, 前浦洑, 松潭提	5
	南下里面	堤堰洑名	南山提, 南山洑	2
	近西面	堤堰洑名	新林洑, 八仙臺洑	2
	遠西面	堤堰洑名	狗洑, 彌渾洑, 水淸洑	3
	近北面	堤堰洑名	加多飯洑, 後坪洑, 竹味坪洑	3
	遠北面	堤堰洑名	箕城提, 尺山洑	2
	소 계		19개소	

군	면	種別	이 름	현황
蔚珍	下郡面	洑	新洑, 溫陽洑	2
	上郡面	洑	靑皐洑, 歌原洑, 舞月洑, 高原洑, 龍提洑, 井林洑, 長沙洑	7
	遠北面	洑	內坪洑, 館坪洑, 春水洑, 新坪洑, 邱山洑, 前坪洑	6
	近南面	洑	阿大洑, 水陵寺洑, 佛阿洑, 長九石洑, 天粮洑, 長田洑, 佳林洑, 累金洑, 幕金洑, 可原洑, 廣川洑, 下洑湯洑, 大洑, 谷金洑, 馬位洑	15
	遠南面	洑	안갈이, 들둘갈이,	2
	西面	洑	所致田洑, 中島洑, 芝草洑, 水坪洑, 柯坪洑, 佛峴洑	6
	소 계		38개소	
通川	鶴三面	洑名	達隱山洑, 來隱前洑	2
	鶴二面	洑名	貧郊洑, 倉前谷洑, 於雲谷洑	3
	鶴一面	洑名	江越新浦洑	1
	踏錢面	洑名	上洑	1
	嶺外面	洑名	十二峴洑	1
	順達面	堤堰名	德峴提	1
		洑名	雙鶴洑, 十二峴洑	2
	郡內面	堤堰名	莊支提, 項烏峰提	2
		洑名	新川洑, 馬位洑, 南野洑, 斗支洑, 城底洑, 井支洑, 陽支洑, 中月城洑, 車川洑, 上月城洑, 泉洑, 城隅洑, 松尾洑	13
	龍守面	堤堰名	登禾提	1
		洑名	龍淵洑, 金蘭洑, 上坪洑, 完坪洑	4
	碧山面	洑名	城內洑, 金景秀洑, 回山洑, 鄕校洑, 地藏洑, 官屯洑, 新日洑	7
	養元面	洑名	上里洑, 下里洑	2
	山南變	洑名	大洞洑, 中泉洑, 下泉洑, 乭水洑, 松坊洑, 陵月洑, 長林洑, 茶洞洑, 알비봉보	9
	臨道面	洑名	싀둘우보, 싀별우보	2
	소 계		51개소	
三陟	道上面	堤堰洑名	紅月坪洑, 月坪深, 上渠深, 麻山洑, 先審洑, 蘇漢洑, 望岑洑	7
	近德面	堤堰名	龍井堤堰, 茅山堤堰	2
		洑名	中渠洑	1
	府內面	堤堰名	東臺下堤堰	1
	芦谷面	堤堰洑名	禁牌洑, 遠平洑, 冠帶洑, 吉谷洑, 石內洑, 城隍洑, 石峴洑, 中川洑, 關前洑, 來谷洑, 天德洑, 沙坪洑, 塘底洑	13
	遠德面	堤堰洑名	翎平洑, 漢基洑, 防築洑, 黑沼洑, 川背洑, 接溪洑, 柯坪洑, 竹基洑, 靑坪洑, 廣川洑, 城隍洑	11
	소 계		35개소	

군	면	種別	이 름	현황
金城	郡內面	洑名	郡下洑	1
	西面	洑名	初西里洑, 初西里洑, 漁川里洑, 梅檜洞洑	4
	東面	洑名	東山里洑, 加莫洞洑, 加莫洞洑, 鷄岩里洑, 花帶巨里洑, 細峴里洑	6
	南面	洑名	慶祥里洑, 二南里洑, 瓦野屯地洑, 月峰里洑, 下榛峴洑, 上榛峴洑, 九龍洞洑, 蘆洞洑, 注坡里洑, 開野洞洑	10
	北面	洑名	鄒儀里洑, 鵂岩里洑	2
	岐城面	洑名	昌道里洑, 葛防里洑, 高石貝洑, 浦村洑, 車梧山洑, 車梧山越洑	6
	梧山面	洑名	陽之洑, 陰之洑, 上岐城洑, 釜揭貝洑	4
	通口面	洑名	縣里洑, 化泗川里洑, 寶幕里洑, 平池洞洑, 中洑, 新洑, 桃坡里洑, 長坪里洑, 花浪洞洑	9
	任南面	洑名	字押洑, 綿川洑, 船屯地洑, 陰之洑, 陽之洑, 主龍浦洑, 板云洑, 上洑, 下洑	9
소 계			51개소	
鐵原	西邊綿	堤堰洑名	光村坪黃字堤堰, 都公坪鳥字堤堰, 細楡坪玄字堤堰, 大井坪宇字堤堰, 訥串坪洑, 三洑, 黃金坪洑	7
	葛末面	堤堰洑名	慶善宮洑	1
	松內面	堤堰洑名	㙜坊坪位字堤堰, 牛乫坪國字堤堰, 柳坊坪虞字堤堰	3
	東邊面	堤堰洑名	濟古坪文字堤堰, 花蓋山洑, 鶴洑, 武藝屯洑	4
	畝長面	堤堰洑名	內需司洑	1
	於云洞面	堤堰洑名	㙜五坪念字堤堰, 連珠峴坪之字堤堰	2
소 계			18개소	
襄陽	所川面	堤堰洑名	上洑, 中洑, 末洑, 新洑	4
	道門面	堤堰洑名	大浦里後堤堰, 商山洑, 高靑洑, 沈門基洑	4
	降仙面	堤堰洑名	大鳥坪洑, 馬山洑	2
	沙峴面	堤堰洑名	黃喬洑, 前防洑, 陳洑, 亭子坪洑, 臥峴後堤堰	5
	位山面	堤堰洑名	甘谷里堤堰	1
	郡內面	堤堰洑名	水砧洑, 水砧洑, 水砧洑	3
	部南面	堤堰洑名	紅陽洑, 陽之洑, 上洑, 硯洑	4
	西面	堤堰洑名	石溪洑, 三發坪洑, 濱地洑, 馬郞洞洑, 上松川洑, 下越坪洑, 嚴木沼洑, 山祭堂洑, 三發洑, 越坪洑, 文水洑, 笠岩洑, 磨石沼洑, 齋宮洑, 前坪洑, 基日坪洑, 山野洞洑, 土洞洑, 岩沼洑, 上坪新洑, 禮門洑	21
	東面	堤堰洑名	畓洑	1
	縣北面	堤堰洑名	陶洞洑, 獐洞洑, 漁城田洑	3
	縣南面	堤堰洑名	亭子坪洑, 大淸洑, 石隅洑, 竭字洑, 酒村洑, 薄谷洑, 和尙洑, 昌洞堤堰	8
소 계			56개소	

〈부록 2〉 ≪輿地圖書≫ 堤堰條 현황

군현	제 언 명	현황
原州牧	池內堤堰(廢棄), 沙堤堤堰(廢棄) ▪ 폐기사유 : 1687년(肅宗13) 大水	2
春川縣	朝淵堰, 水精堰, 犬淵堰, 衙洞堰, 柳浦堰, 陶井堰	6
旌善郡		0
寧越府		0
平昌郡	邑內堤堰	1
三陟府	龍場堤堰, 上堤堰, 池底堤堰, 東臺堤堰, 桐梧里堤堰(懸頉)	5
襄陽府	靑谷堰, 臥峴堰, 田村堰, 葛往堰, 小勿堰, 洞山堰, 古邦堰	7
平海郡	梧谷堤堰, 汁谷堤堰, 周墻堤堰, 栗峴堤堰	4
杆城郡	郡內面盈字, 郡內面日字, 大代面雲字	3
高城郡	黑淵堤堰, 白巖堤堰	2
通川郡	項鳥峰堰, 藏岐堰, 守念面堤堰	3
蔚珍縣	松亭堤堰, 仇佐里堤堰, 甘大堤堰, 檢巖回堤堰	4
歙谷縣	亭子堰	1
金化縣	栢洞堤堰	1
伊川府		0
安峽縣		0
平康縣	馬谷堰	1
江陵府	伐列堤堰, 死斤谷堤堰, 方洞堤堰, 味老里堤堰, 尊池堤堰, 草柴堤堰, 泉洞堤堰, 南峴堤堰, 母山堤堰, 海南堤堰, 大老谷堤堰, 草豆等乙堤堰	12
橫城縣		0
洪川縣	城余洞堤堰, 城峙堤堰	2
麟蹄縣	元通堰	1
淮陽府		0
鐵原都護府	先村堤, 栗枝堤, 加乙堤, 牛乫堤, 柳堤, 五利堤, 濟古院堤, 加乙五里 堤, 延之峴堤	9
楊口縣		0
狼川縣	看尺面 三里, 東面 觀佛里 九萬坪, 南面 居呑里, 下西 論味, 下西 原 川, 下西 鉏五芝里, 上西 蘆洞, 上西 九雲, 上西 吐丘味, 新邑里 長 坪, 新邑里 後坪	11
金城縣		0
합 계		75개소

〈부록 3〉읍지 소재 강원도 수리시설 현황

군	작성시기	地 名	洑 개수	堤堰 개수	전거
狼川	1826 이후	間有築洑引水處 無築堰貯水之事	미상	미상	關東邑誌 狼川縣邑誌
春川	1843	長崖伐堰(廢), 退谷防築(丙戌)	0	2	關東邑誌
揚口	1840 경	龍下洞洑, 多路墅洑	2	0	關東邑誌
麟蹄	1843	元通堤	0	1	關東邑誌
杆城	1884년	府南面盈字, 日字, 大垈面雲字	0	3	杆城郡邑誌
江陵	1898	伐列堤堰, 沙(死)斤谷堤堰, 方洞堤堰, 味老里堤堰, 蕈池堤堰, 草柴堤堰, 泉洞堤堰, 南峴堤堰, 母山堤堰, 海南堤堰, 老谷堤堰, 草豆等乙堤堰	0	12	江陵府誌 江陵郡誌
高城	1820	黑淵堤堰, 白巖堤堰	0	2	高城郡邑 高城邑誌
金化	1871	穿峴洑, 栢洞堤堰, 沙谷防川, 長林防川, 桃李員防川, 兎洞防川, 畓峴防川, 大浦防川	1	7	金化縣邑誌
三陟	1830년 이후	池底堤堰, 池上堤堰, 東臺堤堰, 龍井堤堰	0	4	三陟府邑誌
安峽	1783 경	元無	0	0	安峽縣邑誌
襄陽	1897 경	靑谷堰, 臥峴堰, 田村堰, 妓堰, 小勿堰, 洞山堰, 古那堰, 于其堰	0	8	峴山誌
原州	1871경	池內堤堰, 沙堤堰	0	2	原州邑誌
旌善	1871	無	0	0	旌善郡池
鐵原	1907	先郵堤, 栗枝堤, 乭堤, 牛乬堤, 柳堤, 五利堤, 濟古院堤, 乭五里堤, 延之峴堤	0	9	鐵原郡邑誌
平康	1908	馬吉堤堰, 三洑	1	1	平康邑誌
平海	1896	梧谷堤堰, 周墻堤堰	0	2	平海邑誌
洪川	19세기 초	城餘洞	0	1	洪川縣邑誌
歙谷	1899	頂島峰堰, 莊支堰, 登禾堰	0	3	歙谷郡邑誌及先生案
합계			5	57	

* 각 읍지의 '堤堰條'의 내용을 기준으로 하였으며, '堤堰條'에 대한 내용이 없는 읍지는 표기하지 않음.
** 堤堰條에 기재된 '池'와 '淵'은 보와 제언의 현황에서 제외하였음.

지명연구의 실제와 문제점

國語史와 地名 研究

金武林

(강릉원주대학교 국어국문학과 교수)

1. 導入

地名은 일정한 지역에 부여된 명칭으로서, 여기에는 바다, 산, 강 등에 부여된 자연 지리적인 명칭과 함께 도시, 촌락, 항구, 거리 등에 부여된 인문 지리적인 명칭으로 분류할 수 있다. 지명의 발생은 당연히 인간의 언어적 활동에 의한 것으로서, 어휘론적으로 본다면 고유명사에 속한다. 고유명사는 호칭을 위한 것이기 때문에 固有性이 특징이지만, 일반 고유명사와는 달리 地名은 해당 지역과의 有緣性을 바탕으로 하는 경우가 많다는 측면에서 普通名詞的인 특성을 지닌다는 점이 그 특징이다.

地名은 일종의 文化的 遺產이라는 점에서 그 保守性에 의한 傳承性이 주요한 특징이다. 여기에서 地名에 대한 역사적 연구가 가능해지며, 언어학적으로는 地名의 國語史的 가치에 주목할 수 있다. 현재의 지명에서 그 地名의 命名에 대한 有緣性을 찾기 어려운 경우가 많고, 이에 따라 命名에 대한 다양한 由來說이 등장하는 것은 地名의 悠久性에 따른 有緣性의 상실, 그리고 각 시대에 있어서 有緣性에 대한 끊임없는 추구가 그 원인인 것이다. 本稿에서 염두에 두고 있는 地名에 대한 國語史的

硏究는 통시적 상황에 착안하여 다음과 같은 몇 가지 점을 열거할 수 있겠다.

첫째, 借字 表記로서의 文字의 運用
둘째, 語彙 및 形態의 側面에서 論과 史
셋째, 借音 表記로서의 音韻史的 解釋, 특히 古代國語의 漢字音

2. 借字 表記로서의 地名

借字 表記는 漢字의 音과 訓을 이용하여 국어를 표기하는 방법이다. 훈민정음 이전의 문자로서는 漢字에 의한 표기가 유일한 것이었으므로, 漢文 표기를 제외한다면, 吏讀, 鄕札, 口訣 등에 의한 국어 표기가 곧 借字 表記인 것이다. 借字 表記의 원리는 借音인 경우 假借와 유사하지만, 借訓인 경우는 漢字의 새김이 言衆의 公用으로 성립되었다는 것을 전제로 하는 것이므로, 당시의 국어에 대한 親緣性 및 規範性을 파악할 수 있다. 地名에 대한 借字 表記의 類型을 열거하면 다음과 같다.

(1) 地名에 대한 借字 表記의 類型
가. 借音法: 徐羅伐, 所夫里, 彌鄒忽
나. 借訓法: 熊津(고마ᄂᆞᄅ), 孔岩(구무바회), 北泉洞(뒷심꼴), 白江(泗沘江)[1]
다. 借訓音: 加莫洞(가막골), 善竹(션재), 德積(덕물)[2]

이와 같은 借字 表記法에서 다시 주목할 것은 받쳐적기에 의해 讀法

---

1) 借訓의 경우는 地名에 대한 訓의 有緣性 여부에 의하여 둘로 나눌 수 있다. 즉 地名의 命名에서 訓의 의미가 지명과 연관되는 경우가 있고, 그렇지 않은 경우가 있다. 白江의 경우 白의 訓인 '숣다'가 이용되었지만, 이 訓의 의미가 江名과는 有緣性이 없다.
2) 물 젹(積, 광주천자문 10)

을 담보하는 방법이다. 波珍의 경우는 海珍과 異文 관계에 있으므로 '*바
들' 정도로 독음될 것이고, 文音山(그슴산), 舍音洞(只룺골) 등의 경우는
音이 받쳐적기에 해당한다. 또한 柳等川(버들내)에서는 等이 받쳐적기로
서, 吏讀에서 等이 '드/드, 들/들, 든/든' 등으로 읽히는 것을 참조할 수
있다.

　地名 表記의 形態論은 지명을 하나의 단어 차원에서 분석하는 작업
이다. 이 작업에서 意義的인 것은 接頭와 接尾 要素를 추출하는 것이다.
接辭的 地名素를 추출하게 되면, 특히 接尾的인 후부 地名素에 의하여
일정한 지역에 한정되는 語彙 分類가 가능하다는 점에 주목할 수 있다.
이것은 고구려, 백제, 신라의 삼국에 있어서 言語相을 살피는 데에 하나
의 準據가 될 수 있다. 예를 들면 ―呑/旦/頓, ―谷, ―實, ―乃, ―忽, ―
勿, ―買, ―卑離, ―夫里, ―伐, ―達 등을 현저한 後部 地名素로 들 수
있다.

　地名에 대한 語彙論은 중세국어에 대응하는 古代의 語形을 확인하는
것과 國語史에서 소멸된 語形을 찾아내는 두 측면에서 논의할 수 있다.

　　(2) 地名 語彙의 두 측면
　　가. 중세국어에 대응하는 古代 語形
　① 鐵城郡本高句麗鐵圓郡今東州(삼국사기 35-4)
　② 休壤郡一云金惱(삼국사기 37-6)
　③ 金壤郡本高句麗休壤郡景德王改名今因之(삼국사기 35-12)
　④ 江陵大都護府本濊國一云鐵國一云蘂國(동국여지승람 44-江陵)

　　나. 國語史에서 소멸된 語形의 再構
　① 三峴縣一云密波兮(삼국사기 37-5): 강원도 양구군 방산면
　② 密津縣本推浦縣(삼국사기 34-6): 경상남도 창녕군 길곡면 중산리
　③ 三陟郡本高句麗悉直國(삼국사기 35-12): 강원도 삼척시
　④ 悉直郡一云史直(삼국사기 37-6): 강원도 삼척시

　(2-가)에서는 '鐵, 金'의 새김인 '쇠(월인석보 1-26)'와 '休'의 새김인
'쉬-(월인석보 14-81)'의 音相이 借訓에 의한 '鐵, 休, 金, 東' 등에 표기
되고, 借音에 의한 '濊, 藥' 등에 의하여 표기된 것이다. 濊는 중세 및 근
대국어 한자음이 '예, 외, 회, 활' 등이지만, 歲(세)와 同音이었을 가능성
을 엿보게 된다. (2-나)에서는 三에 대응하는 '密, 推'와 '悉, 史'의 두 형
태가 대립한다. 특히 이 경우는 대관령을 경계로 하여 두 어휘의 位相이
다른 점이 주목된다. 대관령 이북에서 三을 뜻하는 音相인 密은 일본어
를 연상시키는 형태로서 국어의 역사에서 소멸된 어휘이다.

3. 地名 漢字音 : 古代國語 漢字音의 再構

　3-1. 客/객 ■ [古 *kak][中 킥(去)][近 킥][現 객] ■ 킥(六祖 상-19),
킥(손, 訓蒙比叡 중-2), 킥(손, 字類 상-32), 객(손, 釋要 상-30), 객(손/부
칠, 新字 1-39) ■ 去/kʰɤ ◁ 上/kʰiai-kʰiɛ ◁ 梗/開2/入/陌/溪/苦格/kʰɐk
◁ 鐸/溪/入/kʰeak(379) // kʰāk / kʰlăk / kʰrak(70) 二 客은 고구려의 지명
표기인 連城郡本高句麗各(一作客)連城郡 景德王改名今交州(史記 35-9),
客連郡 客一作各 一云加兮牙(史記 37-5) 등에서 쓰였다. 高句麗의 공시
적 異文으로 쓰인 客과 各은 동음에 의한 互換으로 생각된다. 客의 上古
音에 대한 再構를 보면 核母는 低母音 [a]이고, 中古音 이후로 中母音化
한 것을 참조할 수 있다. 客과 各의 同音性 조건이 고구려 시대인 점을
감안하면, 고구려 지명 표기에 쓰인 客의 당시의 한자음은 上古音的 경
향이 남아 있었던 것으로 추측되므로, 중세국어 한자음 '킥'은 고대국어
이후에 조정된 한자음으로 생각된다. 客의 고대국어 한자음은 各과 동일
한 [*kak]으로 재구한다. 三 曾攝과 梗攝의 韻尾는 中古音의 어느 시기
에서 硬口蓋 韻尾 [-ɲ/-c]로 재구되는 경우가 보통이다. 平山久雄 (1998)
에 의하면, 『切韻』 시기 이후인 唐代에 들어서 韻尾의 口蓋音化가 이루

어졌다고 하였다. 조선 한자음에서 曾攝의 登韻과 蒸韻의 開口音이 '엉/
억'이 아닌 '응/윽'으로 나타나고, 梗攝의 庚韻과 耕韻의 開口音이 '웡/
윽'이 아닌 二重母音 '잉/익'으로 나타나는 것은 韻尾의 口蓋性에 의해
核母가 동화된 것으로 해석된다.

3-2. 居/거/긔 ■ [古 *kɨj, *kə][中 거(平)][近 거, 긔][現 거, 긔] ■ 거
(六祖 상-15), 거(살, 訓蒙比叡 하-8), 거(살, 註千), 긔(어조ᄉ, 註千), 거
(거처/거할, 釋要 상-32), 거(곳/집/안즐/그칠/싸홀/살/잇을, 新字 1-41), 긔
(어조사, 新字 1-41) ■ 陰平/tɕy ◁ 陰平/kiu ◁ 遇/合3/平/魚/見/九魚/kǐo
◁ 魚/見/平/kǐa(84) // kjag / kjo / kjaɣ(75) ■ 居는 삼국의 지명 표기에
두루 쓰였다. 心岳城本居尸坤(史記 37-16), 幽居縣本高句麗東墟縣景德
王改名今未詳(史記 35-10) 등은 高句麗 지명 표기이고, 隆化縣本居斯勿
(史記 37-17), 靑雄縣本百濟居斯勿縣景德王改名今巨寧縣(史記 36-7), 安
波縣本百濟居知山縣(居一作屈)景德王改名今長山縣(史記 36-11), 居知山
縣一云安陵(史記 37-10), 淸渠縣本百濟勿居縣景德王改名今因之(史記 36-5)
등은 百濟의 지명 표기이며, 居昌郡本居烈郡(或云居陁)景德王改名今因之
(史記 34-11), 巘陽縣本居知火縣景德王改名今因之(史記 34-6), 東萊郡本
居柒山郡景德王改名今因之(史記 34-8), 八里縣本八居里縣(一云北耻長里
一云仁里)景德王改名今八居縣(史記34-7) 등은 新羅의 지명 표기이다. 이
러한 지명 표기 가운데서 百濟와 新羅의 지명에 거듭 나오는 居斯와 居
知의 형태가 주목된다. 이것은 이들 표기가 弁辰亦十二國又諸小邑別各
有渠帥(三國志 魏志 弁辰)의 渠帥에 해당하는 어휘와 동일한 것으로 생
각되기 때문이다(千素英 1990: 123~127). 앞에 열거한 지명 표기에서 居
斯와 居知는 雄(수컷 웅), 長(어른 장), 巘(봉우리 헌) 등과 의미적 유연
성이 있는 것으로 해석된다. 이러한 居斯와 居知는 '긔ᄌ(王, 光千 6),
吉支' 등의 형태와 관련이 있다고 생각되며, 『日本書紀』에서 百濟의 王

을 訓한 [koni-kisi], [ko-kisi] 등의 [kisi](吉師/吉士)를 연상케 한다(都守熙 2005: 75). 居의 漢字音으로는 『廣韻』에서 基, 其 등과 同音인 平聲 之韻(居之切)인 경우도 있으므로3), 居의 고대국어 한자음으로 平聲 魚韻(九魚切)을 반영한 [*kə] 외에 平聲 之韻(居之切)을 반영한 [*kɨj]도 재구할 수 있을 것으로 생각된다.

3-3. 巾/건/근 ■ [古 *kɨn][中 건(平)][近 건, 근][現 건, 근] ■ 건(纞小 7-8), 건(곳갈/슈건 訓蒙比叡 중-11), 건(뵈, 光千 35), 근(슈건/두건, 註千), 근(머리쓸/수건, 字類 상-88), 건(수건/건, 釋要 상-35), 근(俗건)(슈건/머리건/건/덥흘, 新字 1-45) ■ 陰平/tɕin ◁ 陰平/kiən ◁ 臻/開3/平/眞/見/居銀/kiĕn ◁ 文/見/平/kiĕn(164) // kjən / kjɛn / kiən(82) 目 巾은 新羅의 지명 표기인 嘉猷縣本近(一作巾)品縣景德王改名今山陽縣(史記 34-3)에서 近에 대한 同音性 異文으로 사용되었다. 고대국어에서 近과 巾이 同音이 될 수 있다는 것은 충분히 짐작할 수 있는 것이지만, '건'과 '근'의 사이에서 이들의 音價를 확정하기는 쉽지 않다. 이것은 고대국어의 모음 체계에서 [ə](어)와 [ɨ](으)의 변별성을 논의해야 하는 것과도 관련되기 때문이다. 目 巾의 조선 시대 한자음인 '건'과 '근'에서 어느 것이 역사적으로 유래가 깊은 것인가에 대해서도 견해가 엇갈린다. 朴炳采(1971 : 200)에서는 '으'형보다 '어'형이 古層이라고 한 반면에, 李敦柱(1979 : 72~73)에서는 近代 漢語의 中原音에 의한 영향으로 '으'가 '어'로 변화했을 가능성도 있다고 하였다. 乞의 한자음이 '걸'인 것과 마찬가지로, 巾의 중세국어 한자음 '건'도 臻攝의 眞韻과 欣韻에 있어서 예외적인 경우에 속한다. 국어의 전승 한자음에서 眞韻 開口(3等)와 欣韻 開口(3等)는

---

3) 중세국어 한자음에서 基는 '긔'이고, 其는 '기'이지만, 고대국어에서는 '긔'로 소급될 것이다. 다만 其는 『廣韻』의 같은 之韻 안에서 見母[k, 居之切]와 群母[g, 渠之切]의 두 음이 있다.

합류되어 韻母가 '은/을'로 반영되는 것이 정칙이기 때문이다. 巾과 乞이 '근, 글'이 아닌 '건, 걸'인 것에 대해서 이것이 중고음 이전의 古層이라는 견해와 중고음 이후의 新層이라는 견해가 대립되어 있으나, 新層이라는 견해가 좀 더 설득력이 있다고 생각된다. 왜냐하면 眞韻과 欣韻에 대한 藏漢對音에서 3等韻은 [-in/-yin]으로 대역되어 있으나, 부분적으로 [-en/-on]으로 對譯된 것이 있는데, 巾[ken]이 여기에 속하기 때문이다.4) 이러한 견해는 巾과 近의 同音性을 고대로 소급시키면서, 아울러 고대국어 자료에서 巾과 近의 同音性 異文을 뒷받침하는 논거가 될 것이다. 巾의 고대국어 한자음을 [*kin]으로 재구한다.

3-4. 古/고 ■ [古 (*ka) 〉 *ko][中 고(上, 去)][近 고][現 고] ■ 고(上聲, 六祖 상-27), 고(去聲, 飜小 7-30), 고(녜, 訓蒙比叡 하-1), 고(예, 字類 상-6), 고(예/비롯을, 新字 1-20) ■ 上/ku ◁ 上/ku ◁ 遇/合1/上/姥/見/公戶/ku ◁ 魚/見/上/ka(106) // kɑg / ko / kaɣ(36) ■ 古는 고대국어에서 地名, 人名, 鄕歌, 鄕名, 口訣 등의 다양한 표기에 폭넓게 사용되었다. 지명 표기에서 한자음에 대한 암시를 주는 자료 가운데 百濟 지명 표기인 古祿只縣一云開要(史記 37-10), 甘蓋縣本古莫夫里(史記 37-16) 등은 古와 甘, 古와 開의 유사한 音價 대응을 통해서 古의 고대국어 한자음(특히 百濟)이 [*ka]였을 가능성을 보여준다. 특히 古의 상고음이 [*ka]로 재구될 수 있다는 것도 이러한 추정을 가능케 한다. 그러나 昆湄縣本百濟古彌縣景德王改名今因之(史記 36-9), 鵠浦縣一云古衣浦(史記 37-6), 岬城郡本百濟古尸伊縣景德王改名今長城郡領縣二(史記 36-9) 등은 古와 昆, 鵠(고니, 중세국어로는 고해, 고홰))과 古衣, 岬(곶)과 古尸 등이 대응하여 古의 고대국어 한자음이 [*ko]였다는 것을 분명히 보여 준다. 그러

---

4) 高田時雄(1988: 159)의 藏漢對譯에 대한 논의를 이용한 伊藤智ゆき(2002: 226)의 견해를 참조하였다.

므로 古의 고대국어 한자음으로서 초기의 것이라고 할 수 있는 상고음
적인 (*ka)와 이후 중고음에 기반을 두어 일반화된 [*ko]를 재구할 수 있
을 것이다.

　3-5. 內/내/납 ■ [古 *nu(前期) *nʌj(後期)][中 늬(上,去), 납(去)][近
늬, 납][現 내, 납, 나] ■ 내(上聲, 六祖 상-10), 내(去聲, 六祖 하-32), 납
(孟子 6-21), 늬(안, 訓蒙比叡 하-15), 납(드릴, 註千), 내(안/대궐, 釋要 상
-8), 내(속/안/가온대/대궐안, 新字 1-12), 납(들일/바들, 新字 1-12), 나(여
관, 漢韓 126) ■ 去/nei ◁ 去/nui ◁ 蟹/合1/去/隊/泥/奴對/nuɒi ◁ 微/泥/
去/nuəi(156) // nwəd-nwəb / nwəd-nwəb / nwər-nwər(19) ■ 內는 고대의
지명을 비롯한 借音 표기에서 奴, 惱, 訥 등과 異文 관계에 있음이 확인
된다. 高句麗 지명 표기에서 骨衣奴縣(史記 35-3)은 骨衣內縣(史記 37-3)
과, 今勿奴郡(史記 35-1)은 今勿內郡(一云萬弩, 史記 37-3)과 異文을 이
루므로, 內와 奴의 대응을 확인할 수 있고, 新羅의 音樂에 관한 기록인
思內一作詩惱(史記 32-10)에서 內와 惱의 대응을 확인할 수 있으며, 아
울러 新羅의 王名 표기인 訥祇麻立干一作內只王(遺事: 13)으로부터 訥
과 內의 대응을 찾을 수 있다. 이러한 대응에서 주목되는 것은 內와 同
音性 異文으로 이해되는 奴, 惱, 訥 등이 모두 合口性의 한자음을 지니
고 있다는 것, 그리고 漢語에서의 內의 음가를 역사적으로 추적하면 內
의 한자음 역시 合口音이었다는 점이다. 이러한 대응을 통해서 金武林
(2003)에서는 內의 고대국어(특히 前期) 한자음을 [*nu]로 재구하였다.

　3-6. 得/득 ■ [古 *tək, *tik][中 득(去)][近 득][現 득] ■ 득(六祖 서
-3), 득(어들, 類合 하-57), 득(시를, 光千 8), 득(시러곰, 倭語 상-27), 득
(엇을/상득할, 釋要 상-41), 득(어들/탐할/샹득할/쾌할, 新字 1-52) ■ 陽平
/tɤ ◁ 上/tei ◁ 曾/開1/入/德/端/多則/tək ◁ 職/端/入/tək(401) // tək(ə 위

에 ˆ) / tək / tək(94) ■ 得은 得安縣本德近支(史記 37-16)의 百濟 지명에
서, 확실치는 않지만 德과 異文으로 대응하고 있다. 得과 德은 韻書에서
多則切로서 같은 音이며, 漢語 音韻史에서도 上古로부터 現代에 이르기
까지 줄곧 同音이다. 그러므로 중세국어 한자음은 비록 득(得)과 덕(德)
으로 갈렸지만, 고대국어 한자음에서 이들이 同音性 異文이 된다는 것
은 지극히 당연하다. 중세국어의 한자음에서 曾攝의 登等嶝德韻(開口)은
'-응/-윽'으로 반영되는 것이 원칙이므로, 德이 '득'이 아닌 '덕'으로 된
것은 賊이 '적'으로 된 것과 함께 異例에 속한다. 河野六郎(1968)에서는
이들 '-억'의 반영을 a층에 놓아 '득'보다 古層으로 이해하였다. 같은 反
切인 得과 德이 중세국어 한자음에서 '득'과 '덕'으로 갈린 것은 漢語의
核母 [ə]에 대한 轉寫에 있어서 音韻史的 時間 차이가 작용했을 것으로
생각된다. 같은 韻의 墨의 중세국어 한자음은 '믁'이지만, 고유어처럼 인
식되는 墨의 새김인 '먹[墨]'을 고려할 때, '득'보다는 '덕'이 국어 한자
음사에서 좀더 古層일 것으로 생각되므로, 得과 德의 고대국어 한자음을
[*tək]으로 재구하는 것이 무난할 것이다.

　3-7. 非/비 ■ [古 *pu/po(高), *puj, *pi][中 비(平)][近 비][現 비] ■
비(六祖 중-18), 비(윌/안득, 訓蒙比叡 하-12), 비(아닐, 類合 상-26), 비(아
닐/그를/외다홀, 註千), 비(아니, 釋要 하-98), 비(아닐/나무랄/어길, 新字
4-35) ■ 陰平/fei ◁ 陰平/fui ◁ 止/合3/平/微/非/甫微/pǐwəi ◁ 微/幫/平
/pǐwəi(53) // pjwəd(ə 위에 ˘) / pjwər / pjwər(385) ■ 高句麗 지명 기록인
赤木縣一云沙非斤乙(史記 37-5)과 百濟의 지명 기록인 赤島縣本百濟所
比浦縣景德王改名今德津縣(史記 36-3) 등에서 赤에 대응하는 沙非와 所
比를 찾을 수 있다. 아울러 高句麗 지명 기록인 赤城縣本高句麗沙伏忽
景德王改名今陽城縣(史記 35-2)에서는 改名의 과정에서 沙伏을 赤으로
대응시킨 것으로서, 沙非, 所比, 沙伏 등이 동일한 단어를 나타낸 것으로

생각되어 주목된다. 특히 沙非, 所比, 沙伏 등은 借音 表記로 이해되는 것인데, 이렇게 되면 沙-所-沙가 동음이 되고, 非-比-伏이 동음이 되어야 할 필요가 있다. 우선 백제 지명인 所比를 공시성 차원에서 제외시키면, 같은 고구려 지명에서 非와 伏이 동음이 된다는 것이 성립되는가 하는 것이 문제이다. 高句麗 지명에서 沙伏과 沙非의 교체는 이장희(2006)의 논의에 따라 [u]와 [i]의 교체로 이해하는 것이 하나의 방법이 될 것으로 생각되지만, 非와 伏의 漢語音을 참고하면 이들이 同音性이 될 조건을 충분히 갖추고 있다는 것에 주목할 필요가 있을 것이다. 즉 伏은 중고음이 [bjuk], 상고음이 [bjwək]이며, 非는 중고음이 [pjwəi], 상고음이 [pjwəi/pjwəd/pjwər]이다. 이와 같은 재구음에서 불확실한 韻尾를 고려치 않는다면 伏과 非는 [bjwə/pjwə]로서 성모의 有無聲에 의한 차이밖에 없는 것이다. 그러므로 고구려 한자음에서 非는 [*po] 또는 [*pu]라는 음을 가졌을 가능성이 있다.

3-8. 史/사 ■ [古 *si][中 ᄉ(上, 去)][近 ᄉ][現 사] ■ ᄉ(上聲, 六祖 서-5), ᄉ(去聲, 飜小 9-103), ᄉ(ᄉ깃, 訓蒙比叡 상-18), ᄉ(ᄉ가/ᄉ긔, 註千), 사(사관/악/사긔, 新字 1-20) ■ 上/ʂ ◁ 上/ʂï ◁ 止/開3/上/止/生/疎士/ʃiə ◁ 之/生/上/ʒiə(64) // səg / sljəg / sliəɣ(36) ━ 高句麗 지명 기록인 似城本史忽(史記 37-16)에서 史와 似가 同音인 것을 알 수 있으며, 역시 高句麗 지명인 悉直郡一云史直(史記 37-6)에서는 史와 悉이 대응하고 있다. 止攝의 齒頭音(精組) 계열과 齒上音(莊組) 계열은 중세국어 한자음에서 中聲이 '-ᄋ'로 나타나지만, 고대국어 한자음으로는 중성이 '-이[i]'로 소급되므로, 莊組 生母인 史는 고대국어 한자음을 [*si]로 재구할 수 있다. 또한 史와 悉의 대응에서는 韻尾를 제외한다면 [*si]가 되어 同音性이 확보된다. 悉의 고대국어 한자음이 [sil]이었다면, 舌音인 直의 앞에서 운미 [-l]의 탈락이 예상되기 때문이다. 新羅의 지명 기록인 泗水

縣本史勿縣景德王改名今泗州(史記 34-10)에서는 史와 泗가 동음이라는 것을 알 수 있다. 중세국어 한자음이 '亽'인 泗는 止攝 精組의 心母[s]이 므로, 역시 고대국어 한자음은 [*si]로 재구되어 史와 동음이 된다.

3-9. 泗/사 ■ [古 *si][中 亽(上)][近 亽][現 사] ■ 亽(飜小 9-49), 亽 (亽슈, 字類 상-15), 사(물일홈/콧물, 釋要 상-76), 사(사슈/쿠물, 新字 2-46) ■ 去/sɿ ◁ 去/sï ◁ 止/開3/去/至/心/息利/si ◁ 脂/心/去/sĭei(73) // sjed / siəd / sjier(47) ■ 新羅의 지명 기록인 泗水縣本史勿縣景德王改名 今泗州(史記 34-10)에서는 泗와 史가 동음이라는 것을 알 수 있다. 중세 국어 한자음이 '亽'인 泗는 止攝 精組의 心母[s]이므로, 역시 고대국어 한자음은 [*si]로 재구되어 史와 동음이 된다.

3-10. 斯/사 ■ [古 *si][中 亽(平)][近 亽][現 사] ■ 亽(六祖 하-71), 亽(이, 類合 상-22), 亽(이/쌔칠, 註千), 亽/사(이/싸걀/어조사, 釋要 상 -58), 사(쪼길/이/곳/말그칠, 新字 2-1) ■ 陰平/sɿ ◁ 陰平/sï ◁ 止/開3/平 /支/心/息移/sĭe ◁ 支/心/平/sĭe(38) // sjeg / sjeg(ə 위에 ˇ) / sjieɣ(130) ■ 新羅의 지명 기록인 火王郡本比自火郡一云比斯伐(史記 34-7)에서 斯는 自와 同音性 異文으로 이해된다. 自는 중고음이 [dzi](止攝 至韻 從母 疾 二切)로서 斯와는 聲母의 차이가 있으나, 마찰음과 파찰음의 변별이 중 화되었다면, 고대국어 한자음에서 同音이 될 수 있다. 역시 新羅의 지명 기록인 壽同縣本斯同火縣景德王改名今未詳(史記 34-12)에서 斯와 壽의 동음성이 예상되나, 이 경우는 壽의 고대국어 한자음을 [si]로 재구해야 하는 어려움이 따른다. 壽의 중고음은 [zĭəu](流攝 有韻 禪母 殖酉切)로 서 개모 [j]가 있다는 것이 고대국어 한자음 [si]로의 가능성을 보여주기 는 하지만 속단하기는 어렵다. 高句麗의 지명 기록인 獐項口縣一云古斯 也忽次(史記 37-3)에서는 獐項口의 의미에 대응하는 차음 표기 古斯也

忽次를 얻는다. 獐에 대응한다고 여겨지는 古斯也는 일본어 くじか [kuzika, 麞, 麕]란 말과 연결된다고 생각되나 확실치는 않다.[5) 다만 斯의 고대국어 한자음으로 재구한 [si]에 비추어 대응의 개연성이 크다. 역시 高句麗 지명 기록인 橫川縣一云於斯買(史記 37-5)에서는 橫의 의미에 해당하는 차음 형태 於斯를 얻을 수 있다. 橫의 중세국어 새김들인 '빗 글, 비길, 거스릴' 등과는 연결되지 않으나, 중세국어의 '믈 겨틔 엇마ㄱ 시니(馬外橫防, 龍歌 44)'와 같은 용례에서 橫에 관련되는 중세국어 어 휘 '엇(부사, 또는 접두사)'을 얻을 수 있어서 高句麗 어휘인 於斯와 대 응시킬 수 있다.

3-11. 上/상 ■ [古 *tsa, *saŋ][中 샹(上, 去)][近 샹][現 샹/상, 차] ■ 샹(上聲, 六祖 서-7), 샹(去聲, 六祖 하-59), 샹(마딕, 訓蒙比叡 하-15), 샹 (웃, 類合 상-2), 샹(웃/오롤/더을/슝샹, 註千), 웃/놉흘/올닐/오를, 釋要 상 -1), 차(차하할, 釋要 상-1), 샹(우/마/첫/치/꼭닥이/임금/인군/높흘/오를/올 릴/이를, 新字 1-1) ■ 去/ʂaŋ ◁ 去/ʂiaŋ ◁ 宕/開3/去/漾/禪/時亮/zǐaŋ ◁ 陽/禪/去/zǐaŋ(342) // źjang / dʰjang(d 위에 ᶺ) / djang(1) ■ 百濟의 지명 기록인 尙質縣本百濟上柒縣景德王改名今因之(史記 36-5)에서 上은 尙과 동음성 異文이며, 그 시대성은 8 세기이다. 上과 尙은같은 反切字이기 때문에 이들의 동음 관계는 의심할 수 없다. 역시 百濟의 지명 기록인 佐魯縣本上老(史記 37-17)에서는 上과 佐가 동음성으로 대응한다고 생 각된다. 上과 佐의 同音性은 한자음의 측면에서는 쉽게 확인하기 어렵지 만, 吏讀의 독음에서 그 가능성을 찾을 수 있을 것으로 생각된다. 吏讀 에서 '지급(支給)'을 의미하는 上下는 '자하(/차하)'로 읽으며, '바치는 것'을 뜻하는 捧上은 '받자'로 읽는데, 이 두 경우의 上은 모두 借音에 의한 것으로 이해되고 있기 때문이다. 그러면 百濟의 지명 기록에 나타

---

5) 일본어 くじか[kuzika]는 きばのろ[kibanoro, 牙獐]의 古名이다.

난 上과 佐의 대응을 토대로 上의 독음 '자(/차)'는 고대 한자음에까지 소급된다고 할 수 있다.

3-12. 召/소 ■ [古 *tsjo][中 쇼(上)][近 쇼, 죠][現 쇼/소, 죠/조] ■ 쇼(三壇 3), 쇼(브를, 類合 하-6), 죠/쇼(불을, 字類 상-65), 쇼/소(부를, 釋要 상-15), 죠/쇼(부를/대초, 新字 4-56) ■ 去/tʂau ◁ 去/tʂiau ◁ 效/開3/去/笑/澄/直照/ɖiɛu ◁ 宵/定/去/diau(287) // ··· / dʰjog / diaw(36) ▬ 高句麗 지명 기록인 買召忽一云彌鄒忽(史記 37-3)에서 買召와 彌鄒는 同音性 異文으로 파악된다. 中古 漢語音을 기반으로 할 때, 召와 鄒의 同音性은 '쇼[sjo]'보다는 '죠[tsjo]'에서 찾는 것이 무방할 것으로 생각된다. 특히 이러한 판단은 吏讀에서 '양민의 아내, 과부, 계집종' 등을 뜻하는 召史를 '조이'로 독음하며, 『龍飛御天歌』에서 召忽島를 '죠콜셤'으로 읽고 있다는 것을 참고할 수 있기 때문이다.

4. 江陵 주변의 地名 語源

4-1. -구피: 가래구피(楸洞, 왕산면 구절리)
  '-구피'는 '굽-[曲]'에 접미사 '-이'가 첨가된 것으로 생각되지만, 유기음화에 대한 설명에 난점이 있다.

4-2. 너래: 웃너래, 아랫너래(성산면 관음리), 너래바웃골(강릉시 노암리)
  '너래'는 후부 지명소로 쓰이기도 하고, 관형어로 사용되기도 한다. '너르-[廣]'에 접사 '-애'가 첨가된 것이다.

4-3. -너미: 수레너미(왕산면 구절리)
  '-너미'는 '넘-[越]'에 접사 '-이'가 첨가된 말이다.

4-4. 느르미: 앞느르미(구정면 제비리)

'느르다'는 '너르다'의 모음 교체에 의한 형태이며, '-미'는 중세
국어 '뫼[山]'나 '미[野]'에서 단모음화하여 변화된 형태이다. 제
비리의 '느르미'는 '넓은 들'이란 뜻이다.

4-5. 하네피(왕산면 고단리)

'하네피'는 '한[大]+넿[澤]+이(접사)'의 구조로 분석된다. '넿'은
'늪'의 방언 형태이다.

4-6. -단: 갈보다니(강동면 임곡리), 고단(왕산면), 어단(구정면)

'-단'은 高句麗 地名에 등장하는 '旦, 呑, 頓'의 형태와 관련된다
고 생각되며, '골[谷]'의 의미이다. '갈보다니'는 '갈보+단[谷]+이
(접사)'로 분석될 것이지만, 현지인에 의하면 '갈보'가 '갈대[蘆]'
의 의미라고 하지만, 그 형태의 유래를 확인하기는 어렵다.

4-7. -달: 어달(묵호), 웅달(사천면 석교리)

'-달'은 高句麗 地名에서 '達'로 표기되며 그 의미는 '높다[高]'이
다. 그러나 현재의 지명에 등장하는 후부 요소 '-달'은 '높다'의
뜻이라기보다는 단지 '곳[所]'의 의미로 쓰인다고 생각된다.

4-8. -덕: 고비덕(왕산면 구절리), 맹덕(孟德, 왕산면 대기리)

한자 지명으로는 주로 '德'으로 표기되는 후부 지명소 '-덕'은
'高原의 평평한 곳'을 뜻하는 말로서, '언덕'의 '덕'과도 같은 말
이다.

4-9. -두: 산두(山頭, 구정면 산북리), 당두(堂北, 강릉시 교동)

'-두'는 '뒤(後, 北)'의 뜻으로서, 한자 頭는 取音에 의한 표기이
다. 형태 '두'가 '뒤[後]'에서 변화된 것인지, 아니면 劉昌惇(1973:
33)에서 논의한 바와 같이 '*둟[後]'이라는 형태에서 온 것인지는
속단하기 어렵다.6)

---

6) 劉昌惇(1973: 33)에서는 '뒤[後]'의 형성을 '둟 > 두비 > 두위 > 뒤'의 과정
으로 파악하였다.

4-10. -모로: 돌모로(石隅洞, 왕산면 도마리), 토성모로(사천면 석교리)

'-모로'는 '피모로(椵山, 용비어천가 4-21)'에서 보는 바와 같이 山을 뜻하는 말이다. 그러나 현재의 지명에서는 '모퉁이[隅]'의 뜻으로 사용되고 있다.

4-11. -바다: 뒷바다(後坪, 강릉시 포남동), 굼바다(南坪, 연곡면 동덕리)

'-바다'는 '밭/받[田]+악/앙(접사)'의 구조에서 다시 음운 탈락을 거쳐 이루어진 말로 생각된다.

4-12. -버덩: 쑥밭버덩(蓬田坪, 왕산면 왕산리), 앞버덩(연곡면 퇴곡리)

'-버덩'은 중세국어에서 '뜰'이나 '층계'를 뜻하는 '버텅(월인석보 2-65), 버덩(삼강행실도 충-21)'에 해당하는 말이다. 현재의 지명에서는 '들[坪]'의 의미로 사용되고 있다.

4-13. -벼루: 흙벼루(土硯, 강릉시 홍제동)

'-벼루'는 중세국어의 '별ㅎ[崖]'에 접미사 '우'가 연결된 것으로 풀이된다. '별ㅎ[崖]'라는 말은 현대국어 '벼랑'에 남아 있다.

4-14. -불/-부리: 뒷불(사천면 사천진리), 바람부리(風吹洞, 왕산면 대기리)

'-불/-부리'는 新羅 지명의 후부 요소 '火, 伐'과 百濟 지명의 후부 요소인 '夫里'에 연결되는 형태이다. 그 의미는 '들[坪]'이다.

지명유래의 異說 및 와전사례
-영월지방을 중심으로-

엄흥용*

(석정여자고등학교 교감, 영월향토사연구회 회장,
국사편찬위원회 사료조사위원)

1. 서론

지명은 그 지역에 살고 있는 주민들의 생활속에서 보편적인 생각에 의해 자연발생적으로 만들어진 귀중한 言語文化財이다. 요즘 여러 지방자치단체에서 지역문화의 정체성을 부르짖고 있는데, 정체성은 그 지역 많이 가지고 있는 고유한 역사와 환경에 의해서 형성된다.

우리 고장의 옛 지명에는 조상들의 숨결과 그들이 살아온 삶의 애환이 담겨있으며 그 지방의 역사와 자연환경, 풍습, 전설, 그리고 토속신앙까지도 간직하고 있는 향토사연구의 寶庫라 할 수 있다. 그러나 선조들에 의해서 다듬어진 우리 고유의 아름답고 소중한 땅 이름이 신라 경덕왕 16년(757)에 중국식으로 개칭되기 시작하였다. 이는 당나라의 도움으로 삼국을 통일한 신라로서는 중국의 영향력에서 벗어나 독자적인 문화를 지켜나가기가 힘들었기 때문이었을 것이다. 이때부터 우리 고유의 땅 이름인 '가람'은 江으로 '뫼'는 山 따위의 한자식 지명으로 개칭되면서 한자문화권으로 포함되는 계기가 되었다.

그 후, 우리고유의 지명은 1914년 일제강점기 때 토지수탈을 목적으로 행정구역을 재편하고 토지조사사업을 하는 과정에 倭色型地名으로 바꾸어지는 또 한 번의 수난을 겪어야 했다. 이제 일제강점기로부터 해방 된지도 어언 반세기가 지났으나 우리나라에 뿌리내린 일본식 지명 정비는 아직도 체계적으로 이루어지지 못하고 있다.

현재 우리에게 주어진 가장 시급한 문제는 훼손된 지명을 찾아내고 異說이나, 訛傳된 사례들에 대한 연구를 통하여 이를 바로 잡는 일이다. 이에 본고에서는 강원도 영월지방을 중심으로 日帝에 의해 강제로 개편된 행정구역과 왜곡·이설 및 와전된 사례들을 찾아내어 이에 대한 올바른 의미를 밝혀 지역문화의 정체성을 확립하는데 도움이 되었으면 한다.

2. 日帝 강점기 초 영월의 지명 생성과 변화

조선총독부는 1914년 한반도에서 토지조사사업[1]을 실시하면서 우리의 고유 지명까지도 강제로 바꿨다. 그리고 그들은 여기에서 그치지 않고 1940년에 실시한 창씨개명이 조선인들의 희망에 의한 것이며, 강제에 의한 것이 아니라 단지 일본식 성씨를 취득할 수 있는 길을 열어놓은 것이라고 주장했다. 일제의 강압에 의한 創氏改名은 우리의 민족정신과 정

---

1) 1910년 우리나라를 강점한 일제는 조선총독부에 조선임시토지조사국(朝鮮臨時土地調查局)을 설치하여 우리나라 측지 및 제도 제작 사업을 실시하였다. 이중 측량에 속하는 업무는 ① 삼각측량(三角測量) ② 도근측량(圖根測量) ③ 일필지측량(一筆地測量) ④ 면적계산(面積計算) ⑤ 제도(製圖) ⑥ 이동지측량(異動地測量) ⑦ 지형측량(地形測量)이었다. 그 후, 1910년에서 1915년에 거쳐 총 220,762㎢에 대한 측량을 완료하였다. 이 당시 지도의 제작 과정에서 강원도 지명을 전부 일본식 한자 지명으로 기재하였고, 이를 통해 지명은 일본식 지명으로 바뀌어졌다.

체성을 말살하기 위하여 성과 이름을 강제로 바꾸는 등 그 어디서도 찾아볼 수 없는 문화 탄압인 동시에 민족말살정책이었다.

　일본은 강점기 초기 우리나라의 행정구역을 재편하고[2] 자원 수탈을 목적으로 짧은 기간 동안 토지조사사업을 위한 지도를 제작하면서 우리 고유의 지명을 재구성하였다. 이 과정에서 한글 지명이 한자 지명으로 바뀌었으며, 일본식지명이 사용되기도 하였다. 특히 1914년 조선시대의 주, 부, 군, 현을 통폐합하여 府郡制를 실시하고 면을 최하의 행정단위로 신설하였다. 이 때 두 개의 자연부락을 통합 새로운 里로 만들면서 두 글자 가운데 하나씩 따서 전혀 의미가 없는 새로운 합성 지명들이 만들어졌다. 이 제도는 기존의 이름을 완전히 뜯어 고치는 대대적인 개편으로 현재 우리나라 지방 행정구역의 명칭은 대부분 이 시기에 만들어진 것이다.

　우리나라 전체의 지명은 이 때 가장 많이 훼손되었다. 이 당시 영월군 9개 읍·면 가운데 56%에 해당하는 32개의 里가 새롭게 생성되었다. 그 변화를 살펴보면 다음과 같다.

■ 寧越邑

　영월부가 소재하고 있던 곳이라 府內面이라 불렀다. 1895년 영월부가 郡으로 격하되면서 郡內面이라 불렀다. 1937년에 川上面을 흡수하여 영월면이라 하였고 1960년 상동면 연하리를 편입하여 영월읍으로 승격되었다. 이곳 영월읍에서 1914년 3월 1일에 시행한 조선총독부령 제111호인 지방행정구역 조정에 의해 생성된 지명은 다음과 같다.

寧興里

　1914년 3월 1일에 시행한 조선총독부령 제111호인 지방 행정구역 조

---

2) 1914년 3월 1일에 시행한 조선총독부령 제111호인 지방행정구역조정

정으로 陵洞, 上松里, 川上面의 三玉里 일부인 저사를 병합하여 영흥리
라 하였다.

下松里

영월군 군내면에 속하는 지역으로 일제시대인 1914년 3월 1일 조선
총독부령 제 111호에 의한 지방 행정구역 개편으로 上松里 전체를 포함
하고 영흥리 일부를 병합하여 '하송리'라 하였다.

德浦里

1914년 일제시대의 행정 구역 개편으로 나루터(현재 동강교) 위쪽인
尙德村과 그 아래쪽 密積浦에서 한자 씩 따서 '德浦里'라 하였다.

芳節里

1914년에 실시된 행정 구역 폐합에 따라 麻谷, 淸泠浦, 細橋, 後津, 日
谷, 立石을 병합하여 방절리라 했으며 1970년 1월 행정 구역 정비 때 방절
리를 1리(마곡, 청령포, 잔다리)와 2리(서강, 날골, 선돌)로 분할하였다.

蓮下里

上東面에 속했던 지역으로 1914년 행정 구역 조정으로 초리, 숯가마
(두릉), 새마을, 남정골, 반송, 꽃밭머리, 연못골, 상타련, 하타련, 복덕원,
바람부리, 계사동, 오미를 병합하였으며 연못골 아래를 연하리, 연못골
위를 연상리라 하였다.

三玉里

1914년 3월 1일 행정구역 조정으로 땍뻬리, 번재, 사지막, 송이골, 벌말,
상촌, 먹골, 성안, 섭사, 웃구룬을 합하여 '三玉里'라고 하였다.

文山里

1914년 일제가 조선의 토지를 빼앗기 위한 목적으로 실시한 지방 행정 구역 조정 때 '文川里'와 '巨山里'를 병합하였다.

八槐里

원래 南面 땅이었으나 1973년 7월 행정 구역 개편으로 영월읍에 편입되었다. 1914년 일제시대 조선총독부령에 의해서 '八溪里'와 '槐安里' 마을에서 첫자를 따서 '八槐里'라 부르게 되었다.

■ 南面

조선 숙종 때인 1698년부터 남면이라고 했으며, 1973년 7월에 행정 구역 개편으로 興月里와 八槐里를 영월읍에 편입시키고 그 대신 서면 땅이었던 北雙里가 남면에 소속되었다.

淵堂里

1914년 남면 면사무소가 있는 중심지로 '楊淵'과 '昇堂'에서 한 자씩을 따서 '淵堂'이라 부르게 되었다.

北雙里

원래 서면 지역으로 1914년 조선총독부의 행정 구역 개편 때 北上里, 北下里, 坪洞 일부를 병합하여 북상, 북하의 이름을 따서 '북쌍리'라 하였다. 윗들골, 아랫들골, 돈대, 뒷개, 문개실, 남애, 쇠목 등의 자연부락이 현존하고 있다.

蒼院里

1914년 행정구역개편으로 남면과 서면의 官穀을 보관하던 西倉이 있었던 '倉谷'과 행인들에게 숙식을 제공하는 원집(여관)이 있었던 '院谷'에서 첫 자를 따서 만들어진 지명이다.

■ 김삿갓면

고려 의종(1167년)때 密州의 廳舍가 예밀리 밀동 마을 회관 뒤에 있었다. 1698년 조선 숙종 때 州를 폐지하고 下東面으로 개칭하였다. 원래의 지명은 하동면이었으나, 조선후기 방랑시인 김삿갓의 주거지와 묘가 있는 고장이므로 그를 기리기 위해 2009년 10월 20일에 주민들의 의견을 모아 김삿갓면으로 명칭이 변경되었다.

津別里

일제강점기인 1914년에 '나루두둑'이라고 부르던 '津邱里'와 '베리골'이라 부르던 '別梨谷'에서 '진'자와 '별'자를 따서 '진별리'로 생성되었다.

禮密里

1914년 일제의 행정 구역 폐합 때 '禮美'와 '密谷'에서 첫 자를 따와 '예밀리'라 하였다.

臥石里

1914년 행정 구역 폐합에 따라 '臥人里'와 '擧石里'를 병합하여 그 첫자를 따서 '와석리'라 하였다.

外龍里

와석과 內里사이에 있다. 1914년 행정 구역 개편으로 外直里와 龍淵에서 첫자를 취하여 '외룡리'라 하였다.

■ 中東面

원래 상동읍으로 1986년 4월 1일 대통령령 11847호에 의해서 녹전출장소와 석항출장소를 통합하여 중동면이 되었다. 1698년 上東面이라고 부르게 된 것을 시작으로 1914년에 旌善郡 新東面 石項里를 영월읍으로 이관시키고 1963년에는 경북 奉化郡 春陽面의 德邱里와 川坪里를 편입시켰다.

碌田里

1914년 4월 1일 조선총독부령 111호에 의하여 행정구역을 개편하면서 碌磻里와 柳田里에서 첫 자를 따서 '녹전리'라고 하였다.

禾院里

중동면 화원리는 1914년 행정구역 통합에 따라 '禾羅里'와 '小味院'에서 한 자씩 따서 그 지명이 만들어졌다.

蓮上里

영월군 상동면 지역으로 1914년 행정 구역 통폐합에 따라 연상리, 화라리와 정선군 신동면 석항리 일부를 병합하였으며 1986년 4월 1일 중동면이 되었다. 石項里 정선 땅인데 1914년 상동면에 편입되었다. 乭項所라는 천민 집단 구역이 있었으므로 '石項里'라 하였다.

■ 上東邑

영월군 동쪽에 있으므로 '상동'이라 한다. 동서로 길게 뻗은 태백산과 백운산 기슭에 자리 잡은 곳으로 동쪽은 광산지역, 서쪽은 산악지역으로 형성되었으며, 대한중석광산으로 유명한 곳이다. 토지가 만치 않아 일제의 경제침탈의 대상에서 제외되어 새로이 생성된 지명이 없다.

■ 北面

단종이 복위되던 1698년(숙종 24)에 영월군이 寧越都護府로 승격되면서 영월의 북쪽에 있으므로 '북면'이라 하였다.

文谷里

영월군 북면 지역으로 이곳 역시 1914년 일제의 행정 구역 조정으로 文浦(개간이)와 細谷里에서 한자씩을 따서 '문곡리'라 했는데 문포는 일제시대(1919~1945)북면의 면소재지였다.

延德里

1914년 日帝의 조선총독부령에 의해 북면이라 칭하게 되었고, 延平의 '연'자와 德下의 '덕'자를 따서 '延德里'라 하였다. 조선시대에는 이곳에 保安道 소속의 '延平驛'이 있어서 고덕치의 원동을 지나 평창 약수리의 '藥水驛, 方林驛, 大和驛'으로 갈 수 있었다.

■ 韓半島面

숙종 24년인 1698년부터 영월 남서쪽에 있으므로 西面이라 했으며 「신증동국여지승람」의 기록에 의하면 馬伊吞鄕과 耳撻所라는 향, 소, 부곡이 있었다. 1960년에 북상리에 있었던 면소재지를 신천리로 옮기고 北上, 北下, 後坪, 坪洞, 龍上, 龍下, 新川, 廣灘, 錢洞, 甕山, 射亭의 11개리를 관할하였다. 1914년 일제 강점기에는 북상, 북하, 평동의 일부를 병합하여 북쌍리로, 사정, 옹산 일부를 병합하여 옹정리로, 광탄, 전동, 옹산을 합하여 광전리로, 후평과 용하리 일부를 병합하여 후탄리로, 용상, 용하리를 합하여 쌍룡리라고 했으며 신천리를 그대로 존치하여 6개리가 되었다가 1973년 7월1일 북쌍리가 남면으로 이관되어 현재는 5개리를 관할하고 있으며 1963년에는 쌍룡출장소를 설치하였다. 신천리 현대시멘트자리에 있었던 면사무소는 1936년 병자년 가력때 수몰되어 우래실로 옮겼다.

원래의 지명은 서면이었으나, 옹정리 선암마을 인근의 지형이 마치 한반도지형을 빼닮은 자연경관을 가지고 있어서 2009년 10월 20일에 주민들의 의견을 받아들여 현재와 같은 韓半島面으로 명칭이 변경되었다.

廣錢里

일제시대인 1914년에 '廣雲里'에서 '광'자를, '錢洞里'에서 '전'자를 취하여 '광전리'라 했는데 남면 광천리와 혼동하는 일이 많다.

新川里

1914년 행정구역 개편 때도 그 명칭이 바꾸어지지 않은 곳으로 원래의 지명은 순수한 우리식 땅이름인 '새내'라고 불렀는데 한자식 땅이름의 영향을 받아 '신천리'라 하였다.

雙龍里

1914년 행정 구역 개편 때 용들 위 쪽인 龍上里와 아래 쪽인 龍下里 일부를 합하여 '쌍룡리'라 하였다.

甕亭里

1914년 3월 1일에 시행한 조선총독부령 111호인 지방 행정 구역 폐합 때 甕山里의 '옹'자와 射亭里의 '정'자를 따서 '옹정리'라 하였다.

後灘里

일제시대인 1914년 지방 행정 구역 폐합 때 龍下里 일부와 廣灘里를 병합한 후 後坪과 廣灘에서 한 자씩을 취하여 '후탄리'라 하였다.

■ 酒泉面

高麗 忠烈王때 처음으로 주천현이라 하였다. 그 후 현종 때 縣이 폐지되면서 원주목에 소속되어 鶴城이라고 불렀고, 1905년(고종 42)에 영월군에 귀속되어 左邊面과 右邊面으로 나누어졌다가 1916년에 좌변, 우변면 일부를 합하여 兩邊面으로 호칭되었고 1931년에 주천면이라 부르게 되었다.

新日里

원주군 右邊面 지역이었으나 영월군으로 편입되었다. 1914년 일제의 행정구역 폐합에 따라 新興里, 日午谷里, 公順院을 병합할 때 신흥과 일오곡의 이름을 따서 '新日里'라 하여 양변면(주천)에 편입시켰다. 신일리에는 保安道 소속의 新興驛이 있었던 역골이 있었으며, 그 이웃에는 公順院이라는 원집이 있었다.

龍石里

원주군 右邊面에 속했던 곳으로 1905년(고종 24)에 영월군으로 편입되었고 1914년 행정구역 폐합에 따라 龍水谷, 石橋里, 大村, 閑田里, 上新坪, 外新坪, 內新坪, 사슬치 등을 병합할 때 '龍水'와 '石橋'의 이름을 따서 '용석리'라 부르게 되었다.

板雲里

원주군 左邊面에 딸린 지역이었으나 1905년(고종 42)에 영월군에 귀속되었다. 좌변면이란 주천강을 중심으로 원주쪽에서 좌측을 좌변면, 우측을 우변면이라 하였다. 이곳 지명의 유래는 구름과 안개가 넓게 끼이

는 곳이므로 '널운' 또는 '너룬'이라 했으나 일제 시대인 1914년에 유목
정, 삼거리, 밤뒤, 새벌, 둔전동, 가마동, 장춘리 등의 행정구역을 병합하
면서 '판운리'라 부르게 되었다.

■ 水周面

영월군 소재지에서 북서쪽으로 35km에 위치한 수주면은 고려 忠烈
王 때는 原州府의 관할이었다. 1905년(高宗)에 영월군으로 귀속되면서
좌변면과(주천) 우변면(수주)으로 나뉘어졌다. 1914년 3월 행정구역 폐
합에 따라 사자산 밑에 있는 獅子里에다 도곡리 일부를 병합하여 '법흥
리'라 하였다.

桃源里

영월군 수주면인데 1914년 행정구역 개편때 內桃川, 西雲里 우변면
의 바깥도내(外桃川) 일부를 합한 후 '도원리'라 하였다.

斗山里

1914년 행정구역 개편으로 斗滿洞과 拜向山에서 한자씩을 따서 '두
산리'라 하였다.

雲鶴里

1914년 3월 지방 행정구역 개편때 오두치재 밑에 있는 끝 마을인 瑞雲과
어귀 마을인 鶴山에서 한자씩을 따서 '운학리'라 하였다.

위와 같이 영월군 9개 읍면을 중심으로 일제 강점기를 거쳐 현재까지
지명의 생성과 변화를 파악하고 조사해 보았다. 특이한 것은 태백산자락
에 형성된 상동읍(구래리, 내덕리, 덕구리, 천평리)은 다른 읍·면에 비해

논밭이 적고 화전민들이 많이 살던 곳으로 일제의 토지착취의 대상에서 벗어날 수 있었다. 즉 영월의 9개 읍·면 가운데 상동읍은 유일하게 1914년 일제의 의해서 강제로 생성된 지명을 찾아 볼 수 없었다.

영월군 소재지인 영월읍은 11개리 가운데 정양리와 흥월리를 제외한 9개리가 1914년 일제의 의해서 강제로 생성된 지명이었다. 새로운 지명이 만들어진 영월읍 9개리는 들녘이 넓고 논과 밭이 많은 지역이다. 그러나 이에서 제외된 지역은 산전지역으로 강제로 약탈할 가치가 적은 지역이었다.

일제는 1914년 지방행정구역을 재편하면서 두 마을 지명의 글자 가운데 하나씩 따서 전혀 의미가 없는 새로운 합성지명을 만들었다.

이 당시 영월군에 새로이 생성된 지명을 찾아보면 다음과 같다. 영월읍 11개리 → 9개리, 남면 6개리 → 3개리, 김삿갓면(하동면) 9개리 → 4개리 중동면6개리 → 3개리, 상동면 4개리 변화 없음, 북면 5개리 → 2개리, 한반도면(서면) 5개리 → 5개리, 주천면 6개리 → 3개리, 수주면 5개리 → 3개리가 새로운 지명으로 개명되었다. 영월군 법정리 57개 가운데 56%에 해당하는 32개의 리가 일제에 의해서 강제로 바꾸어지게 된 사례를 찾을 수 있었다.

3. 日帝에 의한 지명의 訛傳사례

일제(日帝)는 조선을 강점한 후 토지조사사업과 지도제작을 통하여 1914년에 전국적인 행정구역의 재편이 가능하였다. 그 과정에 순수한 우리의 순 한글 옛 지명은 한자화하면서 전혀 새로운 의미의 지명으로 불리어 지기도하였다. 그리고 한자식으로 바뀐 지명에는 뜻이 전혀 다른 것도 있고 의미를 그대로 간직한 채 바뀐 사례도 있다. 그러나 오늘 까지도 일제에 의해 생성된 지명들을 그대로 사용되고 있는 실정이다.

불행 중 다행인지 몰라도 그 당시 행정력이 모자라 미처 한자화 될 겨를이 없었던 리·동 이하의 작은 지명은 이 같은 추세에서 벗어날 수 있었다. 동네·마을 등 자연부락과 산·들·내·마을·고개·옛길 등 자연부락의 소지명은 民草들에게 구전되어 우리 고유의 본래 모습을 그대로 유지한 채 옛 지명 그대로 불리어 지고 있다.3) 특히 여우고개, 먼내벌, 양지뜸, 가르내, 개살이, 가랍마을, 윗우래실, 샅둔, 나래실, 꽃밭여울, 물가모퉁이 등 땅이름만으로 그 지역의 특징을 잘 보여주는 정감어린 지명들이 많다.

그러나 일제는 갖가지 이유로 이러한 지명을 개칭하였다. 즉, 옛날 배나무가 많았던 중동면 배나무골은 梨木里로, 서면 쌍용리에 새터는 新村으로, 남면 광천리 솔안이골을 松內谷로, 중동면 꽃꺾이재를 花切峙로 바꿨다.

이 같은 결과 우리 선조들은 일제치하에서 우리의 언어를 잊은 채 일상생활에서 일본의 언어와 문자를 사용하였고, 우리의 고유한 지명도 일본식지명으로 개칭되었던 것이다. 이에 현제 영월지방을 중심으로 조사한 우리의 옛 지명이 한자화 되면서 전혀 새로운 의미로 바뀐 지명과 한자식 지명으로 바꾸어지기는 했으나 그 의미는 그대로 간직한 채 개명된 사례에 대하여 알아보겠다.

1) 우리 땅이름이 한자화 되면서 새로운 의미로 바뀐 사례

예 1) 王朴山 → 旺朴山

영월군 남면 토교리에 있는 왕박산(해발 597m)은 원래 王朴山이었으나 일제에 의해 의도적으로 王 → 旺으로 바꾸어 旺朴山이 되었다. 즉, 王자 앞에 일본을 의미하는 日자를 넣어 우리의 명산에 일본 천황의 이

---

3) 영월지역에 현존하는 샛말, 뒷말, 물거리, 위뜸, 아래뜸, 진배미, 새술막, 숯가마, 산아몰, 삽짝모랭이 등 아름답고 정겨운 지명들이 많이 남아있다.

미지를 심었다. 그리고 이곳 왕박산에 큰 인물이 나는 것을 막기 위해 쇠말뚝을 박아 명산의 혈을 끊었으나 해방 50주년이 되는 해인 1995년에 민족정기를 바로잡기 위해 영월주민들이 중심이 되고 한전기공(한전 kps)의 후원으로 이곳에 박혀 있던 쇠말뚝을 제거하기도 하였다. 이 때 KBS와 일본 NHK방송에서 이 장면을 방영하였다.

예 2) 한밭 → 閑田

주천면 용석리에 있는 마을이다. 새들 서쪽에 있는 넓은 들녘이다. '한이란 크다'는 뜻으로 '한밭이란 넓고 큰 들녘을 지칭하는 의미인데, 사람들은 사람들이 살기 좋은 한가로운 전원마을이라는 의미를 부여하고 있다.

예 3) 마굿 → 麻谷

영월읍 방절리에 있다. 마을 북쪽에 있는 소머리 바위와 그 산 줄기의 모양이 소가 엎드려 있는 와우형국이므로 이 마을은 '소 마굿간'에 해당한다 하여 '마굿'이라 하였다. 그러나 일본이 1914년 토지 측량을 하면서 순수한 우리 말 땅이름의 음이나 훈을 차용하여 표기하는 과정에서 '마굿'이라는 고유한 지명이 전혀 의미가 다른 '麻谷, 삼베를 많이 심었던 마을)으로 바꿨다.

예 4) 새내 → 新川里

서면 신천리에 있다. 이곳은 평창강과 주천강 사이에 있는 마을이므로 "사잇내 → 새내"라는 순수한 우리식 땅이름인 '새내'였다. 1914년에 의미와 뜻이 전혀 다른 新川里로 변형되었다. 합수지점 안쪽을 '안새내', 바깥쪽을 '바깥새내'라고 하였다.

예 5) 개간이 → 文浦

북면 문곡리에 있다. 이곳은 연덕천과 마차천이 합류하는 개천 사이에 있는 마을이므로 "개, 사이 → 개간이"였으나 한자식 이름인 文浦라는 이름이 생성되었다.

예 6) 달앗 → 月田里

북면 연덕리에 있는 자연부락이다. 火田이 많았던 곳으로 "달은 산"을 의미하므로 산전을 달밭이라 하였다. 앗은 "밭 → 밧 → 앗"으로 변했으므로 달앗이란 산전을 부치면서 사는 마을이라는 뜻인데, 그 의미가 전혀 다른 달빛이 비치는 마을인 月田里로 생성되었다.

예 7) 산아몰 → 山井

서면 후탄리에 있는 작은 산골 마을이다. 오루산 끝자락에 자리한 산촌마을로 높은 산아래에 있는 마을이므로 "산아몰"이라 불렀다. 몰이란 우리고유의 땅이름으로 큰 산 아래에 있는 마을을 의미하는데, 그 후 산아몰 → 산아물 → 산정(산 아래의 우물)으로 그 본래 의미가 완전히 변하였다.

예 8) 도내 → 桃川里

주천면 도천리마을이다. 태기산과 치악산에서 흘러드는 섬안이 강이 마을 앞을 돌아서 흐르므로 "도는 내 → 도내 → 되내"라는 순수한 우리말 이름이었으나 한자식 이름인 桃川里라는 이름으로 생성되었다. 그리고 건너 마을인 도원리는 섬안이강 안쪽에 있으므로 '안도내', 도천리는 바깥쪽에 있으므로 '바깥도내'라 불렀다. 그리고 건너 마을은 도원리로 변하였다.

2) 한자지명으로 바꿨으나 意味는 그대로 간직한 사례

예 1) 느지내 → 滿川

주천면 도천리에 있는 여울이다. 마을 앞으로 흐르는 섬안이 강이 느리게 흐르므로 '느린내 → 느지내'라 하였다. 그 후 한자식이름인 滿川으로 바꿨다.

예 2) 안새들 → 內新坪

주천면 용석리에 있다. 주천강의 범람을 막기 위해 제방을 쌓으면서 새로이 조성된 방축안쪽에 있는 마을로 넓은 들녘이 있다. 제방 안쪽에 새로이 조성된 들녘마을 이므로 '안새들'이라 칭하였다. 훗날 한자식 지명인 內新坪으로 바뀌었지만 뜻은 그대로 내포하고 있다.

예 3) 섬안이 → 島內

水周面 두산리에 있는 마을 이름이다. 주천강과 황둔천이 이곳에 합류하여 3면이 강으로 둘러쌓여 마치 복주머니 같은 형상을 하고 있는 곳이므로 '섬안이'라 불렀다. 島內라고 이름을 부르고 있지만 이곳역시 지명의 원래 뜻을 잘 간직하고 있는 곳이다.

예 4) 진밭 → 長田坪

남면 조전리 상촌 동쪽에 있는 長田坪은 원래 '이레밭(7일 동안 소가 갈아야 한다는 뜻)' 또는 '긴밭'이였으나 → 진밭' → 長田坪으로 변하게 되었다.

예 5) 가람마을 → 柯亭洞

북면 연덕리에 있는 전형적인 농촌 마을로 옛날 이곳에 가랍나무라고 불렀던 큰 떡갈나무가 있었으므로 '가랍마을 → 가람마을'이라고 하였다. 영월읍 문산리 '가람마을'은 순수한 우리말 지명을 그대로 쓰고 있다.

예 6) 너다리 → 坂橋

북면 마차에서 미탄으로 가는 도로변에 위치한 마을이다. 마차탄광의 중심부로 만 명이 넘는 많은 사람들이 거주하던 곳이다. 마을 앞으로 鶴田川이 흘러내리는데 그 냇물을 건너는 '널판다리'가 있었으므로 그 지명을 '널다리 → 너다리'라 했으며, 지금은 4가구가 살 정도로 폐촌이 되었다.

예 7) 울래실 → 鳴羅谷

서면 신천리에 있는 마을이다. 조선 6대 단종대왕이 영월 청령포로 유배 올 때 이 마을 앞으로 지나갔다. 이 때 수많은 백성들이 울면서 단종을 맞이한 마을이므로 "울래실"이라 하였다. 그 후 한자식 표기인 鳴羅谷이라 하였다.

예 8) 밝은 밭 → 明田

남면 蒼院里와 충북 영춘면 游岩里와의 경계가 되는 마을이다. 서쪽에서 뻗어 내린 초롱봉이 마을 전체를 감싸고 있다. 초롱불이 밝게 비춰주는 마을이라 하여 '밝은밭'이라 했는데 1914년 日帝가 漢文 표기법으로 고쳐서 순수한 우리말 땅이름인 밝은 밭을 明田이라고 하였다.

예 9) 새술막 → 新酒幕

남면 창원리 담대골과 쌍용 삼거리 중간에 있다. 일본이 공출된 곡식을 실어 나르기 위해 38번 국도를 만들었는데, 그 때 구길인 원터거리에 있던 주막집들이 이곳으로 옮겨와 새로이 술막을 차려 놓고 장사를 했으므로 '새술막'이라 하였다. 새술막 주유소가 있는 마을로 일부 사람들은 한자식 표기법으로 '新酒幕'이라고 하는데 새술막이라는 이름이 더 정감이 간다.

예 10) 흙다리 → 土僑里

남면에 있다. 이곳은 어상천으로 가는 옛길로 가창산에서 흐르는 작은 계곡 물을 건너기 위해 통나무를 가로질러 놓고 그 위에다 청솔가지와 흙을 덮은 '흙다리'가 있었다. 그 동남쪽인 어상천면 石僑里에는 '돌다리'가 있었다.

예 11) 든돌 → 擧石里

김삿갓면4) 와석리 김삿갓묘소로 가는 골어구와 싸리골 사이에 있는 마을이다. 동네 입구에 초가집만한 큰 바위가 있어서 원래 지명은 든돌 또는 든바우라 하였다. 그 후 순수한 우리말 땅이름인 든돌이 한자식 표기법인 '거석리'로 변하였으며 난리가 있을 때는 마을사람들이 이 바위 밑에서 피난도 했으나 그동안 수차례의 수해와 도로공사로 많이 묻혔다.

예 12) 너부내 → 廣川里

영월군 남면에 있다. 이곳의 원래 지명은 '너부내'이다. 비가 많이 오면 아홉 골짜기에서 쏟아져 나오는 물이 갑자기 불어나서 마을 가운데로 넓은 내를 형성하므로 순수한 토박이 땅이름인 '너부내'라고 불렀다. 그 후 일제 때 한자식 지명으로 바꾸어지면서 '넓을 廣'자와 '내 川자'를 써서 '광천리'라고 부르게 되었다.

---

4) 영월군 하동면이었으나 이 지역은 방랑시인 김삿갓의 묘소와, 유적지가 많이 있는 곳이기 때문에 주민들의 요청에 의해 2009년 10월 20일부터 하동면에서 김삿갓 면으로 개칭되었다.

4. 영월지방 異說 지명에 대한 조사 연구

지명이란 어느 지역을 막론하고 세월이 흐르면서 異說이 있거나 잘 못된 지명이 생기는 사례가 많이 있다. 지명유래를 보면 "~이 많아서, ~ 같아서, ~일 것이다." 등 추측성 이야기가 많이 있다. 그리고 일제강점기 초기인 1914년 토지조사사업으로 행정재편을 할 때 원래의 뜻과는 전혀 관련이 없는 다른 의미로 생성되어 후세에 잘못 전해지는 경우가 많다. 이는 구전되던 순수한 우리말을 무리하게 한자식으로 표기하면서 생긴 오류이다.

영월지역도 본뜻과는 상관없이 잘못 전해지는 지명이 많다. 그동안 대부분의 지명들은 문자로 기록되지 못한 채 조상대대로 지역주민들에 의해 구전되어왔다. 그 결과 많은 지명들이 異說化되어 본래의 소중한 의미를 상실한 채 그대로 불리어지고 있는 현실이다. 그나마 근래에 와 서는 지방자치단체의 군지 편찬을 계기로 마을별로 지명유래를 조사하 여 문자로 수록해놓게 된 것은 다행스러운 일이다.

이에 본고에서는 이 지역의 잘못된 지명에 대한 조사연구를 통하여 우리말의 뿌리를 찾아 본래의 뜻을 밝혀야할 것이다.

예 1) 오무개 → 오목

영월 동북쪽에 있는 마을로 오리정이라 불렀다. 옛날 큰 오동나무가 있어서 '오목개, 오무개'라 한다. 는 이야기가 있으나 이것은 잘못된 異 說에 불가하다. 그 어원은 영월광업소와 발전소가 호황을 누리던 시절 마차리에서 영월 정양리 화력발전소로 무연탄을 나르기 위해 설치한 검 은 케이블카가 마치 까마귀무리처럼 줄지어 다녔기 때문에 사람들은 '烏舞介'라고 불렀다고 한다. 여기서 '개'는 '물가'를 뜻하는 순수한 우

리말이다. 그 당시 케이블카의 거리는 12km나 되었고 이를 떠받치는 철
탑은 48개나 되었다. 1943년에 영월화력 발전소 건설 때 만들어 저 1973
년 말에 없어졌다.

예 2) 소나기재 → 솔안이재

영월읍 장능을 지나 북면 삼거리로 넘어가는 38번 국도에 있는 고개
이다. 일설에는 단종이 유배지인 청령포로 가면서 이곳을 지났는데 하늘
도 서러워 많은 소낙비를 뿌려서 소나기재라고 불렀다는 잘못된 이야기
가 영월관광안내서에 소개되기도 하였다.

그러나 단종이 영월 청령포로 유배 올 때는 이 도로는 없었고, 선돌
아래 쪽 도로를 이용했는데, 일제강점기 이전 까지 이 도로를 사용하였
다.[5] 일본은 장릉의 맥을 끊을 목적으로 선돌 아래쪽에 있었던 구 도로
를 방치한 채 장릉 앞으로 38번 국도를 새로 만들었다.

이 고개는 푸른 소나무로 가득한 고개였으므로 소나무 안에 있는 고개
즉, '솔안이재 → 소라니재 → 소나기재'가 된 것이 정확한 이야기이다.

예 3) 역촌 → 新興洞

酒泉面 新日里에 있는 마을이다. 이곳은 조선시대 保安道 소속인 원
주 神林驛에서 치악산을 넘어오는 驛路로 이곳은 충북 제천과 강원 원
주, 영월, 평창으로 갈수 있는 교통의 요충지인 '新興驛'이 있었던 곳이
다. 이웃에는 公順院이라는 원집이 있었던 원터가 남아있는데 이곳 자연
부락 명칭도 '공순원 마을'이라고 부르고 있다. 또한 말들이 풀을 뜯던
'마래미'와 말을 사육하기 위해서 驛에다 지급했던 '馬位田'이 있었던

---

5) 선돌 아래쪽의 구도로는 1905년(고종 42) 까지도 목탄차가 다닐 수 있도록
　석벽을 쌓아 확충했는데, 그 공사를 기념하기 위해 감독관인 이춘화가 자연
　석에 『光武九年 李春和排路修救碑 乙巳二月一日』라고 새긴 비(碑)가 선돌
　밑 강변에 있다. 그리고 장마로 파손된 도로의 흔적이 지금도 남아있다.

곳은 지금까지 '馬坪'이라는 지명이 남아 있다.

그러나 이 같은 역사적 사실이 밝혀지기 전까지도 이곳 주민들의 이야기는 새롭게 부자가 된 사람들이 많이 사는 동네이므로 新興洞이라고 주장하였다.

예 4) 陰谷里 → 細谷里

북면 문곡리 가느골 북쪽 덕고개 밑에 있는 샘으로 수량이 풍부하다. 이곳은 석회암 지대로 물이 지하로 스며들어 많은 양의 물이 분출하는데 이 물을 이용하는 송어양식을 하고 있다.

文谷里 암샘터인 陰谷泉의 形像은 여자의 陰部처럼 생겼으므로 '陰谷泉'이라 하였다. 細谷里의 원래 지명도 이 샘터로 인하여 '陰谷里'라 하였으나 이름이 흉하다 하여 '陰'자 대신에 '細'자를 써서 세곡리라 하였다. 「新增東國輿地勝覽」에 『陰谷泉 在郡北二十里 源出陰谷巖穴中南流入干後津』음곡천은 군의 북쪽 20리에 있으며 물의 근원은 음곡의 바위 틈에서 나와서 남쪽으로 흘러 후진(방절리 서강)으로 흘러간다.』고 기록되어 있다. 즉, 陰谷里가 정설이고, 細谷里는 異說에 해당된다.

또한, 요즘도 가뭄이 들면 행실이 착한 여자를 골라 밤늦게 막대기로 '음곡천'을 쑤신 후, 고사를 지내면 비가 온다고 한다.

예 5) 음성개 → 문성개

영월군 삼거리와 띠앗 일대의 문곡 4리 마을이다. 가느골 陰谷泉에서 내리는 물이 西江으로 흘러 들어가면서 큰 개(물이 드나드는 곳)를 이루었으므로 '음성개'라는 지명이 생겼다. 그러나 훗날 세월이 흐르면서 陰谷泉이 文谷川으로 바뀠다. 이 때 음성개도 陰자가 文자로 바꾸어지면서 '음성개 → 문성개'로 변하였다.

예 6) 샅둔 → 삽둔

서면 쌍용리 월촌과 용동골 사이에 있는 마을이다. 일설에는 강원도와 충청북도 사이에 있는 마을이므로 '사이의 뜸(마을) → 삿뚬 → 샅둔 → 삽둔'으로 변했다. 는 異說이 있다.

쌍용리의 지형이 용의 형상이므로 허리부분에 해당하는 용들(들녘)을 중심으로 머리 쪽을 용상리(쌍용시멘트 공장과 샅둔 사이에 있는 장성거리 앞을 '용들'이라 하고 용들 위를 용정원), 꼬리 쪽을 용하리(용들 아랫 쪽에 있는 마을인 삽둔, 박달골, 용돌골, 산정 등)라고 한다. 1914년 일제에 의해 龍上里와 龍下里를 병합하여 雙龍里로 개명되었다.

그리고 샅둔은 풍수학적으로 용의 아랫배와 두 허벅다리가 이어진 지형에 해당된다. 하여 샅둔이라 하였다. 즉, '샅'은 '間'라는 뜻으로 '샅'과 관련된 지명으로는 좁은 골짜기 사이를 '고샅', 씨름할 때 두 다리 사이에 거는 헝겊 끈을 '샅바'라 한다.

예 7) 獄洞 → 玉洞里

하동면(김삿갓면) 소재지이다. 禮密里 密洞은 1167년 고려 시대에는 密州의 廳舍가 있었다. 그 당시 죄인들을 가두던 감옥이 옥동리의 옥동중학교 자리에 있었다.

獄이 있었던 마을이므로 '獄洞'이라고 했으나, 현제는 '獄洞 → 玉洞'으로 개명되었다.

예 8) 米洞 → 싸리골

김삿갓 계곡의 각시소 위쪽에 있다. 거석리(든돌, 擧石里)에서는 유일하게 20여 마지기의 논이 있어 쌀농사를 지을 수 있는 골짜기이므로 '쌀골'이라한다. 그러나 세월이 흐르면서 米洞 → 싸리골이라는 전혀 다른 이름으로 변하였다.

예 9) 행금벌 → 행군벌

중동면 녹전리와 응고개(鷹峴) 사이로 행금벌 휴게소가 있는 마을이다. 옛날 의병들이 이곳을 行軍하여 지나갔으므로 '행군벌'이라 했다는 異說도 있다. 태백산의 어평에서 발원하는 玉洞川은 川坪里와 德邱里를 지나 행금벌 앞으로 흘러간다. 구한말과 일제 때부터 천평리 상류인 御坪은 砂金 채취를 많이 하던 곳이며, 上東 德邱里의 金井도 금광으로 유명한 곳이다.

이곳에서 흘러내리는 계곡은 솔고개에서 급회전을 함으로 행금벌 앞에는 사금이 섞인 모래가 많이 쌓이게 된다. 70~80년 전만 해도 이곳은 사금을 채취하여 행금질을 했던 곳이므로 '행금벌'이라는 지명이 생겼다.

예 10) 麗村 → 골말

서면 廣錢里의 402번 지방도 옆으로 영월책 박물관이 있는 마을이다. 북면 연덕리에 있는 延平驛과 원동에 있는 濟德院으로 가는 길목으로 驛卒들이 많이 머무르던 곳이어서 역골마을 → 골말이라 하였다. 그러나 훗날 마을의 경관이 아름다워서 '고운마을(麗村)', 즉 麗村이라는 잘못된 지명으로 전해지고 있다.

예 11) 黃腸谷

수주면 두만동 두산 2리에 있는 마을이다. 옛날 이 마을에 맨손으로 호랑이를 잡은 황장사가 살던 곳이라 황장골이라 불렀다는 잘못된 이야기가 전해지는 곳이다. 실제 지명의 유래는 왕실이나 양반들의 棺으로 쓰이는 黃腸木이 많은 곳이다. 순조때(1802년) 소나무를 보호하기 위하여 이곳에다 높이 110cm, 폭 55cm의 『黃腸禁慓碑』를 세웠으므로 이곳을 '황장골'이라 불렀다. 庚子년 11월 영월부사 金鼎夏는 황장목 관리를 잘못한 죄로 귀양을 갈 정도로 황장목 보호에 엄격하였다.[6]

예 12) 庫村

영월읍 쌍용리 쌍용역 북쪽에 있는 마을로 마을 앞 다리를 건너면 新村이다. 이곳은 논이 많은 들녘으로 조선시대 세곡을 징수하여 보관하던 창고인 西倉이 있었다. 「영월부읍지」에 서창의 위치를 『南面 倉洞里 西距三十五里 西面 龍上里 西距四十里』라고 기록하고 있다.[7]

이곳 지명이 고촌이므로 주민들은 옛날 상여를 보관하던 곳집이 있었던 마을로 잘못 이해하고 있다.

예 13) 병막터

영월읍 하송리 정민주택 동남쪽 양전 뜰 부근이다. 예전에 급성 돌림병인 疫病이 발생하면 환자들을 이곳에다 막을 치고 격리시켜 수용했던 곳이므로 '병막터'라고 하였다. 그러나 많은 사람들은 옛날 병사들이 군막을 치고 주둔하던 곳이어서 兵幕基라는 지명이 생겼다는 異說이 있으나 이는 잘못된 이야기이다.

예 14) 여우고개

영월읍 덕포리 중리에서 하리로 넘어가는 작은 고개이다. 이곳은 하

---

6) 「국역 영월부읍지·영월군읍지」. 엄흥용 국역, 영월문화원 발간, 2003년, 한결출판사,

7) 엄흥용, 2006, 「영월부읍지·군읍지」, 영월문화원, 한결출판사
   1914년 행정 구역 개편 때 서창(西倉)이 있었던 남면 창동리 일부가 서면 쌍룡리(북상리)로 넘어가게 되고 북하리인 용동골 일부는 후탄리로 편입되었다. 「영월부읍지」에 서창의 위치를 『南面 倉洞里 西距三十五里 西面 龍上里 西距四十里』라고 기록하고 있다.
   서창에 보관되었던 세곡은 영월읍 영흥리의 읍창(邑倉), 중동면 이목리의 동창(東倉), 하동면 예밀리의 두창(杜倉)에 보관되어 있는 세곡과 함께 남한강의 뱃길을 따라 원주 부론면 섬강에 있었던 흥원창(興原倉)을 거쳐 서울의 경창(京倉)으로 옮겨졌다.

동, 영춘으로 가는 길목으로 예전에는 숲 마을이라 할 정도로 나무들이
울창하여 날이 어두워지면 여우가 자주 나타나서 '여우고개'로 부르게
되었다. 그러나 이는 잘못된 이야기이다. '여우'란 '작다'는 의미를 지니고
있으므로 '작은고개'라는 뜻이다. 즉, 여름에 잠깐 스치고 지나가는 비를
여우비, 강가의 얕은 곳을 여우 살 → 여울 살이라 부르고 있다.

4. 결론

본고에서는 日帝에 의해 훼손된 순 우리 지명과 異說이나, 訛傳된 사
례들에 대하여 영월지방을 중심으로 살펴보았다. 그러나 광복 반세기가
지났지만 아직도 지역 곳곳에 뿌리 내리고 있는 왜곡된 지명은 숫자를
헤아릴 수 없을 정도로 많았다.

이 같은 결과는 우리의 민족문화를 말살하려고 한 일본의 잘못도 크
지만 보다 근본적인 문제는 그동안 우리 스스로가 훼손된 지명자료에
대한 체계적인 연구가 부족한 것이 가장 큰 원인이었다.

영월지방을 중심으로 日帝 강점기인 1914년의 지명 생성과 변화를 살
펴보면 두 개의 마을을 통합하여 새로운 里로 만들면서 전혀 의미가 없
는 새로운 합성 지명들이 많이 만들어졌다. 특히 토지가 많은 영월읍은
11개里지역에서 82%에 해당하는 9개리의 지명을 바꿨다. 이에 반해 태
백산자락의 화전촌으로 논밭이 적은 상동읍은 4개리 가운데 한곳도 바꾸
어진 사례를 찾아 볼 수 없었다. 이는 일본이 토지수탈을 목적으로 우리
의 지명을 고쳤다는 것을 증명할 수 있는 사례라 할 수 있다. 그리고 영
월군 전체 法定里 지명 가운데 무려 56%에 해당하는 32개의 里가 새로
운 지명으로 개명, 훼손된 사례를 알 수 있었다.

또한, 땅이름이 한자화 되면서 산아몰이 山井, 너다리가 坂橋, 새내가
新川里, 달앗이 月田里, 밝은밭이 明田, 느지내가 滿川, 가랍마을이 柯亭

洞 등의 한자어로 바뀐 지명이 수없이 많았다.

그 외에도 異說이나, 訛傳된 지명도 곳곳에 많이 남아있음을 알 수 있었다. 그러나 다행스러운 일은 아직도 시골에는 우리 고유의 땅이름인 여우고개, 먼내벌, 양지뜸, 가르내, 개살이, 가랍마을, 윗우래실, 샅둔, 나래실, 꽃밭여울, 물가모퉁이 등 땅이름만 들어도 그 지역의 특징을 알 수 있는 아름답고 정감어린 지명들이 곳곳에 많이 남아있다. 우리는 비록 늦은 감은 있지만 향토사연구의 寶庫인 지명의 소중함을 인식해야 한다.

본고에서는 日帝에 의해 훼손된 순수한 우리 지명들에 대하여 영월지방의 현장사례를 중심으로 살펴보았다. 그러나 광복 반세기가 지났지만 지역 곳곳에 왜곡된 지명은 숫자를 헤아릴 수 없을 정도로 많았다.

이 같은 원인은 우리 스스로가 훼손된 지명자료와 이에 대한 체계적인 연구가 부족한 것이 가장 큰 원인이었다. 앞으로는 지명에 대한 지속적이고 체계적인 정리사업과 연구가 이루어 져야 할 것이다.

문화재지표조사 때의 지명조사
—속초·양양지역을 중심으로—

김만중
(속초시청 학예연구사)

1. 머리말

地名은 말 그대로 땅의 이름이다. 이름이라고 하는 것은 이를 적절하게 표시하고 드러나 있어야 그 생명력을 지니게 될 것인데, 땅도 마찬가지일 것이다. 이런 땅의 이름이 통치 차원에서 단순히 ○○시(군) ○○동(읍·면) ○○번지 등으로 표시되어 드러나 있지 않다가 최근 정부를 중심으로 강력하게 시행되고 있는 새주소를 통해 조금씩 자신의 모습을 드러내고 있다. 일제강점기에 토지조사사업의 결과로서 수탈 및 조세징수 목적으로 시행되었던 지번 중심의 주소체계를 소위 선진국형 주소체계라고 하는 도로명 중심으로 주소를 새롭게 개편하는 체제[1]에 따라 그동안 우리가 잊어 버리고 있던 땅 이름들이 이름 뒤에 '길'이나 한자어 '로'를 붙이면서 화려하게 재등장하고 있는 것이다. 바야흐로 문헌이나 사람들의 입 속으로 전해져 오던 지명은 자신의 이름을 드러내 놓는 시

---

1) http://juso.go.kr > 새주소소개 > 새주소란 > 도입배경

대를 접하게 된 것이다.

신라 경덕왕 대 우리 문물을 정비하면서 우리 식으로 되어 있던 많은 것들이 한자식으로 변한 것은 주지의 사실이다. 이 가운데서도 지명은 이 땅 안에 고대국가이던 고구려, 백제, 신라, 가야 등이 신라로 통일되기 이전의 자기 본연의 이름을 지니고 있었으나 신라라는 통일된 체제를 맞이하면서 한자식으로 정리가 되었다. 이때 미처 정리되지 않은 것들은 지역 촌로들의 입을 통해 우리말이든 한자어든 어떤 식으로 자신의 이름을 전해 오면서 사람들의 움직임에 의하여 수많은 변천을 겪었을 것이다.

이렇게 전해져 온 지명은 문화의 시대를 맞이하면서 각 지역에서 '○○시·군지(사)'의 한 부분 또는 '○○지명유래집' 등으로 문자로 정리되고 있는 상황이다. 이렇게 정리되는 지명조사는 문헌 중심의 지명 변천에 초점을 맞춰 서술되고 있다.

현재 전해오는 지명에는 그동안 우리가 살아왔던 삶이 녹아있는 경우가 많다. 이것이 바로 문화유산이나 자연유산과 연관되어 있는 것인데, 최근 개발사업과 함께 이루어지고 있는 문화재지표조사에서 지명조사가 제대로 이루어지지 않아 소중한 문화유산을 보호하는 데 애로를 겪는 사례가 종종 발생하고 있다.

이 글에서는 지명조사가 실제 현장에서 적용되는 문화재지표조사의 사례를 살펴봄으로써 지명조사의 체계성이 필요하며 지표조사보고서에 문헌기록만 나열하는 상황에서 확인되지 못하여 체계적인 보호방안이 마련되지 못하고 있는 문화유산의 실례를 통해 지명조사의 중요성에 대하여 이야기를 하겠다.

지금까지 지명조사 및 정리는 문헌 중심의 변천사에 초점을 맞춰왔지만, 최근에는 디지털 자료를 이용하여 정리가 되고 있기도 하다. 지명은 지도 위에 표시가 될 때 자신의 진가를 드러낼 수 있을 것이며, 관련 지명은 실제 현장조사를 통해 확인된 것을 바탕으로 정리되어져야 할 것이다.

2. 문화재지표조사와 지명조사

해방 이후 우리나라는 6·25전쟁의 상흔을 딛고 각 방면에서 개발의 기치를 올릴 때 문화에 대한 관심도 관련 법령의 정비도 이루어졌고 필요에 의해서 문화재조사(지표조사 및 발굴조사)가 이루어졌다. 이후 온 국토에 대한 개발이 지속적으로 이루어지면서 개발로 인해 사라질 문화 (자연적 자료를 포함한 모든 인문학적 자료)에 대한 우려로 법령의 강화를 통하여 일부이기는 하지만 의무적으로 문화재지표조사를 시행하도록 되어 있다.

현행 문화재의 조사는 각종 개발사업이 벌어질 경우나 각 지자체, 연구기관, 개별 연구자의 학문적 필요에 의해서 이루어지는 경우가 대부분이며, 개발 사업의 경우에는 관계 법령에 의하여 행정적 절차2)에 의해서 처리되고, 학문적 필요에 의한 경우에는 보고서 작성 및 논문 발표라는 형식을 통하여 처리되고 있는 상황이다.

문화재 지표조사의 절차 및 방법에는 문화재지표조사를 실시할 때는 고고학적 자료뿐만 아니라 지질을 포함한 자연과학적 자료, 문헌자료 조사와 함께 지명 등과 관련하여 현장 탐문조사를 반드시 실시하도록 하고 있다.

---

2) 문화재보호법 제62조 및 제91조 ; 문화재지표조사 방법 및 절차 등에 관한 규정, 문화재청 고시 제2008-50호(2008. 6. 10. 개정)

〈표 1〉 문화재지표조사의 절차 및 방법(규정 제7조 관련)

조사방법 및 절차	조 사 내 용
1) 사전조사 (문헌조사 등)	(1) 사업 예정부지 경계로부터 500미터 이내 지역의 국가 또는 시·도지정문화재 및 문화재 자료, 향토자료 등의 존재 유무 파악 – 문화유적분포지도, 문화유적원부, 문화재관리대장, 기 조사자료 등의 확인 및 활용 (2) 역사기록(지리지, 읍지, 고지형도 등) 및 향토사 연구자료 등에 관한 조사
2) 현장조사	○ 사업 예정지와 그 주변 및 조망권내의 문화재에 대하여 다음사항을 충분히 고려한 현장 정밀조사를 실시하며, 이 경우 탐침조사 또는 낙엽, 눈 등의 제거는 가능하나, 지표의 원형변경을 수반하는 조사(발굴 트렌치 등)는 불가 (1) 조사지역의 지형적 특성에 관한 사항 – 유적의 입지가능성, 지형변경 유무, 원지형 복원 여부 등 (2) 주변유적 현황 등 고고학적 환경에 관한 사항 (3) 유적, 유구의 분포 유무, 공반유물의 분포범위(지도에 기입) 및 특징에 관한 사항 (4) 유적, 유구, 공반유물로 판단되는 성격 및 생성시기(편년)에 관한 사항 (5) 조사지역의 좌표값(경위도-GPS 활용) (6) 측량이 필요한 지상노출 유적 또는 유구에 관한 사항 (7) 자연단애면 등에서 확인 가능한 토층(유구층,토양쇄기층, 토탄층 유무 등)에 관한 사항 (8) 수습유물의 종류(토기, 자기, 와전, 금속, 석기 등)와 그 성격에 관한 사항 (9) 마을의 공간구성, 고건축, 생활, 민속 등에 관한 사항 (10) 자연과학적 분석이 필요한 유구 및 분석 가능한 시료에 관한 사항 (11) 지질, 동굴, 노거수 등 자연문화재에 관한 사항 등
3) 탐문 및 설문조사	○ 민속, 지명, 풍습, 관습 등에 관한 사항을 지역현황에 밝은 마을 원로 또는 관계인 등과의 면담 및 설문조사

그리고 이를 정리한 지표조사보고서에는 다음 <표 2>에 나와 있는 것과 같이 반드시 지명과 관련한 자료를 싣도록 되어 있다.

〈표 2〉 문화재 지표조사보고서의 내용 및 구성(규정 제9조 관련)

작성항목	세부 포함내용 및 작성방법
다. 조사내용	1) 공통사항 (1) 문헌조사 내용 (2) 사업구역(수역) 및 주변 문화재 현황 (3) 역사, 고고, 민속(탐문조사 포함), 자연문화재, <u>고유지명</u>, 고건축, 성곽 등 각 분야별 조사내용 (4) 조사에서 확인된 유물산포지 등 문화유적과 사업목적물과의 관계 －이격거리, 사업시행으로 인한 예상되는 영향 등을 객관적으로 상세히 서술 (5) 조사지역 현황 및 유구, 유물의 사진(칼라 3x5 크기 기준) (6) 조사범위(지역) 및 유물산포지 등이 표시된 도면 －축척 1/5,000∼1/10,000 내외의 지형도 또는 해도(가능하면 사업시행자의 사업계획 평면도와 동일 축척의 지형도 또는 해도)에 조사지역을 비롯한 주변의 유물산포지 등 문화재 분포범위와 위치를 정확히 표시 (7) 확인된 유구나 유적을 도면으로 표현할 경우에 대축적지도에 표현(방향과 축적을 반드시 표시)하고, 구적계로 면적을 산출하여 제시

그러나 대부분 문화재지표조사과정에서 지명조사는 기존에 나와 있는 각 지역의 시·군지(사)나 지명(유래)집 등을 통해 사업부지에 해당하는 지역만 발췌본 정도를 싣고 있는 실정에 불과하다. 그나마 학술조사의 경우 지명조사는 기존 문헌에 서술되어 있는 것을 중심으로 이루어지는 데 비해 개발사업이 이루어짐에 따라 수반되는 지표조사의 경우에는 그리 길지 않은 시간에 보고서를 작성해야 하는 여건상 문헌조사에 투입되는 시간보다 현장의 고고학적 조사에 주력하는 시간이 대부분이어서 열악한 상태에서 지명조사가 이루어지고 있다.

지명조사를 통해서 때로는 고고학적 자료를 얻을 수 있음에도 불구하고 충실한 문헌 점검과 이에 따른 현장 조사를 철저히 하지 않아 우리 역사의 일부분을 체계적으로 복원할 수 있는 기회를 놓치는 경우가 종종 발생하고 있는데 강원도에서 이루어졌던 문화재지표조사 중 필자가 직접 조사했거나 조사에 직간접적으로 관여하였던 몇 건의 문화재지표조사를 통해서 그 사례를 살펴보도록 하겠다.

3. 사례를 통해 본 지명조사의 문제

1) 속초포 만호터

속초 중심부로부터 남서쪽 외곽에 위치하고 있는 척산리는 노학동을 구성하고 있는 자연마을 중의 하나이다. 척산리에 위치하고 있는 만호터는 조선 초 이래로 청초호 인근 지역에 위치하고 있는 것으로 알려져 있었으나, 그동안 정확한 위치에 대해서는 속초 전역을 대상으로 한 학술 조사에서조차 확인을 하지 못하는 상황이었다.[3]

그러나 최근 인근 지역의 개발사업 진행과정에서 이루어졌던 지표조사[4]를 통해 그동안 확인되지 않았던 속초포 만호터의 위치가 대강 알려지게 되었으며, 이를 통해 척산리 지역의 자연마을명과 위치를 서로 추론해 볼 수 있게 되었다.

위 문화재지표조사에서 확인된 유물산포지는 속초포 수군 만호영과 관련되는 것으로 생각되며, 속초지역에 위치하였던 만호터에 대하여 전

---

3) 강릉대학교 박물관,『속초시의 역사와 문화유적』, 1997 ; 강릉대학교 박물관, 「동해고속도로(주문진-속초간) 건설사업 제6·7공구 문화유적 지표조사보고서」, 2003 ; 강원문화재연구소, 『문화유적분포지도-속초시-』, 2004.
4) 예맥문화재연구원, 「속초 노학동 척산온천 관광지 조성부지내 문화재 지표 조사 보고서」, 2008.

해지고 있는 문헌기록을 살펴보면 다음과 같다.

『세종실록』지리지 강원도
수군만호가 지키는 곳이 여섯 곳이다. 월송포는 평해 동쪽에 있다.
(배 1척, 수군 70) 속초포는 양양 북쪽에 있다.(배 3척, 수군 210), 강포구
는 고성 남쪽에 있다.(배 3척, 수군 196), 삼척포는 부의 동쪽에 있다.(배
4척, 수군 245) 수산포는 울진 남쪽에 있다.(배 3척, 수군 191), 연곡포는
현의 동쪽에 있다.(배 3척, 수군 191)

『신증동국여지승람』강원도 양양도호부 산천조
쌍성호 : 부 북쪽 40리 간성군 경계에 있으며 둘레가 수십 리다. 호수
경치가 영랑호보다 훌륭하다. 예전에는 만호영을 설치하여 병선을 정박
하였으나 지금은 폐하였다.

『동국여지지』강원도 양양도호부 산천조
쌍성호 : 부 북쪽 40리 간성군 경계에 있으며 둘레가 수십 리다. 호수
경치가 영랑호보다 훌륭하다. 예전에는 만호영을 설치하여 병선을 정박
하였으나 지금은 폐하였다.

『여지도서』양양부 산천조
쌍성호 : 관문으로부터 북쪽으로 사십리에 있다. 둘레는 이십리이고,
호수의 경치는 영랑호보다 훌륭하다. 예전에는 만호영을 설치하여 병선
을 정박하였으나 지금은 폐하였다.

『관동지』양양부 산천조
쌍성호 : 관문으로부터 북쪽으로 사십리에 있다. 둘레는 이십리이고,
호수의 경치는 영랑호보다 훌륭하다. 예전에는 만호영을 설치하여 병선
을 정박하였다. 폐하였다.

『관동읍지』양양부 산천조
쌍성호 : 관문으로부터 북쪽으로 사십리에 있다. 둘레는 이십리이고,
호수의 경치는 영랑호보다 훌륭하다. 예전에는 만호영을 설치하여 병선
을 정박하였으나 지금은 폐하였다.

『강원도지』 양양

쌍성호 : 군 북쪽 4리에 있다. 둘레가 2리 남짓으로 호수의 아름다움이 영랑포보다 낫다. 옛날에 만호영을 두어 병선이 정박했다. 지금은 폐했다.

『한국지명총람』5) 강원도 속초시

청초호 : … 어귀쪽은 동해 바다에 잇대어 있어서 이조 때 수군만호영을 두고 병선을 정박시킨 일도 있으며, …

『속초의 지명』6) 노학동 척산리

萬戶僉使遺墟 : 딴봉 마을에 있는 터. 예전에 水軍 萬戶 僉使가 거느린 부대가 있던 자리라고 한다.

『속초의 옛땅이름』7) 노학동 척산리

萬戶僉使遺墟 : 딴봉 마을에 있는 터. 예전에 水軍萬戶僉使가 거느린 부대가 있던 자리라고 한다.

현재 『세종실록』 지리지에 나오는 '속초포'는 '속초'라는 지명이 확인되는 문헌 중에서 제일 오래된 것으로 확인8)되고 있다. 이 당시 속초포의 위치는 강원도의 수군만호처 6개소 중 선박과 수군의 수적인 면에서 강원도의 수군사령관 격인 삼척포에 이어 두 번째로 큰 규모를 가지고 있었으나, 조선의 문물이 정비되던 시기였던 『경국대전』편찬 무렵에 폐지되고 있다. 또한 이 시기에 삼척포는 만호영에서 수군첨절제사가 지휘하는 곳으로 격상되었다. 다른 5개 만호 중 유일하게 속초포만 폐지되었고, 월송포는 현상을 유지하였으며 다른 지역은 이름 변경 또는 위치를 같은 군현 안에서 옮긴 것으로 추정(강포구 → 고성포, 수산포 → 울

---

5) 한글학회, 『한글지명총람』 2 - 강원도 -, 1967, 171쪽.
6) 속초문화원, 『속초의 지명』, 1990, 109쪽.
7) 속초문화원, 『속초의 옛 땅이름』, 2002, 102쪽.
8) 주상훈, 「속초 역사의 흐름」 『속초문화』 제14호, 1998, 51쪽 ; 속초문화원, 『속초의 옛 땅이름』, 2002, 15쪽.

진포 / 연곡포 → 안인포)된다.

<표 3>『세종실록』 지리지의 수군만호처

만호수어처	위치	舡	艘軍
강포구	고성 남	3	196
속초포	양양 북	3	210
연곡포	현 동	3	191
삼척포	부 동	4	245
수산포	울진 남	3	191
월송포	평해 동	1	70

<표 4>『경국대전』 강원도 수군관직도

수군절도사(1)	수군첨절제사(1)	수군만호(4)
관찰사겸임	삼척포진	안인포, 고성포, 울진포, 월송포

이렇게 조선 초기 기록에 잠시 보였던 속초포는 이후 지리지 등에서 청초호(쌍성호)에 만호영이 있었다는 기록으로만 지속적으로 전해지고 있으며, 해방 이후 지명집 등에 기록이 되고 있다. '속초'라는 지명은『세종실록』에 잠깐 보였다가 이후 지리지 등에서 찾아볼 수 없다가『여지도서』가 편찬되는 시기에 양양군의 동리명으로 나타난다.

이렇게 현재 속초시의 지명 어원으로 확인되고 있는 속초포는 잊힌 존재로 남아 있었다. 인근 문화재지표조사[9]에서 확인된 조선초기 유물산포지의 위치는 그동안 지리지에서 보였던 청초호와는 거리가 상당히 있어 쉽게 단정하지 못하였을 것이다. 그러나 양양 조산리의 대포영 사례를 보듯이 현재의 지형과 당시의 지형을 동일하게 보고 판단하면 안

---

9) 예맥문화재연구원, 「속초 노학동 척산온천 관광지 조성부지내 문화재 지표조사 보고서」, 2008.

될 것이다. 문화유적의 존재는 현재 전하고 있는 지명과 현지 조사를 통해서 확인하는 것이 정확하지 않을까 생각된다.

최근에 정리된 기록에는 '속초포 만호터'가 '만호첨사유허'로 기록되어 있는데 이것은 구전되어 내려오던 것을 문자로 정리하는 과정에서 생긴 오류이다. 조선시대 첨절제사는 병영의 병마첨절제사와 수영의 수군첨절제사로 구분되며, 이들은 모두 종3품의 품계를 지녔다. 그리고 원래 다스리는 민호의 수에 의해서 결정되는 만호, 천호, 백호는 시간이 지남에 따라 민호의 수와는 상관없이 장수의 품계를 나타내는 말로 변모되면서 만호로 통일되는데 조선시대에는 종4품의 품계를 지닌 관직이었다.

따라서, 만호와 첨사는 병립할 수 없는 단어인데 함께 쓰인 것은 만호영이 폐하고 난 후 구전을 통해 전해지는 과정에서 만호는 관직의 위계를 나타내는 품계보다는 주둔부대의 뜻으로 변용되고 그 뒤에 관직 이름을 붙일 때 사용하던 첨사(첨절제사)를 붙인 것으로 사료된다.

이번에 확인된 자료를 바탕으로 현재 노학동을 이루고 있는 척산리의 자연마을이나 지명 중 만호터를 중심으로 그 위치를 비정할 수 있는 것을 보면 다음과 같다.10)

> ○ 딴봉 : 尺山里 마을 중의 하나. 남동쪽 마을이다.
> ○ 馬馳場 : 마을 동쪽 산기슭 벌판. 이전에 말을 기르던 곳으로 추정된다.
> ○ 萬戶僉使遺墟 : 딴봉 마을에 있는 터. 예전에 水軍 萬戶 僉使가 거느린 부대가 있던 자리라고 한다.
> ○ 물안골 : 마을 동남쪽에 위치한 골짜기. 주봉산(朱峰山)으로 이어진다. 예전에 물레방아가 있었으므로 물방아골이라고 부르던 것이 물안골로 변화된 것으로 추정된다.
> ○ 사당골 : 마을 동쪽 응골 마을과의 경계에 위치한 골짜기. 패를 지

---

10) 속초문화원, 『속초의 지명』, 1990, 108쪽~111쪽 ; 속초문화원, 『속초의 옛 땅이름』, 2002, 104쪽~107쪽.

어 다니며 노래와 춤을 팔던 사당패들이 거처한 데서 이름이 유래된 것 같다.

척산온천장과 과수원이 주로 위치하고 있는 딴봉 마을 사이에 있는 나지막한 구릉이 속초포 만호터이며, 이 마을을 중심으로 동쪽으로 응골과 경계하여 사당골이 위치하고, 설악산 줄기인 주봉산 쪽의 마을이 물안골일 것이다. 그리고 도로공사연수원 산줄기 뒤편으로 노리쪽으로 연결되는 벌판이 마치장일 것으로 추정된다.

2) 속초리토성

속초의 중심부라 할 수 있는 동명동에 위치하고 있는 '속초리 토성'은 근대 이전에 만들어진 자료에는 보이지 않고 있다가, 일제강점기에 나온 『조선보물고적조사자료』에 보이고 있다. 그러나 그 정확한 위치에 대해서는 속초 전역을 대상으로 한 학술조사에서는 확인을 하지 못하였다.[11]

『조선보물고적조사자료』의 기록은 이후 지명조사에도 나타나고 있으나, 현장 확인이 되지 않은 기록이었다. 하지만 최근에 이곳에서 소토 및 기와편 등이 출토되고 있어 기록의 신빙성을 확인시켜 주고 있는 상황이다. 토성의 외곽 지역으로 추정되는 곳에는 현재 공공기관 및 종교시설이 위치하고 있고, 내부에는 가옥 등이 집단으로 들어서 있어 과거의 모습을 많이 잃어버린 상태이지만 지역주민의 전언에 의하면 토성에서 사용하였던 우물터가 있었다고 한다. 과거 동해북부선 철도를 개설하는 과정에서 성의 가운데로 지나가면서 일부 성곽이 훼손되었을 것이며, 최근에 옛 영동북부선 철길을 따라 4차로 도로가 개설되면서 점차 사라져

---

11) 강릉대학교 박물관,『속초시의 역사와 문화유적』, 1997 ; 강원문화재연구소,
　　『문화유적분포지도 - 속초시 - 』, 2004.

가고 있는 속초리토성에 대한 정밀조사를 시급히 진행하여 그 실체를
밝혀야만 할 것이다.

속초 토성이 기록된 문헌기록을 살펴보면 다음과 같다.

『조선보물고적조사자료』 강원도 양양군
성지 도천면 속초리. 사유. 속초리 부락의 서쪽방향으로 근접한 작은
언덕 위에 있다. 주위 약 삼백 칸이며, 흙으로 쌓았다. 거의 완전하다.

『한국지명총람』12) 강원도 속초시
장골(장안골) : 속초리 서북쪽 산 아래에 있는 마을. 옛 성(城)이 있었
다 함.

『속초의 지명』13) 동명동
장골 : 법원·검찰청과 감리교회·천주교회 사이에 위치한 골짜기 마
을의 옛 이름. 지금은 거의 없어졌지만 둘레에 성터 흔적이 있었다. 일
제시대에 발행된 『朝鮮寶物·古蹟 調査 資料』에 수록된 '束草里 城地'는
바로 이것을 말하는 것이다. 일명 장안골이라고도 했음.

『속초의 옛 땅이름』14) 동명동
장골(장안골) : 법원·검찰청과 감리교회·천주교회 사이에 위치한 골
짜기 마을의 옛 이름. 지금은 거의 없어졌지만 둘레에 성터 흔적이 있었
다. 일제 시대에 발행된 『조선보물고적조사자료』에 수록된 '束草里 城
地'는 바로 이곳을 말한다. 일명 장안골이라고 했다.

조선시대에는 속초가 읍치의 중심지인 양양과 고성에서 멀리 떨어진
두 지역의 경계지역에 위치하고 있어 이 토성의 존재가 제대로 알려지
지 않았을 것이다. 이후 일제강점기에 전국적인 고적조사과정에서 확인
되었을 터인데 해방 이후 지명을 정리하는 과정에서 대체로 도읍이나

---

12) 한글학회, 『한글지명총람』 2-강원도-, 1967, 174쪽.
13) 속초문화원, 『속초의 지명』, 1990, 34쪽.
14) 속초문화원, 『속초의 옛 땅이름』, 2002, 126쪽.

읍치의 중심에나 사용할 수 있는 '장안골'이라는 명칭을 사용하였다. 이는 근대 이전까지 단독으로 읍치를 형성하지 못하고 이웃한 지역의 주변부에 머물러 있던 속초지역에서 토성내 마을을 중심지에 위치하고 있는 곳이라 하여 장안골이라는 지명이 생겨난 것으로 사료된다. 이는 현대사회로 넘어오면서 전국에서 지역 상권의 중심이 되는 곳을 명동이라 칭하는 것과 동일한 것으로 봐야 할 것이다.

이번에 확인된 자료를 바탕으로 장안골이 위치하고 있는 인근 지역은 현재도 그 지명으로 불리고 있어 쉽게 위치를 확인할 수 있다.[15]

○ 우렁골(우용골) : 현재 시외 버스 정류장이 위치한 골짜기의 옛 이름.
○ 응고개 : 우렁골에서 용숫골로 가는 고개의 옛 이름. 현재 시외버스정류장에서 공설운동장, 중앙시장입구로 가는 고개.
○ 장골 : 법원·검찰청과 감리교회·천주교회 사이에 위치한 골짜기 마을의 옛 이름. 지금은 거의 없어졌지만 둘레에 성터 흔적이 있었다. 일제시대에 발행된 『朝鮮寶物·古蹟 調査 資料』에 수록된 束草里 城地는 바로 이것을 말하는 것이다. 일명 장안골이라고도 했음.
○ 촌말 : 우렁골과 용숫골 사이의 마을을 부르던 옛이름. 현재 경찰서 뒷편 마을이다.

장안골을 중심으로 하여 우렁골과 촌말은 지금도 새주소에 그대로 반영이 되어 있으며 그 위치도 정확하게 확인되고 있다. 그러나 시외버스가 지나다니는 길에 위치하고 있는 응고개의 경우 '번영로'라고 하는 큰 도로 이름에 밀려 제이름도 아닌 '은고개'로 본의 아니게 이름이 바뀐 채 중앙초등학교쪽에서 번영로와 연결되는 소도로의 이름이 되어 버렸다. 지명조사에서 확인된 것은 바로잡아야 할 것이며, 이를 제 때에 하지 못하면 잘못된 이름이나 정체모를 이름이 정착되는 사례를 만들 것이다.

---

15) 속초문화원, 『속초의 지명』, 1990, 29쪽~34쪽 ; 속초문화원, 『속초의 옛 땅이름』, 2002, 124쪽~127쪽.

3) 속초 청대산 정상 건물지

속초 중심부로부터 남쪽 외곽에 위치하고 있는 청대리는 조양동을 구성하고 있는 자연마을 중의 하나이다. 마을 뒤에 있는 청대산 밑이 되므로 청대리라고 하였다. 청대산 정상에 위치하고 있는 건물지는 정확한 용도는 확인되지 않았으나 속초 전역을 대상으로 한 학술조사에서는 확인을 하지 못하였으나,[16] 동해고속도로 건설사업으로 실시한 문화재지표조사[17]에서 무문토기편과 함께 고려시대로 추정되는 어골문평기와와 수많은 기와편들이 수습되어 어느 시기에 건물이 있었던 것으로 확인되었다.

최근 속초시에서 청대산 산림욕장을 조성하는 과정에서 정상부에 위치하고 있던 유적의 일부가 훼손되었으며, 앞선 지표조사에서 유적의 위치를 잘못 표기하였음이 확인되었다. 개발사업에 의한 구제발굴의 성격으로 이루어진 발굴조사[18]에서 건물지와 성황당과 연관되어 있는 다수의 유물이 출토되어 건물지의 성격을 어느 정도 파악할 수 있게 되었다.

이 건물지와 관련되어 청대리 지역에 전해지고 있는 지명관련 기록을 살펴보면 다음과 같다.

> 『강릉김씨족보』 '김연극'
> 자는 시언이며 영조 계사년(1773년)에 태어나, 순조 임진년(1832년)에 돌아가신 분이다.
> 묘는 도천면[19] 청대리 산제당동 정좌(북북동쪽을 향함)이다.

---

16) 강릉대학교 박물관, 『속초시의 역사와 문화유적』, 1997.
17) 강릉대학교 박물관, 「동해고속도로(주문진-속초간) 건설사업 제6·7공구 문화유적 지표조사보고서」, 2003 ; 강원문화재연구소, 『문화유적분포지도-속초시-』, 2004.
18) 강원문화재연구소, 「속초 청대산 산림욕장 조성부지내 유적 발굴조사 약보고서」, 2009.

演極 字時彦一七七三年英祖癸巳十二月十三日生一八三二年純祖壬辰正
月六日卒 [墓]道川面靑垈里山祭堂洞丁坐

『속초의 지명』[20] 조양동 청대리
　산지당골 : 현재 束草商高가 들어선 골짜기, 이전에 산 제사를 지내
던 산신당, 산제당이 있어서 산제당골이라고 하던 것이 산지당골로 변
화됨.

『속초의 옛 땅이름』[21] 조양동 청대리
　산지당골 : 현재 束草商高가 들어선 골짜기, 이전에 산제사를 지내던
산신당, 산제당이 있어서 산제당골이라고 하던 것이 산지당골로 변화되
었다.

　산신당과 관련하여 현재는 존재하지 않고 있으므로 관련 기록을 통
해서만 찾아야 하는데, 1967년에 전국적으로 실시되었던 마을제당 현황
조사[22]에서 속초지역에서는 17개소가 있던 것으로 조사되었으나 청대산
또는 청대리에는 산신당이나 성황당이 조사되지 않아 이미 이 시기에
청대리 제당은 어떤 불가피한 상황에 의하여 폐하였던 것으로 추정된다.
　2009년에 행해진 동 지역에 대한 발굴조사를 통해 정상부에서 할석
으로 이루어진 교란된 적석유구가 확인되었는데 명문기와를 포함한 기
와편이 집중적으로 출토되었으며, 유구 내에서는 철마 등의 철기편과 분

---

19) 속초문화원, 『속초의 옛 땅이름』, 2002, 32쪽. "일제 시대에 들어와 1914년
　3월 1일 부령(府令) 제111호로 지방 제도에 대한 개혁으로 도문면(道門面)
　과 소천면(所川面)을 통합, 도천면(道川面)으로 개칭하고 11개 동리로 구성
　하여 면사무소를 대포리(大浦里)에 두었다."라고 되어 있는데, 이 때에 이르
　러 양양군 도문면(道門面)과 소천면(所川面)이 도천면(道川面)으로 합쳐졌
　고, 후일 속초읍, 속초시로 이어지는 토대가 형성되었다. 따라서 여기에 언
　급한 『강릉김씨족보』는 그 이후에 만들어진 것이다.
20) 속초문화원, 『속초의 지명』, 1990, 47쪽.
21) 속초문화원, 『속초의 옛 땅이름』, 2002, 93쪽~94쪽.
22) 국립민속박물관, 『한국의 마을제당』-제2권 강원도편-, 1997, 546쪽~563쪽.

청사기편, 6·25전쟁 당시에 사용되었던 쓰레기와 탄피 등이 출토되었다. 그리고 산 정상부 주위에서는 일정한 크기의 할석으로 이루어진 석축이 기와편과 함께 확인되었다.

청대산 정상에서 확인된 적석유구와 석축의 용도는 인근 주민의 전언과 적석유구에서 출토된 철마와 빗장 등의 철기로 추정하여 볼 때 성황당으로 추정된다고 하고 있다.[23] 정상에 올라서면 동해와 인근 대포동 외옹치의 덕산봉수, 북쪽의 고성군 삼포봉수, 남쪽의 양양군 수산봉수와 설악산 및 속초시내가 한눈에 파악되는 이 지역이 단순히 산제당으로만 사용되었을 것이라는 것은 1960년대 강원도의 성황당을 정리한 기록[24]에서도 확인되지 않고, 고려시대 것으로 판단되는 기와 등으로 봤을 때 다른 용도로 사용되던 건물이 후대에 이르러 성황당의 용도로 사용된 것은 아닐까 생각된다. 6·25전쟁을 거치면서 방공호 설치로 인하여 건물은 훼철되었을 것인데 성황당이 언제까지 존재하였다는 정확한 증언을 좀 더 확보하여 관련 기록과 발굴조사 성과를 연관시켜 파악하여야 할 것이다.

철마로 추정되는 쇠가 나왔으며 일부 전언에 의하여 산제당이 있었던 것으로 추정되는 청대산 인근의 자연지명을 산지당골을 중심으로 그 위치를 비정할 수 있는 것을 보면 다음과 같다.[25]

> ○ 범바위 : 산지당골에 있는 바위. 예전에 바위 밑 굴에서 범이 새끼를 쳤다고 함.
> ○ 산지당골 : 현재 束草商高가 들어선 골짜기, 이전에 산 제사를 지내던 산신당, 산제당이 있어서 산제당골이라고 하던 것이 산지당

---

23) 강원문화재연구소, 「속초 청대산 산림욕장 조성부지내 유적 발굴조사 약보고서」, 2009.
24) 국립민속박물관, 『한국의 마을제당』-제2권 강원도편-, 1997, 546쪽~563쪽.
25) 속초문화원, 『속초의 지명』, 1990, 46쪽~47쪽 ; 속초문화원, 『속초의 옛 땅이름』, 2002, 93쪽~94쪽.

골로 변화됨.

○ 靑岱算 : 마을 남쪽 中道門里와의 경계에 있는 산. 해발 230m. 소
나무가 무성하여 푸르름으로 靑岱山이라고 한 것 같다. 부근에서
는 모두 청두산이라고 발음한다.

○ 큰골 : 마을 뒤(남쪽) 靑岱山으로 향한 큰 골짜기. 동편은 산지당
골이고 서편은 덤박골이다.

○ 덤박골 : 마을 뒤(남쪽) 큰골과 할미골 사이에 있는 골짜기. 현재
과수원으로 조성되어 있음.

○ 할미골 : 마을 뒤(남쪽) 덤박골과 가시나무골 사이에 있는 골짜기.

○ 가시나무골 : 마을 뒤(남쪽) 할미골과 황새동 사이에 있는 골짜기,
가시나무가 많음.

○ 매자 : 마을 한가운데를 일컫는 말. 마을과 큰골 사이에 약 300년
정도된 丹陽 張氏 조상묘인 큰 봉분이 있는데, 풍수지리상 半伏雉
形이라고 한다. 매가 雉를 잡는 새임을 고려하면, 위의 사실과 매
자라는 지명이 관련이 있는 듯하다.

○ 蓮花洞 : 마을 서쪽 할미골 입구를 말하는데, 풍수지리상 蓮花浮
水形의 명당이 있다고 하여 蓮花洞이라고 한다.

○ 작은골 : 큰골에서 왼쪽으로 갈라진 작은 골짜기.

○ 장사바위 : 큰골에 위치한 바위.

청대리 마을의 뒷산인 청대산으로 이어진 골짜기가 산지당골이며 그
서편에 큰골이 있다. 큰골을 중심으로 하여 서편으로 덤박골, 할미골, 가
시나무골, 황새동이 이어지며, 큰골안에는 장사바위가 있고, 골짜기 안
쪽 왼편으로 작은골이 위치한다. 산지당골 안에는 범바위가 있으며, 할
미골의 입구에는 연화동이 위치하고 있다.

4) 양양 서선사터

양양읍내에서 인제로 넘어가는 44번 국도상에 위치하고 있는 지역이
서면이다. 서면소재지인 상평리에서 양양철광산 쪽으로 가다보면 나타
나는 마을이 장승리와 西仙里인데, 서선리의 안쪽에 소재하는 마을이 탑

동 마을이며 이곳에 예전에 서선사가 있었다.[26]

　서선사는 지리지의 사찰조나 고적조에서는 확인되지 않고 있으나 『신증동국여지승람』 토산조에 철의 생산과 관련한 기록이 처음 보이고 있으며, 이후 『동국여지지』에 같은 내용이 기록되어 있으며 이후 기록에서는 찾아볼 수 없다. 당시 존재하거나 존재하지 않아도 지역 내에 있었던 모든 사찰을 정리하였던 『현산지』에서도 서선사의 기록은 찾아볼 수 없어 이미 조선 전기 이전에 이름마저 없어져 양양 전역을 대상을 한 학술조사[27]와 불교유적 조사[28]에서는 확인을 하지 못하였다.

　서선사와 관련한 문헌기록을 살펴보면 다음과 같다.

> 『신증동국여지승람』 강원도 양양부 토산조
> 철 : 서선사 동쪽 봉우리 밑에서 나온다.

> 『동국여지지』 강원도 양양부 토산조
> 철 : 서선사 동쪽 봉우리 밑에서 나온다.

> 『조선보물고적조사자료』 강원도 양양군
> 사지, 서면 장승리, 탑동부락의 서쪽방향으로 약 250간 정도 되는 밭 가운데에 있다. 탑 1기가 있는데 불완전하다.

　『신증동국여지승람』에서 일부분이나마 이름이 확인되고 있는 서선사는 조선시대에는 그 존재가 거의 잊혀졌으나 일제강점기 조사에서 절터의 흔적과 함께 탑이 남아 있음이 확인되었다. 양양지역의 지리지로서 관련 자료를 방대히 담고 있는 『현산지』[29]에 각종 지리지에 보이지 않

---

26) 홍영호·김만중, 「양양지역 폐사지 조사 － 서선사와 개운사를 중심으로 － 」 『강원지역문화연구』 창간호, 2001, 51쪽~78쪽.

27) 강릉대학교 박물관, 『양양군의 역사와 문화유적』, 1994,

28) 양양문화원, 『양양의 법등』, 1998.

29) 이상익, 「강원도 양양의 지방지 『현산지』 연구」 『강원지역문화연구』 제2호, 2003, 53쪽~77쪽.

는 진전사지탑은 기록되어 있으나, 서선리 절터나 탑이 기록되어 있지 않는 것은 서선리가 워낙 깊은 산골이라 지리지를 편찬할 때 미처 확인하지 못한 것으로 생각된다.

이렇게 조선 전기 기록을 통해 확인되었던 서선사는 문헌상에서는 사라지고, 사람들의 인식 속에 남아 있다가 『조선지지자료』에 '西仙里(괘목기)'로 기록되었으며 이후 자료에 보이고 있다.30)

> ○ 西仙里 : 본래 양양군 서면의 지역으로서, 성황당고개 밑에 있으므로 西仙이라 하였는데, 1916년 행정구역 폐합에 따라 서선리라 함.
> ○ 성황당고개(서낭당고개, 성황현) : 서선리에서 양양면 화일리로 넘어가는 고개, 성황당이 있음
> ○ 장승리 : 본래 양양군 서면의 지역으로서 장승이 있었으므로 장승이라 하였는데, 1916년 행정구역 폐합에 따라 흑간이, 도목, 들떨골, 탑골을 병합하여 장승리라 함. 철광이 있어서 매우 번창함.
> ○ 절텃골 : 절터가 있는 골짜기
> ○ 탑골(탑동) : 흑간리 북쪽 골짜기에 있는 마을. 탑이 있음.

위 기록에서 보듯이 장승리와 서선리는 실제 마을 경계를 명확하게 구분하기 힘들다. 길이 여러 갈래이다 보니 현재는 탑동이 서선리를 구성하고 있는 자연마을이지만 『한국지명총람』이 발간된 시기에는 탑동은 장승리의 한 마을이었다. 지역 주민에 의하여 탑동에 있던 탑은 일제강점기에 일본인이 가져갔다고 하나31) 1960년대까지 탑이 있었던 것으로 기록되어 있다.

西仙里는 지명유래가 성황당 고개 밑에 있어서 생긴 지명이라고 하나 조선전기까지 존재하였던 西禪寺가 폐하고 서선리 마을도 장승리에 속해 있다가 행정구역을 정리하면서 마을 지명을 지을 때 기존에 사람

30) 양양문화원, 『양양의 땅이름』, 1995, 97쪽~101쪽.
31) 홍영호·김만중, 「양양지역 폐사지 조사 - 서선사와 개운사를 중심으로 - 」『강원지역문화연구』 창간호, 2001, 59쪽.

들의 의식 속에 남아 있던 '서선'이라는 지명을 붙였을 것이며, 이것을 한자로 옮겨 적는 과정에서 과거의 역사적 사실은 잊힌 상황에서 음만 남아 기록되었을 것이다.

따라서 현장조사와 문헌기록의 대조가 없었더라면 서선리의 마을 유래는 현재 지명집 등에 기록되어 있는 것처럼 계속 전해질 것이나, 제대로 된 유래를 확인할 수 있는 자료가 나왔으므로 새로운 지명집을 만들 때에는 이런 점을 반영하여야 할 것이다.

4. 맺음말

이상에서 문화재지표조사과정에서 지명조사를 소홀히 하는 바람에 지명의 뜻과 소중한 문화유산의 체계적인 보호대책을 강구하기 위한 시기를 놓칠 수 있음을 사례를 통해 살펴보았다.

속초 만호터와 양양 서선사의 경우 해당 지역에 문화유적이 없어진 뒤 명칭만 사람들의 기억 속에 남아 있다가 지명을 되살리는 과정에서 원래의 뜻을 잃어버리고 부차적인 의미가 붙거나 동음이의어로 새롭게 되어나면서 지명유래를 정확히 알 수가 없었으나 문헌기록에 의거한 현장조사를 통해 현재 지명의 정확한 유래를 확인할 수 있었다.

속초리 토성과 속초 청대산 건물지는 지명에 문화유적이 존재하고 있으나 이에 대한 기록과 현장조사를 제때에 적절히 하지 않은 탓에 개발의 위협으로부터 쉽게 훼손될 수 있는 사례를 보여줌으로써 지명조사의 중요성을 다시 한번 깨닫게 하는 계기를 주었다.

이렇듯 문화재지표조사에서 지명조사를 소홀히 함에 따라 중요한 문화유산이 우리의 기억 속에서 잊혀지는 상황이 종종 발생하고 있다. 이러한 사례가 발생하지 않도록 하기 위해서는 현장조사에 우선하여 문헌기록을 철저히 확인하여야 할 것이며 현장조사시 문헌으로만 조사한 지명의 서술에 그치는 것이 현지인과의 대면접촉을 통하여 지도상에 표시를 하여야 할 것이다.

위에서 언급한 4곳의 문화유산도 이미 개발로 인하여 많은 부분이 훼손되었거나 향후 훼손될 예정이다. 양양 서선사는 철광산개발, 속초리 토성은 도로개설, 교회 및 주택 건축, 속초 청대산 건물지는 산림욕장 조성사업, 속초 만호터는 아직 개발로 인한 훼손은 없으나 현재 공사 중인 동해고속도로 구간에 편입되어 있어 발굴조사를 통해 그 성격이 밝혀질 것이나 속초시의 뿌리가 될 수 있는 곳이 지역민의 무관심 속에 고속도로에 묻힐 예정이다.

앞으로 만들어지는 지명집은 단순히 문자의 서술에 그치는 것이 아니라 지도 위에 표시되는 방식을 택해야 할 것으로 생각되는데, 중·고등학교에서 사용되는 역사지리부도나 양양문화원에서 펴낸 『양양의 땅이름』이 좋은 예에 해당할 것이다. 지명집을 제작할 때 역사학, 국어학, 지리학, 지형학 등 지명과 연관있는 학자들을 최대한 참여시켜 충분한 현장조사를 실시하고 이를 바탕으로 지형도와 사진 위에 지명을 입히는 작업이 이루어져야 할 것이다. 그리고 실제 지명집의 편찬은 아니지만 소지명지도를 작성하기 위하여 춘천의 일부 지역을 중심으로 GIS를 활용한 연구32)는 향후 만들어지는 지명집에서 이용해 볼 가치가 있는 작업일 것이다.

이렇게 만들어진 지명집은 지명의 어문학적 변천과정의 서술이나 기록으로 남는 과정에서 잘못 기술된 사례 등을 꼼꼼히 분석하여 만든다면 향후 그 지명집을 이용할 사람들이 선학들이 행했던 오류를 겪지 않으면서 효율적으로 활용하게 될 것이다.

---

32) 심보경, 「춘천시 신북읍 지명어의 어휘론적 연구」 『춘주문화』 19, 2004, 157쪽~182쪽 ; 심보경, 「GIS를 활용한 소지명 지도 제작을 위한 연구」 『지명학』 10, 2004, 113쪽~135쪽.

지명의 조사 실태와 바람직한 조사 방법
-인제군 남면을 중심으로-

李學周

(강원대, 문학박사)

1. 서론

이 글은 인제군 남면의 지명을 통해 그 조사 실태와 바람직한 조사방법을 알아보고자 하는데 그 목적이 있다. 조사 실태는 지명의 생성배경에 따른 유연성 분류를 통해 알아본다. 생성배경은 배경자체도 중요하지만, 그를 통해 조사 실태를 파악하여 바람직한 조사방법을 찾는데 있다. 곧, 그동안 지명조사가 어떻게 이뤄졌는지를 파악해서 보다 나은 조사방법을 강구하자는 것이다.

이를 위해서 지명과 지명유래 및 지명조사의 중요성을 보면 다음과 같다.

지명은 풀면 땅이름이다. 사람이 이름을 갖고 있듯이 온갖 만물은 고유의 이름을 갖고 있다. 김춘수의 「꽃」에서 "내가 그의 이름을 불러주기 전에는/그는 다만 하나의 몸짓에 지나지 않았다./내가 그의 이름을 불러주었을 때/그는 나에게로 와서 꽃이 되었다. …"라고 했듯이 이름은 생명의 탄생과 같은 엄청난 힘을 가지고 있다. 이름이 있을 때 비로소 그 존재의미와 그만의 특성이 드러난다. 우리는 이름으로 사람을 만나고, 지명으로 그곳에 찾아간다. 이름이 없으면 가치도 주어지지 않는다.

이러한 이름은 아무렇게나 짓지 않는다. 이름마다 사연이 있고, 이름을 지으면 특성을 가진다. 그렇게 불러지는 것은 그렇게 부를 수밖에 없는 특별한 관련이 있기 때문에, 그만의 고유한 이름이 탄생하는 것이다. 이름이 가지는 중요성은 형언할 수 없을 정도다.

지명이 가진 사연에다 서사구조를 띤 이야기를 만들어 주면 사람이 탄생설화를 갖는 것과 같다. 이 이야기는 애초에 붙여지기도 하고, 이름을 짓고 나서 붙여지기도 한다. 전신재는 이름에다 이야기를 지어주는 것은 인간의 깊은 사랑이라고 했다.[1] 사랑이라고 하면 너무 자의적인 생각이 든다. 물론 일부러 지명에 이야기를 부여할 수도 있지만, 우연히 이야기가 생기는 경우가 많다. 이러한 이야기는 그냥 짓지는 않는다. 지명과 관련된 어떤 사건이 있을 때에만 이야기는 주어지는 것이다. 우리는 이것을 지명설화라고 한다. 지명설화는 그 지역의 큰 자산이 됨은 누구나 알고 있다.

이처럼 지명은 그 나름의 사연과 고유한 특성을 갖고 사람들에게 불러진다. 사람들이 땅이름을 불러줄 때 그 땅은 드디어 생명을 갖게 되는 것이다. 그래서 우리는 땅이름, 곧 지명을 부여할 때 신중해야 한다. 올바른 이름을 지어주어야만 그 땅은 생명을 유지하기 때문이다.

사람들은 지명 때문에 피해를 보기도 하고 이득을 보기도 하고 자랑스러워하기도 한다. 이는 지명의 중요성을 말하는 것이다. 가령, 『관동지』에 보면 인제군 남면의 지명에 "羅加里, 建達里, 加奴里, 馬奴里"[2]가 있다. 나가리와 건달리는 그 의미를 떠나 읍이 좋지 않다. 가노리와 마노리는 종(하인)이라는 뜻이 있다. 지명을 지을 때 풍수적인 원인이 있어서 그렇게

---

1) 전신재, "인제군의 지명전설", 『강원민속학』 22집, 강원도민속학회, 2008, 279쪽.
2) 『국역 관동지』, 강원도, 2007, 746~747쪽.

한 것인지는 모르나 좋지 않은 지명이다. 또한 於論里는 동리 사람이 말다툼을 많이 해서라고 한다.[3]

그렇다면 이러한 땅이 이름을 갖게 되는 배경이 있을 것이다. 그 배경은 세월이 지나면서 사라지거나 바뀌는 경우도 있다. 아울러 잘못 조사해서 제 이름을 찾지 못하는 경우도 있다. 우리는 이를 빨리 올바로 조사해서 그 땅이 갖는 역사와 의미와 생성배경을 후세들에게 자랑스럽게 물려줘야 한다.

이를 위해서 본고는 인제군 남면 지명의 생성배경을 통해 지명조사 실태를 알아보고, 그로부터 우리가 어떻게 지명조사를 해야 하는지, 바람직한 방법을 제시해 보고자 한다.

그동안 인제군의 지명에 관한 연구로는 전신재의 「인제군의 지명전설」이 유일하다. 이 논문에서는 인제군에 분포해 있는 지명전설 중 「송도령전설」, 「대승폭포전설」, 「김부대왕전설」의 의미를 연구했다.[4] 이는 지명연구가 아니라, 설화연구로 봐야 한다. 따라서 인제군의 지명을 연구한 자료는 아직 없는 것으로 봐야 한다.

본고에서 논의의 기초자료로 삼은 것은 『인제군사』와 『인제군 유적·지명·전설』과 『한국지명총람』이다. 이 자료는 현재 인제군의 유일한 지명집이다.[5] 그런데 『인제군사』와 『인제군 유적·지명·전설』은 내용이 같다. 그리고 이를 편찬할 때 『한국지명총람』을 참고하여 옮겨 놓았으나 빠진 부분이 있어 『인제군사』와 『한국지명총람』을 논의 자료로 삼는다.

---

3) 『인제군사』, 인제군, 1996, 1184쪽.

4) 전신재, 앞의 논문, 294쪽.

5) 『인제군사』, 앞의 책 ; 이만철 편, 『인제군 유적·지명·전설』, 인제문화원, 2007 ; 『한국지명총람』 2, 한글학회, 1967.

2. 지명의 생성배경을 통한 조사실태

지명은 여러 가지 생성배경을 갖고 있다. 그것은 대부분 사람들의 필요에 의해서 생성 된다. 비근한 예로 정선군 임계면 文來里의 경우를 볼 수 있다. 문래리는 원래 특별한 명칭이 없이 강릉군 임계면 3리로 불러졌다. 그것이 중간에 骨只里로 부르다가 2009년 11월 1일에 문래리로 개명하였다.[6] 또한 고성군 거진읍 송정리의 소지명은 그 생성배경이 독특하다. 이곳에는 처음 사람이 살지 않았다. 그런데 이곳에 이사를 처음 들어온 남태훈이라는 사람이 마땅한 지명이 없어서 이곳에 이사 오기 전에 살던 강릉의 소지명을 그대로 옮겨서 불렀다고 한다.[7] 이처럼 지명의 생성은 대부분 필요에 의해서 생성이 된다.

그러나 지명설화는 사람들이 자의적으로 꾸며내기도 하나, 어떤 사건, 건물, 생산 등등에 의해서 자연발생적으로 만들어지기도 한다. 가령, 남면의 송도령은 성이 송 씨인 총각이 산에서 석이버섯을 따다가 지네가 밧줄을 끊어서 떨어져 죽었다고 해서 붙여진 이름이다.[8] 건이고개는 建伊院이란 원집이 있어서 붙여진 이름이고, 숯둔골은 숯을 굽던 곳이라 하여 그렇게 부른다.[9] 꾸며내는 경우를 보면 남면 관대리의 대홍리나 신남리의 닭바위가 이에 해당한다. 이 두 지역은 원래 지명이 있었는데 나

---

6) 그 과정을 보면 다음과 같다. 『관동지』(1830) 강릉군 임계면 3리. 땅문서(1903) 고기원(高基員), 1906년 행정구역 개편 때 정선군 임계면 골지리(骨只里), 『조선지지자료』(1911) 골ㄱㅣ(骨只里), 『강원도지』(1943) 골지리. 『정선의 옛 지명』(1997) 문래(文來)와 골개와 고계리(高溪里), 2009년 11월 1일 문래리(文來里)로 명칭 변경.

7) 이학주, 『건봉권역 인문자원조사보고서』, 한국농어촌공사, 2009, 88쪽.

8) 이만철, 앞의 책, 2007, 356쪽.

9) 위의 책, 199쪽.

중에 이야기를 끌어 붙인 경우이다. 대흥리는 광포전설인 장자못전설이10), 닭바위의 경우도 광포전설인 부자가 망한 전설이다.11)

이처럼 지명과 지명설화는 사람들이 필요에 의해 만들든가, 자연발생적으로 만들어진다. 이는 크게 행정명칭과 지물과 인공물을 중심으로 형성됨을 알 수 있다. 이는 유연성에 따라, 음운에 따라, 조어에 따라 변하기도 한다. 본고에서는 有緣性에 따라서 분류해 보기로 한다.

유연성에 대한 분류는 그동안 지명연구를 하는 많은 학자들에 의해서 논의 돼 왔다. 그 중에 김윤학은 땅이름이 형성되는 요인을 역사와 사회적 배경, 땅의 꼴, 곳으로 보고, 유연성에 관한 분류를 곳, 꼴, 전설, 흉내말, 사람, 동 식물, 풍수지리와 관련하여 나누어 설명하였다.12) 심보경은 춘천시 신북읍의 지명을 연구하면서 그 유연성에 따라 위치, 형태, 동물, 식물, 지물, 인물, 종교, 생활상, 전설로 나누어 살펴보았다.13)

본 글에서는 지명과 지명유래의 생성배경을 통해 지명조사실태를 살펴보기 위해서 유연성에 따른 분류를 1)위치 2)모양 3)동물 4)식물 5)지물 6)인물 7)생활 8)신앙 9)전설 10)시설물 11)기타로 나누어 살펴보고자 한다. 본고에서는 기존의 학자들이 언급하지 않은 시설물에 관한 것을 추가하였다. 시설물은 인공구조물을 뜻한다. 아울러 그 의미와 어원을 알 수 없거나 위 항목에 해당하지 않는 것은 기타를 두어 분류하였다. 그리고 분류명칭을 형태는 모양으로, 생활상은 생활로, 종교는 신앙으로 바꾸었다. 이는 분류명칭의 적절성 때문이다. 특히, 방언과 관련한 지명도 언급하고 분석을 해야 하나 지명집에 많이 나타나지 않아서 본고에

---

10) 위의 책, 264쪽.
11) 위의 책, 358쪽.
12) 김윤학, 『땅이름 연구』, 박이정, 1996, 24~7쪽.
13) 심보경, 「춘천시 신북읍 지명어의 어휘론적 연구」『춘주문화』19집, 춘천문화원, 2004, 166~174쪽. 분류에 대한 설명과 유연성에 관한 연구방법은 이를 따른다. 항목설명은 필요에 의해 필자가 조금씩 바꾸었다.

서는 예외로 하였다. 이렇게 분류한 원인은 인제군 남면의 지명에 따른
것이다.

필자가 유연성에 따라 생성배경을 보고, 이 생성배경을 통해 조사 실
태를 파악하고자 하는 원인은 다음과 같다. 지명은 반드시 그렇게 불러
질 수 있는 이유를 갖고 있다. 그 이유는 곧 지명으로 남을 수 있는 因緣
이 된다. 그 인연은 지명으로 남을 수 있는 그 지역의 지형과 지표 및
땅속에 위치한 모든 물건과 관련을 갖는다. 그 때문에 유연성에 따른 생
성배경분류와 수효파악은 그 지역의 특성과 함께 지명조사실태를 파악
할 수 있는 가장 좋은 방법이라고 판단한다. 따라서 본고에서는 인제군
남면의 지명과 지명유래의 생성배경을 유연성에 따라 각 里 별로 수효
를 나열해서 조사 실태를 파악하고자 한다.

1) 위치와 관련한 지명

위치와 관련한 지명은 지역의 위치, 방향, 상하, 대소, 앞뒤 등이 영향
을 준 것을 말한다.

> (1) 어론리 : 웃다무리(上多物里), 새다무리(中多物里), 아랫다무리
> (下多物里), 아랫말, 웃말.(5)
> (2) 신풍리 : 없음.(0)
> (3) 신남리 : 뒷골(後谷), 양지말(陽地村, 坪).(2)
> (4) 부평리 : 구만리(九萬里, 洞, 건넌마을), 길뚝거리(큰길이 있었
> 음), 뒷재, 모루박(우외동, 평), 682고지, 음양동(陰陽洞, 음양리),
> 중앙동(中央洞).(7)
> (5) 갑둔리 : 샛골(사이), 원갑둔.(2)
> (6) 정자리 : 샛말(間村), 대통골(큰통골), 소통골(작은통골), 통골(대
> 소통골을 통칭), 아랫말(下村), 양지말.(6)
> (7) 남전리 : 가로리(加路里, 加奴村), 개양포(皆陽浦, 하루 종일 빛이
> 쪼이는 나루터), 남전포(藍田浦), 반장동(半場洞, 半場里), 턱거리
> 바우(남밭골의 문턱), 상촌(上村).(6)

(8) 관대리 : 뒤뜰(뒤버덩, 후평), 배남동(背南洞), 삼팔교(三八橋).(3)
(9) 신월리 : 내건리(內建里, 內村), 외건리(外建里, 外村), 월리고개
(月山峙), 월산(月山).(4)
(10) 수산리 : 내곡동(內谷洞, 박달골1), 덕거리1(德巨(街)里).(2)
(11) 상하수내리 : 상하수내리(上下水內里), 상수내리(上水內里, 上水
內外里, 웃수내리), 수내리(水內里, 水門里), 아랫수내리(下水內
里, 下水內外里).(4)

위치에 관한 지명은 신풍리를 제외한 전 지역에 분포해 있었다. 그
수효는 45개로 나타났다. 이 숫자는 가장 많았다. 이것은 사람들이 기억
하기 좋도록 위 가운데 아래를 많이 사용하였다. 이는 지명생성에서 위
치명명이 쉽게 이뤄짐을 뜻한다.

2) 모양과 관련한 지명

모양과 관련한 지명은 계곡 모양, 마을의 형세, 바위 모양, 고개 모양,
여울의 모양 등이 영향을 준 것을 말한다.

(1) 어론리 : 없음.(0)
(2) 신풍리 : 없음.(0)
(3) 신남리 : 상제바우(喪祭石), 장군바우(將軍石), 닭바우.(3)
(4) 부평리 : 가마소(가매소, 沼), 끓는소(沼, 물 끓는 모양), 늘목고
개, 소동, 숏탱이(掃蕩-), 울때소(울타리 모양의 沼), 청구동(靑邱
洞, 청구리), 텃골, 파랑소(沼).(9)
(5) 갑둔리 : 늠바우(문바우-), 문암동(門岩洞, 문바우가 있는 마을),
문지방소(沼), 미약골(美也洞), 병바우. 병바우굴, 옥토골(토끼),
옥토봉(토끼봉), 촛대바우.(9)
(6) 정자리 : 기령골(지령골, 길영동), 길영고개(먹구네미고개), 가마
소(가마솥 모양 沼).(3)
(7) 남전리 : 오목골, 항골(항아리 모양 골).(2)
(8) 관대리 : 없음.(0)
(9) 신월리 : 없음.(0)

(10) 수산리 : 수산리(水山里, 물과 산이 많은 형태).(1)
(11) 상하수내리 : 수상리(水上里).(1)

모양과 관련한 지명은 28개로 나타났다. 이들 모양에 관한 지명은 지역민들의 보편적인 인식을 기반으로 생성된다. 곧, 장군바우라 하면 바위의 모양이 장군과 닮았다고 그 지역민이 공통으로 인식을 할 때 부여되는 이름이다. 이때 아무리 다른 무엇과 닮았다고 하더라도 지역민의 인식을 벗어나면 지명으로 명명될 수 없다. 그래서 모양에 관한 지명은 그 지역 사람들의 생활과 지적 수준과 결합하여 나타난다.

모양에 관한 지명이 다른 지역에서는 가장 많이 나타나는데, 인제군 남면은 위치명보다 그 수효가 적었다.

3) 동물과 관련한 지명

동물과 관련한 지명은 동물의 서식, 지역민과의 관계에 의해 생성된 것이다.

(1) 어론리 : 양골(양을 기름).(1)
(2) 신풍리 : 지내비골(지내의 방언).(1)
(3) 신남리 : 없음.(0)
(4) 부평리 : 매고개. 수리봉(704고지), 우동(牛洞, 소동).(3)
(5) 갑둔리 : 없음.(0)
(6) 정자리 : 도토골(멧돼지와 토끼가 많아서), 매고개(매봉재, 鷹峰峙), 범골.(3)
(7) 남전리 : 없음.(0)
(8) 관대리 : 부소고개(물오리가 많다하여), 부소현(鳧巢峴).(2)
(9) 신월리 : 없음.(0)
(10) 수산리 : 무학동(無鶴洞).(1)
(11) 상하수내리 : 없음.(0)

동물의 서식과 지역민의 관계에 따른 지명은 모두 11개로 나타났다. 이들 지명은 그 지역 사람들의 생활과 동물의 분포와 밀접한 관계를 나타낸다. 곧, 어떤 지역에 어떤 동물이 서식하고 있으며, 어떤 동물을 사육했으며, 그 동물과 어떤 일이 있었느냐를 나타내는 것이다.

인제군 남면은 가축으로는 양과 소가 있으며, 곤충에는 지내, 야생동물에는 매와 수리와 멧돼지와 토끼와 오리와 학과 범이 나타났다. 이로 보면 대부분 야생동물과 관련한 지명임을 알 수 있다.

4) 식물과 관련한 지명

식물과 관련한 지명은 식물명, 나무명 등이 반영되어 생성된 것이다.

(1) 어론리 : 쌍솔배기, 속새매기(속새풀), 횟골고개(檜谷峴).(3)

(2) 신풍리 : 없음.(0)

(3) 신남리 : 느릅정(楡木亭, 洞).(1)

(4) 부평리 : 보아구숲펑(숲), 송노골(松老谷).(2)

(5) 갑둔리 : 갈고개, 떡갈봉, 소재(소재, 所峙, 소치리, 소나무가 많다하여), 오미잣골(五味子洞, 五味洞).(4)

(6) 정자리 : 도화동(桃花洞), 애맥골(愛麥谷, 보리가 잘 돼서).(2)

(7) 남전리 : 남전리(藍田里, 쪽밭골, 藍田洞), 도화실(桃花實, 東亞實).(2)

(8) 관대리 : 없음.(0)

(9) 신월리 : 없음.(0)

(10) 수산리 : 박달골2, 도래골1(桃峽谷, 舠來谷), 배나무골(돌배나무), 수청동(數靑洞, 물푸레나무).(4)

(11) 상하수내리 : 난뿌리(남부리, 蘭根乎), 배나무골.(2)

식물과 관련한 지명은 20개가 있었다. 이들 지명은 대부분 그곳에 어떤 식물이 있는가에 의해 명명한다. 간혹 특이한 형태의 나무가 위치하여 불러지기도 한다. 이러한 식물에 관한 지명은 그 지역에 어떤 식물이 분포하는 가를 알 수 있는 자료가 되기도 한다. 이는 세월이 지나면서 자생식물의 위치가 바뀌기도 하므로 지명이 쉽게 바뀔 수도 있다.

인제군 남면의 경우는 쌍솔배기처럼 특이한 식물을 지칭하기도 했지만, 대부분 그 지역에 어떤 식물이 자생하는 가 내지는 군락을 이루는가에 따라서 명명 하였다.

5) 지물과 관련한 지명

지물과 관련한 지명은 땅위에 있는 돌, 샘물, 우물, 논밭의 성질 등으로 생성된 것이다.

(1) 어론리 : 신수골(新水里, 谷), 오계탕(五溪湯)1, 화탄리(禾呑里, 좋은 논).(2)
(2) 신풍리 : 모래고개(沙峙, 沙峴), 새잿골(沙峴, 마을).(2)
(3) 신남리 : 절뚜루(들), 닭바우고개.(2)
(4) 부평리 : 도수암(道水岩), 뗏둔지(떼가 많음), 부평리(富坪里, 논밭이 비옥).(3)
(5) 갑둔리 : 맞는물(약물).(1)
(6) 정자리 : 가노진(加奴津).(1)
(7) 남전리 : 돌산골, 쪽밭골약수터(남전약수터).(2)
(8) 관대리 : 마노진(馬奴津).(1)
(9) 신월리 : 건답리(乾畓里).(1)
(10) 수산리 : 빙골(氷谷).(1)
(11) 상하수내리 : 옥산포(玉山浦).(1)

지물과 관련한 지명은 17개가 있었다. 이들 지명은 지상에 위치한 물질의 존재여부와 관련된 것이다. 이는 그 지역에 어떤 지물이 많은지를 쉽게 알 수 있다. 인제군 남면에는 물과 관련한 지명이 10개로써 가장 많았다. 남면에는 강과 약수가 많음을 나타내는 것이다.

6) 인물과 관련한 지명

인물과 관련한 지명은 지역민의 거주와 지역의 인물이 지명 생성에 영향을 준 것이다.

    (1) 어론리 : 없음.(0)
    (2) 신풍리 : 없음.(0)
    (3) 신남리 : 없음.(0)
    (4) 부평리 : 없음.(0)
    (5) 갑둔리 : 맹개골(孟家谷, 맹가골, 맹창골), 김부동(金富洞).(2)
    (6) 정자리 : 없음.(0)
    (7) 남전리 : 없음.(0)
    (8) 관대리 : 없음.(0)
    (9) 신월리 : 없음.(0)
    (10) 수산리 : 시녀골1(侍女谷, 궁중시녀).(1)
    (11) 상하수내리 : 없음.(0)

인물과 관련한 지명은 단 3건에 불과했다. 그것도 김부대왕(마의태자)과 그의 부하 장군이라고 전설에 전하는 맹 장군과 관련한 지명이 2건이고, 궁중의 시녀가 되어갔다는 것이 1건이었다. 궁중의 시녀가 되어간 시녀골은 전설과 관계되기도 한다. 인물에 대한 지명은 그 지역 사람들의 생활과 사건 및 어떤 인물이 활동하고 있었는지를 나타내는 것이다.

7) 생활과 관련한 지명

생활과 관련한 지명은 그 지역민의 생산민속과 삶의 방법 등이 생성에 영향을 준 것이다.

    (1) 어론리 : 숯둔(炭谷, 炭村), 어론장(장거리, 場).(2)
    (2) 신풍리 : 쥔애비골.(1)
    (3) 신남리 : 남면장(南面場).(1)

(4) 부평리 : 없음.(0)

(5) 갑둔리 : 없음.(0)

(6) 정자리 : 없음.(0)

(7) 남전리 : 없음.(0)

(8) 관대리 : 없음.(0)

(9) 신월리 : 없음.(0)

(10) 수산리 : 없음.(0)

(11) 상하수내리 : 없음.(0)

생활과 관련한 지명은 4건이었다. 이는 시장을 나타내는 것이 2건, 숯을 굽는 것이 1건, 중신애비가 1건 이었다. 비교적 많을 것 같았는데, 의외로 적었다. 그것은 조사가 잘 되지 않았든가, 이곳이 생활의 중심지가 되지 않았던 탓일 것이다.

8) 신앙과 관련한 지명

신앙과 관련한 지명은 지역주민의 가정신앙, 마을신앙, 민족종교, 외래종교 등이 지명생성에 영향을 준 것이다.

(1) 어론리 : 절골(寺谷).(1)

(2) 신풍리 : 없음.(0)

(3) 신남리 : 절뚜루(寺坪), 탑뚜루(탑뜰).(2)

(4) 부평리 : 없음.(0)

(5) 갑둔리 : 서낭거리(성황거리, 성황평), 탑골, 탑두루(탑둔지, 탑뜰).(3)

(6) 정자리 : 없음.(0)

(7) 남전리 : 없음.(0)

(8) 관대리 : 없음.(0)

(9) 신월리 : 없음.(0)

(10) 수산리 : 절골.(1)

(11) 상하수내리 : 서낭댕이.(1)

신앙과 관련한 지명은 8곳이 나왔다. 일반적으로 신앙은 마을 사람들이 공동의식으로 행하던 서낭, 장승, 솟대, 기도처 등이 중심을 이루고, 유교, 불교, 기독교, 무교 등의 장소와 관련해서 명명한다. 그러나 인제군 남면의 경우는 서낭, 탑, 절과 관련해서만 조사되었다. 그런데 남면 송도령의 위에는 산제당굴과 무당굴이 있으며, 각 동네마다 서낭당과 유명한 기도처가 있음을 알 수 있다. 이로 보면 지명조사가 세부적으로 이뤄지지 않았음을 나타내는 것이다.

9) 전설과 관련한 지명

전설과 관련한 지명은 그 지역의 전설이 지명 생성에 영향을 준 것이다.

(1) 어론리 : 於論里(말다툼), 다물리(돌을 쌓음), 오계탕2(선녀목욕).(3)
(2) 신풍리 : 없음.(0)
(3) 신남리 : 장자골(長者谷), 진뚜루(군인이 진을 침).(2)
(4) 부평리 : 도둑바우.(1)
(5) 갑둔리 : 갑둔리(甲屯里, 임진왜란에 병사들이 진을 침), 김부리고개(수구네미, 수레너미, 술구너미, 車踰峴), 옥토봉(김부대왕의 자식점지, 김부대왕각을 지은 유래), 천지곡(天志谷, 天祭谷, 天基谷, 김부대왕이 구국의지를 다진 골짜기).(4)
(6) 정자리 : 단지골고개(斷趾谷峴), 석장골(풍수설화).(2)
(7) 남전리 : 없음.(0)
(8) 관대리 : 군량동(軍糧洞), 대흥리(大興里, 장자못전설).(2)
(9) 신월리 : 없음.(0)
(10) 수산리 : 박달골3(비행기전설), 덕거리2(德巨里, 德街里, 주막전설), 도래골2(朸來谷, 桃崍谷, 배전설), 시녀골2(侍女谷, 궁중 시녀).(4)
(11) 상하수내리 : 없음.(0)

전설과 관련한 지명은 18개가 조사되었다. 이들 전설은 비교적 다양하게 전개 되었는데, 그 중에 많은 부분을 차지하는 것이 김부대왕전설과 임진왜란전설과 결부되는 전쟁전설이었다. 모두 6개인데, 이들은 현재 논란이 많다. 곧, 김부대왕이 누구이며, 여기에서 진짜로 오랫동안 기거했으며, 전쟁지명이 김부대왕과 관련이 있는 것인지 하는 것이다. 이는 논자들 마다 의견이 팽팽한 상태이다. 다만, 그 사실여부를 떠나서 마을 사람들이 김부대왕을 신격으로 모시고 제사를 지내면서 마을의 지명과 관련을 시켰다는 것은 인정해야 한다.[14]

이밖에도 어론리(말다툼), 석장골(풍수설화), 대흥리(장자못전설), 박달골(비행기전설), 덕거리(주막전설), 시녀골(궁중시녀전설) 등은 이 지역에 아주 많은 지명전설이 건강하게 전승되고 있다는 증거이다.

그러나 신풍리 설화에는 「송도령」이란 지명과 배경설화까지 전하는데[15] 본고에서 대본으로 한 지명집에는 아예 「송도령」이란 지명이 빠졌다. 신남리의 「닭바위」전설[16]도 마찬가지다.

10) 시설물과 관련한 지명

시설물과 관련한 지명은 지상에 세운 건물과 토목공사 등처럼 인공구조물이 지명생성에 영향을 준 것이다.

---

14) 현재 조사된 바에 의하면 과거 김부리에 주민들이 거주했을 때는 3곳에서 김부대왕을 신격으로 모시고 동제를 지냈으나, 현재는 김부대왕각에서 부안(부령) 김 씨들만 매년 음력 9월 9일에 제사를 올린다. 과거에는 마을의 수호신격이었으나, 현재는 부안 김 씨의 시조제사 형태로 바뀌었다. 현재 마의태자가 김부리 동제의 신격인가 경순왕이 신격인가 논란이 있는데, 여기 살던 사람들은 모두 경순왕이 아닌 마의태자를 일컫고 있다. 이는 경순왕의 이름이 김부(金傅)였던 까닭에 김부리 사람들이 마의태자를 김부대왕(金富大王)으로 승격해서 불렀던 것과 혼동해서 이다.
15) 『인제군사』, 앞의 책, 940~941쪽.
16) 위의 책, 938쪽.

(1) 어론리 : 거니고개(建伊院, 峙, 峴), 건이골(村), 깃대봉(측량표준
기), 어론교(橋).(4)
(2) 신풍리 : 없음.(0)
(3) 신남리 : 교동(橋洞, 다릿골).(1)
(4) 부평리 : 방아골. 뱃막께(나루터), 부평선착장, 부평교(富坪橋).(4)
(5) 갑둔리 : 갑둔탑(甲屯塔), 김부오층석탑, 원막골(농막).(3)
(6) 정자리 : 정자리(亭子里, 亭子幕, 정자막리), 이씨열녀문.(2)
(7) 남전리 : 가로교(加路橋), 군축교(軍築橋), 남전교(藍田橋).(3)
(8) 관대리 : 관대리(冠垈里, 관터, 馬奴驛), 개운교(開運橋, 대흥교),
마노역(馬奴, 瑪璃驛).(3)
(9) 신월리 : 없음.(0)
(10) 수산리 : 정자동(亭子洞, 정지골).(1)
(11) 상하수내리 : 양구대교(楊口大橋).(1)

시설물과 관련한 지명은 22곳이 전한다. 이 중에 가장 많은 분포를
보이는 것은 물과 관련한 다리이다. 8곳이 다리 이름이다. 또한 갑둔탑
과 김부탑 등이 있는 것으로 봐서 불교문화도 오래 전에 꽃 피웠음을 보
여주는 것이다. 다만, 아쉬운 것은 일반 건물과 관련한 지명이 없다는 것
이다. 이는 조사과정에 문제가 있었음을 나타내는 것이다.

11) 기타의 지명

위의 사항에 관련되지 않거나 생성 유래가 애매하여 분류가 어려운
지명을 말한다.

(1) 어론리 : 곽골.(1)
(2) 신풍리 : 신풍(新豊).(1)
(3) 신남리 : 신남(新南).(1)
(4) 부평리 : 쇳골(무쇠가 남), 시댓골(시대가 지나면서 마을형성).(2)
(5) 갑둔리 : 옥개골(욕개골, 욕개동).(1)
(6) 정자리 : 더렁재.(1)

(7) 남전리 : 없음.(0)

(8) 관대리 : 개운리(開運里, 개륜이).(1)

(9) 신월리 : 신월리(新月里), 건달리(建達里(村)), 신촌리(新村里), 진
    팔리(신월리의 옛 지명).(4)

(10) 수산리 : 통골(洞谷).(1)

(11) 상하수내리 : 막장골(幕帳谷), 물미. 옥산동(玉山洞).(3)

기타에 해당하는 지명은 16곳이었다. 이들 지명은 위의 항목에 넣기
가 애매하거나 뜻이 분명치 않은 경우이다. 애매한 경우는 항목을 늘이
면 되나, 뜻이 분명하지 않은 것은 지명유래가 단절되었거나 조사가 분
명하게 안 된 경우이다.

곽골은 곽 씨가 살던 곳 같으나 지명집에서 아무런 설명이 없다. 新
南은 38선이 갈리면서 인제군 남면이 홍천군에 편입되자 홍천에도 남면
이 있으므로 새로운 남면이라 해서 붙여진 이름이다. 그런데 지명집에는
설명이 없다. 쇳골이나 옥산동은 광물에 해당하는데 따로 항목을 만들기
가 번잡해서 기타에 넣었다. 이 역시 왜 그렇게 명명했는지는 설명이 없
다. 막장골도 위치를 뜻하는 듯하나 따로 설명이 없다. 이처럼 본고에서
대상으로 한 지명유래집에는 애매하거나 유래가 없는 지명이 많다. 충분
한 질문을 통해서 유래를 이끌어 내야 하는데 못했다.

지금까지 인제군 남면의 지명을 그 유연성에 따라 분류를 해봤다.
모두 189곳인데, 두 곳 이상의 의미를 갖고 있어서 중복된 것 5곳을
빼면 183곳이다. 이를 한 눈에 볼 수 있도록 도표로 나타내면 다음과
같다.

인제군 남면 지명생성배경의 유연성에 관한 분류

유형 / 지역	인제군 남면 지명의 생성배경 유형											
	위치	모양	동물	식물	지물	인물	생활상	신앙	전설	시설	기타	계
어론리	5	-	1	3	2	-	2	1	2(1)	4	1	21(1)
신풍리	-	-	1	-	2	-	1	-	-	-	1	5
신남리	2	3	-	1	2	-	1	2	2	1	1	15
부평리	7	9	3	2	3	-	-	-	1	4	2	31
갑둔리	2	9	-	4	1	2	-	3	4	3	1	29
정자리	6	3	3	2	1	-	-	-	2	2	1	20
남전리	6	2	-	2	2	-	-	-	-	3	-	15
관대리	3	-	2	-	1	-	-	-	2	3	1	12
신월리	4	-	-	-	1	-	-	-	-	-	4	9
수산리	2	1	1	4	1	1	-	1	-(4)	1	1	13(4)
상하수내리	4	1	-	2	1	-	-	1	-	1	3	13
총계	41	28	11	20	17	3	4	8	13(5)	22	16	183(5)

이상에서 보듯 인제군 남면의 총 지명은 183개이다. 183개의 지명을 유연성(有緣性)에 따라 분류하고 그 특징을 살펴보았다. 위치(41) > 모양(28) > 시설(22) > 식물(20) > 지물(17) > 기타(16) > 전설(13) > 동물(11) > 신앙(8) > 생활상(4) > 인물(3)의 순이었다.

위의 유연성에 따른 숫자를 보면, 각 리별로 '위치'가 가장 많은 분포를 보이고, 그 다음이 '모양'이나 실제로 각 리별로 워낙 들쭉날쭉해서 그 특성을 살펴보기에는 무리가 따른다. 이렇게 각 지역마다 들쭉날쭉한 것은 각 지역이 나름대로 특성을 나타낸다고 할 수도 있다. 그러나 보편적인 특성에 비춰보면 이는 달라도 너무 다른 분포를 보인다. 필자의 생각에는 이 지역의 지명조사가 제대로 이뤄지지 않은 탓이라고 본다. 이

를 입증하는 자료는 신풍리의 경우 중복되는 것을 빼면 겨우 5곳에 불과
하다. 1개리에 소지명까지 포함해서 5개라면 이는 전혀 조사가 안 된 것
이다.

지역의 특성이 있으므로 일률적으로 비교할 수는 없으나, 춘천시
신북읍은 7개리에서 273곳의 지명이 조사 되었다.[17] 그런데 인제군
남면은 11개리에서 183곳이 조사되었으니, 90곳의 차이가 나는 것이
다. 이 중에는 한국전쟁과 관련한 지명이 하나도 없었다. 게다가 신풍
리의 경우 위치와 모양을 나타내는 지명이 하나도 없다는 것은 무엇
을 나타낼까? 이는 조사가 자세하게 이뤄지지 않았음을 나타내는 단
적인 증거이다.

또한, 옛 지명들이 한자로 바뀌든가 하나씩 사라짐을 알 수 있다. 가
령, 1911년에 출간된 『조선지지자료』에 의하면 산곡명에서 가무ㅣ봉이
轎子峰, 슈리봉이 鷹蜂, ᄒᆢᆼ병골이 行兵谷으로 바뀐 것은 한자음으로
고친 것인데 그 뜻을 살려서 옮긴 것을 볼 수 있다. 그러나 아홉살티가
鳳凰臺,[18] 동무ㅣ실이 雙龍臺로 바뀌면서 그 어원을 찾을 수 없게 되었
다.[19] 또한 酒幕으로 건니쥬막(乾泥酒幕), 가내쥬막(加路酒幕), 마로쥬막
(馬路酒幕), 모로박쥬막(隅外酒幕), 남밧골쥬막(藍田酒幕)으로 표기되어
있다. 이는 당시에는 주막이 길손의 의식주를 해결해 주는 아주 중요한
것이었음을 나타내는 것이다. 그렇다면 현재는 주막거리 정도의 지명이
있을 듯한데 없어졌다. 다만, 과거 춘성군에 속했던 수산리에 덕거리라
는 곳이 있었는데 그곳과 관련해서 주막얘기가 나올 뿐이다.[20] 아울러

---

17) 심보경, 앞의 논문, 173쪽.
18) 신종원 교수는 발표장에서 아홉 살티의 아홉은 많다는 의미로 구만리와 같
　　은 뜻을 나타내므로 봉황이 개입했다고 했다. 그러나 그 의미가 너무 상징
　　화 되어 일반인은 알기 곤란하다.
19) 『조선지지자료』「강원도편」(영인본; 경인문화사, 2007), 196쪽.
20) 『인제군사』, 앞의 책, 1197쪽.

못(池)이나 보(洑)명도 구렁말못(鮒魚池), 큰둘무(大坪洑), 면두바우보(鷄岩洑) 등이 있었으나[21] 『한국지명총람』이나 『인제군사』 「지명유래」항목에는 나타나지 않았다. 이는 옛 지명이 전승이 되지 않았든가, 지명조사 과정에서 문제가 있다고 판단한다.

3. 바람직한 조사방법

위의 인제군 남면 지역의 지명을 보면 여러 면에서 그동안 조사자의 조사가 부족하다는 것을 쉽게 느낄 수 있을 것이다. 채록과정에서 채록자가 질문을 제대로 하지 않았거나, 제보자를 잘못 선택한 경우에 해당한다. 그 중에서 소지명은 아주 일부에 지나지 않음을 쉽게 알 수 있다. 아울러 지명의 유래를 밝히고자 했으나 지명의 유래가 서사구조에 맞지 않음을 볼 수 있다. 물론 세월이 지나면서 이야기가 잊혀 전승이 잘 안 된 탓도 있을 것이다. 게다가 위치 정보가 애매하여 지역을 찾기가 어려운 경우가 많다. 이에 필자는 바람직한 지명집 편찬을 위해 이 항목을 할애하였다.

현재의 지명집이 허술한 것은 여러 원인이 있겠지만, 다음의 두 가지 원인이 직접적이다.

그 중의 하나는 지명조사자의 입장이다. 지명조사자가 지명집이 어떤 용도로 사용될 것인가를 생각하지 않았기 때문일 것이다. 지명집은 흩어진 지명을 한데 모으고, 없어지는 지명을 채록 보존하고, 새로운 지명을 채록하고, 그 유래를 정확히 채록하여 기록하고, 어원변화를 파악하며, 위치정보를 기록해서 활용할 수 있도록 해야 한다. 소지명의 경우는 토지개발로 인해서 없어지는 경우가 허다하므로 특별히 신경을 써서 채록

---

21) 『조선지지자료』, 앞의 책, 197쪽.

해야 한다.

또 다른 원인은 지명집 편찬에 국가와 지자체가 너무나 안이한 태도를 보이고 있기 때문이다. 그렇다. 도시화와 개발 사업으로 인해서 지명이 파괴되고 변하며, 지명을 알고 있는 노인들이 하나 둘 세상을 뜨면서 선조들로부터 불러왔던 우리의 소중한 지명은 급격하게 사라지고 있다. 그리고 인구이동으로 인해서 그 지역의 지명을 잘 알고 있는 사람이 드물어졌다. 현재 시골에 가보면 토박이가 한 둘에 지나지 않음을 알 수 있다. 그리고 땅의 용도가 변하면 이름이 바뀌든가 사라진다. 우리가 후손들에게 부끄럽지 않으려면 오늘 당장 다리 하나 놓기에 앞서 지명조사에 착수해야 한다. 다리 공사가 하루 이틀 늦춰진다고 잘못될 것은 없다. 개발에 앞서 반드시 철저한 지명과 민속과 문화유적을 조사해서 책자로라도 보전할 수 있도록 해야 한다.[22]

_____

22) 개발로 인해 사라지는 지명이 아주 많다. 따라서 개발을 하기 전에 반드시 그곳의 지명과 민속 등에 대해서 철저한 조사를 해야 한다. 현재 지표조사라는 형식을 취하는데 그야말로 수박 겉핥기식이다. 지명과 설화는 市郡誌에서 베끼고, 문화유적 정도만 조사를 한다. 그래서 고고학적으로 발굴조사가 필요할 때만 집중조사를 한다. 이는 아주 잘못된 관행이다. 현재 춘천시에서는 동산면 조양리 4반(밭치리)과 홍천군 북명면 역전평리 일대를 소위 '무릉도원'이라는 종합휴양시설을 만들고 있다. 이 지역의 주민을 이주시키고 굴삭기로 파헤쳐서 전혀 새로운 지형이 되었다. 이 지역은 아주 소중한 민속자원을 가진 곳이다. 500년이 넘는 역사를 가지고, 전국적으로 유명한 거리제와 성황제가 열리는 곳이었다. 게다가 '밭치리 아기장수'라는 神話가 있고, 말무덤 등이 잘 보존됐던 지역이었다. 보존가치가 상당히 높은 지역이라고 할 수 있다. 문화재로 지정해도 전혀 손색이 없는 곳이다. 그런데 지표조사라는 명목 하에 베끼기로 일관하고 그냥 땅을 밀어버렸다. 이제 이 지역의 지명은 지형이 바뀌었으니 있을 수 없다. 게다가 중요한 장승숲과 성황당과 말무덤 등을 모두 밀어버렸으니 민속은 모두 사라진 것이다. 이를 보전하고자 필자는 춘천시와 해당 회사에 제안서를 내고 몇 번 찾아가고 전화를 했으나 묵살되고 말았다. 어찌 춘천시는 전통문화를 버리고 감히 문화도시라고 일컬을 수 있겠는가.

본고에서는 바람직한 지명집을 위해서 다음의 4가지를 제안한다. 1. 바람직한 조사항목, 2. 바람직한 조사방법, 3. 바람직한 조사자, 4. 바람직한 지원이다. 그럼 이를 자세히 보도록 한다.

1) 바람직한 조사항목

조사항목은 조사방법과 조사자의 자질을 포괄하는 개념으로 사용할 수 있다. 이는 표준 항목을 만들어서 조사자가 그에 맞게 질문을 하고 답을 구하도록 해야 한다. 이때 무엇보다 중요한 것은 조사항목을 철저히 작성하는 것이다. 위에서 논한 남면의 지명조사가 제대로 이뤄지지 않은 것은 무엇을 어떻게 조사해야할지 몰라서 빚어진 현상이다. 그저 "이곳의 지명은 어떻게 됩니까?", "그렇게 부른 이유는 무엇입니까?"정도의 질문에 그쳤다. 게다가 현지에 나가서 직접 걸어 다니면서 조사를 해야 하는데 집안에 앉아서 게으르게 조사에 임하고 말았기 때문이다. 질문 중에 색다른 것이 있으면 집중적으로 질문하고 현지답사를 해야 하는데, 이 또한 하지 않았기 때문이다. 이러한 잘못을 범하지 않기 위해서는 조사항목을 철저히 작성해야 한다.

다음은 필자가 ○○시에 지명지 편찬을 위해서 제안을 했던 개별조사항목의 표이다. 이는 어느 지역에 대입해도 같은 효과를 낼 수 있다. 특히 요즘은 인터넷이 발달 돼 있으므로 위치 정보를 지리정보시스템을 활용해서 작업을 해야 한다.

〈지명조사개별항목〉

조사지역 : ○○시·군　　읍·면·동　통·리　반　　마을
제 보 자 : 성명 :　나이 :　성별 : 남·여 거주지 : 리　반　전화 :
조사일자 :　년　월　일　조 사 자 :

항목	내용			방법
명칭	옛지명		변천 원인	문헌조사
	현지명			현지조사
위치와 지도				GIS(지리정보시스템)
유래(설화)				문헌·현지조사
생성배경	①위치 ②모양 ③동물 ④식물 ⑤지물 ⑥인물 ⑦생활 ⑧신앙 ⑨전설 ⑩시설물 ⑪기타( )			문헌·현지조사
지형특성				문헌·현지조사
지명과 관련한 특징적 문화요소				문헌·현지조사
지형과 상징물 사진				현장촬영 기존 사진 확보

위 표를 작성하면서 염두에 둔 것은 다음과 같다.

첫째, 생활에 직접적으로 도움을 줄 수 있어야 한다.

둘째, 도시화와 개발사업 등으로 사라지는 소지명까지 조사해야 한다.

셋째, 옛 지명과 현 지명을 함께 조사해야 한다.

넷째, 위치를 지도로 그려서 파악이 쉽도록 해야 한다.

다섯째, 지명유래와 지명설화를 채록해야 한다.

여섯째, 생성배경을 파악해야 한다.

일곱째, 지형의 특성을 기록해 줘야 한다.

여덟째, 지명과 관련한 특징적인 문화요소를 언급해 줘야 한다.

아홉째, 지형과 상징물 사진을 첨부해야한다.

열째, 조사자와 제보자와 조사날짜를 명기해 줘야 한다.

　열한째, 조사된 자료는 서적으로 출판하고 인터넷에 탑재해서 누구나 손쉽게 볼 수 있도록 해야 한다.

　위의 표에 나타낸 항목은 지명과 지명설화와 지도를 함께 아우르는 개념이다.

　지명에는 지명의 변천까지 함께 기록해야 한다. 지명의 변천은 곧 지명의 역사이며, 그 지역 사람들의 삶일 수 있다. 가령, 관대리와 남전리를 잇던 다리는 원래 그 지명을 따서 '대흥교'처럼 명명했는데, 남북이 38선을 경계로 갈리면서 그곳에 놓인 다리는 '38교'가 되었다. 이후 그 다리를 새로 건설하면서 '38대교'로 명명했다. 이는 이 지역의 역사적 현장을 고스란히 담고 있는 지명이라고 할 수 있다. 이런 지명에는 반드시 이야기가 있게 마련이다. 옛날 다리에서 일어난 사건이나, 대교가 건설되기까지의 과정에 얽힌 이야기가 있을 것이다. 아울러 그 다리의 위치가 지도로 명시되어야 쉽게 찾을 수 있다. 다리처럼 눈에 확연히 들어오는 시설물은 그나마 괜찮지만 골짜기와 같은 소지명은 눈에 잘 띄지 않는다.

　이것도 개선점이 있다면 현실에 맞게 고쳐야 한다.

2) 바람직한 조사방법

　바람직한 조사방법을 한마디로 말하면 목적에 맞게 현대 장비와 기술을 총동원하여 조사하는 것이다. 이때 조사자는 이미 있는 자료를 잘 활용하고, 제보자를 잘 선정할 줄 알아야 한다. 선정한 제보자가 그 지역을 잘 모른다면 몇 번에 걸쳐서라도 제보자를 바꿔가면서 조사를 해야 한다. 아울러 한 명의 제보자가 아닌 여러 제보자의 제보를 받아야 한다. 이는 지명에 대한 경험의 척도가 개별적으로 다르기 때문이다. 그리고 조사할 지역은 사전답사를 통해서 파악을 한 후에 실시해야 한다.

그러면 비교적 지명조사에 있어서 모범이 될 만한 사례를 하나 소개해 본다.

다음은 심보경과 허준구가 2002~2003년에 한국학술진흥재단의 지원을 받아 춘천시 신북읍 일대의 지명조사를 하고 작성한 논문의 일부이다. 이 연구는 첫째, 선행조사자료와 연구를 철저히 분석하고, 둘째, 5만분의 1지도를 각 면과 리별로 오려서 현지에 들고 가 제보자와 면담을 하면서 새로운 지명을 명기하고, 셋째, 디지털녹음기에 녹음을 하고, 넷째, 디지털 카메라로 현장을 찍고, 다섯째, 지명조사 카드를 이용해서 조사한 유래, 마을명, 소지명, 사진, 제보자 특징, 제보자 주소, 조사자, 느낌 등을 기록한다. 여섯째, 소지명 지도는 GIS기법에 따라 아크뷰로 내용을 입력하고 이지맵으로 지도를 작성하고, 일곱째, 컴퓨터로 작성하여 입력한 자료를 인터넷에서 활용할 수 있도록 한다.[23)

그 중 소지명 위치표시지도와 소지명 예를 보면 다음과 같다.

〈소지명 위치표시지도와 소지명 예〉[24)

천전리(泉田里)는 1914년 행정구역 개편 때 상천전리(上泉田里), 하천전리(下泉田里), 하유포리(下柳浦里) 일부를 합병하였으며, '어디를 파도 샘이 많이 난다'고 하여 천전리라고 하였다. 행정리는 천전 1-8리이며, 자연 마을은 마지기, 윗샘밭, 지둔지, 버덩말, 골말, 웃말, 중간말, 오수물 등이 있다.

---

23) 심보경·허준구, 「강원도 지명 연구의 의의와 과제 - GIS를 활용한 지명어휘 DB - 」 『강원도 인문학 기초 자료 조사 연구』, 북스힐, 2005, 347~377쪽, 참고.
24) 심보경, 앞의 논문, 2004, 163쪽.

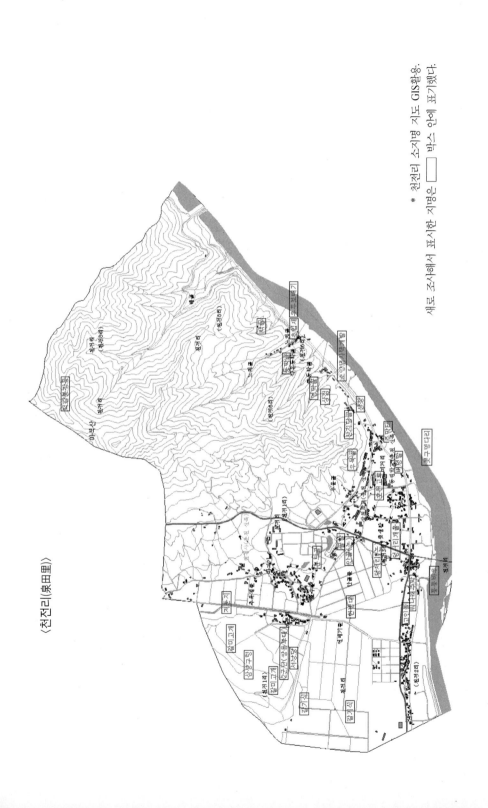

〈천전리(泉田里)〉

* 천전리 소지명 지도 GIS활용.
새로 조사해서 표시한 지명은 □ 박스 안에 표기했다.

앞의 지도는 신북읍 천전리 소지명 지도로 천전리 지명을 나타내면 다음과 같다.

〈신북읍 천전리 소지명〉

시/군	읍/면/동	리명
춘천시	신북읍	천전리
- 새로 조사·위치를 확인한 지명(30) 삼성구렁/우두보매기/백골/영막골/주막터/산지당골/콧구멍다리/버덩말/호전그루/골말/분두골/덩서리/덩서리개울/서낭당/워나리주막/퉁퉁바우/떡갈봉장등/웃말/중간말/아랫말/서덜/도끼봉/먹바우/정성바우/아랫장/진밭/개구리봉/할미여울 - 1/5000 수치지형도 상의 지명(13) 느치골/도지거리(도지골)/마지기/배골/안골들/엇매기들/오수물/우물골/윗샘밭/작은동막골/지둔지/추목정들/큰동막골		

지명설화까지는 기록하지 않았으나, 지명조사의 한 귀감이 됨은 사실이다. 기존의 지명지에는 13개의 지명이 기록되어 있었으나, 새로 조사한 지명이 30개나 되었다. 무려 기존의 것보다 3배에 가까운 숫자이다. 이대로 방치했다면 30개의 소중한 지명은 사라지고 말았을 것이다.

또한 위의 지도에서 보듯이 기존의 지명표기와 새로 조사해서 기록한 지명표기가 같이 지도 위에 명기돼 있다. 이는 현대 생활에 바로 사용할 수 있도록 작성한 지도이다. 곧, 예전의 지명지와 다르게 지도상에 위치를 표시해서 놓았다.

이처럼 지명조사도 시대에 따라 그 방법과 기술이 바뀌게 된다. 이러한 방법과 기술을 잘 활용하고, 조사항목을 빠짐없이 기술해야 한다. 위에서 보듯이 지명지의 새로운 장을 여는 것이라 할 수 있다.

3) 바람직한 조사자

바람직한 지명집이 나오기 위해서는 조사자가 첫째는 사명의식을 갖고 임해야 하며, 둘째는 능력을 겸비해야 한다. 이 둘만 있으면 바람직한 지명집이 나올 수 있다.

첫째, 조사자가 사명의식을 가져야 한다. 조사항목과 조사방법이 아무리 좋아도 조사자가 사명의식을 갖고 조사에 임하지 않으면 지명집은 제대로 이뤄질 수 없다. 조사자는 해당 마을의 지명역사를 하나 새로 쓴다는 자세로 지명조사에 임해야 한다. 단순히 한 권의 책을 만든다는 의식으로는 훌륭한 지명집을 만들 수 없다.

둘째, 조사자의 조사능력이다. 무엇보다 중요한 것은 조사를 제대로 수행할 수 있는 능력을 갖춘 사람이 조사에 임해야 한다는 것이다. 그 능력에는 다음과 같은 조건을 갖춰야 한다.

① 최소한 지명을 한자로 읽고 기록할 수 있어야 한다.
② 음운변화와 방언을 알아들을 수 있어야 한다.
③ 고대 한글표기를 찾아 읽고 현대어로 옮길 수 있어야 한다.
④ 컴퓨터로 필요한 작업을 할 수 있어야 한다.
⑤ 면담할 때 제보자에게 불쾌감을 주지 않으면서 더 많은 이야기를 이끌어낼 수 있어야 한다.
⑥ 유능한 제보자를 선정할 수 있는 능력이 있어야 한다.
⑦ 집중조사를 할 수 있는 자질을 갖춰야 한다.
⑧ 현대 조사장비를 다룰 수 있어야 한다.

위의 조건에 대한 자세한 설명은 지명 조사를 한번이라도 해 본 사람은 알 수 있으므로 본고에서는 생략한다.

유능한 제보자가 제보를 많이 하지만, 유능한 조사자가 제보를 더 이끌어 낸다. 이를 위해서 필요한 것은 분야별 전문가의 공동조사가 필요하다는 것이다.

4) 바람직한 지원

바람직한 조사항목과 조사방법과 조사자가 있어도, 경제적인 지원이 없으면 곤란하다.

그간의 지명집 발간 상황을 보면 토지공사에서 발간한 책은 개괄적인 수준의 지명지가 대부분이었다. 그리고 이미 조사된 지명을 재 탕 삼 탕하는 식의 지명지이므로, 지명에 대한 이해를 하는 데는 도움이 되나 새로 조사를 해서 발굴하지는 못했다.[25] 전국을 대상으로 낸 지명집은 한글학회에서 발간한 『한국지명총람』이 있다. 이는 비교적 현장을 찾아서 조사한 흔적을 볼 수 있다. 그러나 이 역시 위에서 보았듯이 소지명을 대부분 빠뜨리고 조사했음을 보았다. 그리고 각 지자체에서 낸 지명집은 비교적 자세하게 이뤄졌으나, 그 방법이 고루하고, 꼭 해야 할 항목을 빠뜨린 것이 많다. 위의 춘천시 신북읍의 사례가 여실히 증명해 준다. 나머지는 군지나 시지를 낼 때 항목으로 들어간 경우인데 이는 『인제군사』처럼 『한국지명총람』의 내용을 베끼기에 바빴다. 이 같은 지명집은 지명집의 역할을 충실히 수행할 수 없다. 그로 보면 1911년에 낸 『조선지지자료』는 그 목적이야 어떻든 간에 당시로서는 대단한 지명집이다.

지명집이 부실한 원인은 두 가지이다.

첫째, 지자체나 국가에서 지명조사와 지명집 발간에 지원을 하지 않았다는 것이다. 그것은 현재 나온 지자체의 지명집을 보면 몇몇 시군에서는 잘 만들었으나, 대부분의 시군은 시군지의 것을 베꼈거나 베낀 수준에서 조금 나은 정도이다.[26]

---

25) 지명에 관한 토지박물관총서를 보면 다음과 같다. 『분당의 땅이름이야기』(1999), 『땅이름 역사산책』(2000), 『땅이름 뿌리찾기』(2000), 『국토와 지명 — 그 특별한 만남 —』(2001), 『국토와 지명 — 그 땅에 빛나는 보배들 —』(2003) 등이고, 그 밖에는 지표조사와 발굴조사보고서이다.

26) 인제군에서 낸 『인제군 유적·지명·전설』집이 대표적이다. 이곳에 실린 지명은 군지의 것을 그대로 베꼈는데, 한 번도 조사를 하지 않고 1998년 2000년

둘째, 간혹 지원을 하기는 했으나 충분한 양의 지원이 이뤄지지 않았다. 이는 생색내기에 다름 아니다. 그래서 조사자들이 충실히 조사를 하고 싶어도 어쩔 수 없었다.

이제 더 이상 바람직한 지명집 편찬을 미룰 때가 아니다. 보존과 활용면에서 빨리 바람직한 지명집을 발간해야 한다. 그 이유를 보면 다음과 같다.

첫째, 보존적인 측면에서 보면 아주 절실하다. 곧, 도시개발은 야금야금 자연환경을 파괴하면서 지명마저 잠식하여 소멸시키고 바꾸고 있다. 이는 멀지 않아 기존의 소지명은 없어질 것이다. 현재 새 도로명주소를 추진하면서 주소명에 전통적인 이름을 찾아서 붙이고 있다. 그러나 이는 이미 많은 변화를 가져왔고, 남아있는 것도 편린에 지나지 않는다. 정선군 임계면 문래2리의 새 도로명주소가 현재 '峰高洞'이다. 한자의 의미는 '봉우리가 높은 골'이라는 뜻이다. 그런데 원래 이 지명은 '봉긋등'이다. 지형이 봉긋봉긋하다고 해서 붙여진 이름이다. 전혀 다른 이름으로 바뀌었다. 이러한 곳이 어디 '봉긋등'만이겠는가?

둘째, 활용면에서도 빨리 바람직한 지명집을 발간해야 한다. 지명집은 아주 많은 곳에서 쓰이고 있다. 언어, 역사, 민속, 개발, 여행, 지리 등등 이루 말할 수 없을 정도로 많은 분야에서 지명을 활용하고 있다. 그리고 해당지역 주민들은 몸으로 부대끼면서 지명과 같이 살고 있다. 그래서 보다 특이하고 아름다운 지명으로 개명을 하는 경우도 허다하다. 비근한 예로, 영월의 김삿갓면, 한반도면과 정선의 화암면, 여량면과 정선 임계면의 문래리가 그렇다. 이들 지명은 최근에 모두 바꾸었다. 필자가 인제군 남면을 '마의태자(김부대왕)면'으로 바꾸자고 주장한 것도 그와 같은 일환이다.[27]

이처럼 바람직한 지명집을 발간해야할 당위성은 충분하다. 이에 국가

2007년에 걸쳐서 출판을 했다.
27) 이학주, 「인제군 농촌관광활성화를 위한 명품마을 만들기 : 인제군을 마의태자(김부대왕) 마을로 조성」『농촌관광연구』17권 제1호, 한국농촌관광학회, 2010.3.

와 지자체에서는 앞장서서 바람직한 지명집 발간에 지원을 해야 한다.

앞서 얘기 했지만, 지명집을 발간하는데 많은 돈이 드는 것이 아니다. 인제군 남면 관대리의 '38대교'를 건설하는데 382억원이 들었다고 한다. 이는 또 보수비용과 유지비용이 계속 들어갈 것이다. 그런데 한 개 군의 지명지를 만드는 데는 불과 몇 억이면 족하다. 그것도 초현대 장비와 최고의 종이를 사용하고, 충분한 인력을 동원해서 작성을 해도 그렇다. 여기에는 아주 오랜 세월이 지난 후에 개정판을 낼 때를 빼면, 유지비용도 보수비용도 들지 않는다. 물론, 둘의 목적과 의미가 다르지만 그 효과는 인제군 지명집발간이 오히려 크다고 할 수 있다.

4. 결론

지금까지 지명의 생성배경을 통한 조사 실태와 바람직한 조사방법에 대해서 알아보았다.

지명의 생성배경을 통한 조사 실태는 강원도 인제군 남면을 중심으로 살펴보았다. 그 항목은 모두 11개로 하였는데, 이는 선학들이 사용하던 지명의 유연성에 관한 것이었다. 지명은 선인들의 얘기가 신선이 지었다고 하는데, 실제로 미래를 내다보고 지은 것 같은 느낌을 자주 받는다. 『국토와 지명』이란 책에 보면 지명이 국토개발을 내다보고, 오늘을 예견한다고 해서 자못 신비롭다.[28] 정선군의 餘糧里는 앞으로 먹고 남을 양식이 있을 것이라 해서 지었다고 한다. 이처럼 지명은 기존에 있는 것이든 앞으로 있을 것이든 어떤 연관성을 맺고 생성된다. 이를 철저히 조사해서 기록을 해야 한다. 이에 본고에서는 11개의 지명생성배경항목을 두고 분석을 해서 그 조사 실태를 알아보았다.

---

28) 김기빈, 『국토와 지명』, 한국토지공사 토지박물관, 2003.

그 결과 전체적인 면에서 위치와 모양을 주축으로 가장 많은 지명생
성배경을 가지고 있었다. 그러나 지명조사를 철저히 하지 않아서 지명의
생성배경을 추출하는데 의의를 두기가 곤란했다. 춘천시 신북면과 비교
할 때 그 수효가 배 이상 차이가 났다. 그 원인은 여럿이겠으나 가장 큰
것은 인제군에서 철저한 조사를 거친 지명집을 발간하지 않았기 때문이
었다.

바람직한 조사방법은 조사항목, 조사방법, 조사자, 조사지원으로 나
누어 살펴보았다. 현대 지명조사는 과학적인 도구를 활용하고 위치정보
까지 지도를 그려야 할 필요성을 느꼈다. 조사항목을 예전처럼 주먹구구
식으로 해서는 곤란하다. 미리 조사항목을 짜서 조사할 때 사용할 수 있
도록 해야 한다. 조사방법은 컴퓨터를 비롯해서 각종 조사 도구를 사용
할 수 있어야 한다. 그리고 전통적인 방법과 현대적인 방법을 조화롭게
사용해서 작성해야 한다. 이때 안방에 앉아서 조사하는 이른바 황제조사
를 해서는 안 된다. 지도를 들고 직접 현장을 찾아서 좌표를 찍는 방법
을 써야 한다. 본고에서는 그 실례를 심보경과 허준구가 사용한 방법을
들었다. 바람직한 조사자는 사명의식과 능력을 겸비해야 된다. 바람직한
지원은 보존과 활용면에서 적극적으로 국가와 지자체가 지원에 나설 것
을 강조했다.

땅과 사람은 하나라고 한다.(地人合一) 우리 조상들이 왜 그렇게 땅
에 집착을 했고, 풍수지리가 하나의 종교로 발전할 수 있었는지 생각해
봐야 한다.

찾아보기

마

바

사

차

필자 소개

신종원   한국학중앙연구원 교수
심보경   한림대 기초교육대학 교수
김도현   강원대학교 강사
정수환   한국학중앙연구원 선임연구원
김무림   강릉원주대학교 국어국문학과 교수
엄흥용   석정여자고등학교 교감, 영월향토사연구회 회장,
         국사편찬위원회 사료조사위원
김만중   속초시청 학예연구사
이학주   강원대, 문학박사

필사본 『朝鮮地誌資料 강원도편』 연구

인쇄일 : 2010년 10월 18일
발행일 : 2010년 10월 30일

저 자 : 신종원 외
발행처 : 경인문화사
발행인 : 한정희
주 소 : 서울시 마포구 마포동 324-3
전 화 : 02-718-4831
팩 스 : 02-703-9711
홈페이지 : www.kyunginp.co.kr | 한국학서적.kr
이메일 : kyunginp@chol.com
등록번호 : 제10-18호(1973.11.8)
값 21,000원

ISBN : 978-89-499-0746-8   93910